Wolfgang Graetz

Tausend Jahre nischt wie Ärjer

Notizen eines notorischen Querulanten

rororo

Rowohlt

rororo panther
herausgegeben von Jutta Lieck
und Eberhard Naumann

Neuausgabe
Umschlagentwurf Dieter Wiesmüller
Veröffentlicht im Rowohlt Taschenbuch Verlag GmbH,
Reinbek bei Hamburg, Juli 1986

Gesetzt aus der Garamond (Linotron 202)
Gesamtherstellung Clausen & Bosse, Leck
Printed in Germany
980-ISBN 3 499 15793 4

1926

Wie ich geboren werde, macht mein Vater gerade mit einem Textilgeschäft pleite. Die Mama liest Karl Marx.

1927

Die Mama liest weiter Karl Marx und läßt darüber die Milch anbrennen. Der Papa vertritt eine Firma, die Gummischutz und so was herstellt. Ich verstehe nichts, behalte aber einen Stich ins Abartige zurück. Sonst keine besonderen Vorkommnisse.

1928

Mutter ist jetzt bei Lassalle, Vater bei einer Flugzeugfabrik. Ich kriege den gemeinsamen Überbau nicht zusammen und lutsche am Daumen.

1929

Die Verhältnisse spitzen sich zu.

1930

Mutter ist bei Lenin, Vater irgendwo anders.

1931

Dasselbe. Sehr langweilig.

1932

Endlich passiert was: ich komme zu den Großeltern aufs Land. Das Kaff liegt in der Niederlausitz, mitten zwischen Kohlengruben, Großpapa ist Rektor der Volksschule dort gewesen, inzwischen pensioniert, der Hauch des Privilegierten haftet mir dennoch an.

1933

Eines Tages schreit einer aus dem Radio. Er schreit immerzu, jetzt darf er reden und jetzt wird er reden und jetzt muß er reden, und er redet eine ganze Stunde. Ich frage: warum schreit denn der Onkel so? aber niemand weiß es. Ein paar Wochen später schenken sie dem Onkel ein Ermächtigungsgesetz.

1934

Papa kommt wieder mal auf Besuch. Aber allein. Ich frage, wo die Mama ist, und begegne einer Bande von hartnäckigen Leugnern. Bis Tante Grete sich verquasselt, und ich höre, daß die Mama nach Rußland gegangen ist. Voriges Jahr schon. Ich frage: was macht sie in Rußland? Onkel Herbert sagt: «Nun sagt's ihm doch schon, Kinder! Sonst denkt er noch, die geht auf den Strich!» Dafür wird Onkel Herbert bis auf weiteres geächtet. Der sagt immer so was.

Ich frage, warum die Mutti weggegangen ist.

Offenbar liegt dafür noch keine Sprachregelung vor, und so erfahre ich mehr unter der Hand, sie hat immer die Milch anbrennen lassen und so.

1935

Papa kommt und holt mich ab. Wir fahren nach Berlin, und da komme ich zur Frau Sommer, in Friedenau. Sie ist Rittmeisterswitwe, hat eine Tochter, die Sekretärin ist, und einen Sohn bei der Leibstandarte Adolf Hitler. Ich kriege sein Zimmer, wo lauter Wimpel und Lanzen rumhängen und komische Sprüche an den Wänden.

Frau Sommer ißt zum Frühstück Schrippen mit italienischem Salat. Nicht, weil er ihr schmeckt, sondern aus Drang zum Höheren. Ich bekomme Haferschleim und fühle mich deklassiert.

Zur Schule gehe ich in der Albestraße, wo Onkel Albert Lehrer ist. Habe Angst, wieder in den Geruch des Privilegierten zu kommen.

1936

Ein großes Ereignis kündigt sich an. Ich weiß noch nicht, welches, merke aber, daß eines.

Ostern holt der Papa mich ab und fährt mit mir nach Spandau. Mit einem großen Audi, Achtzylinder. Geht uns nämlich gut neuerdings: Papa vertritt einen Verlag, der jetzt gängige Literatur vertreibt. Den Seinen schenkt's der Führer nach der Machtübernahme, hat Onkel Herbert immer gewitzelt. Onkel Herbert ist destruktiv. Ich weiß nicht, was das ist, aber sicherlich irgendwie schlimm. Onkel Herbert gefällt mir immer besser.

In Spandau fahren wir in ein großes Gebäude. Das Gebäude ist eine Napola. Eine Napola ist eine nazistische Nachwuchszuchtanstalt.

Ich werde von Tante Grete mit vielen Ermahnungen und schönen Reden gedopt, dann muß ich einen Aufsatz schreiben, Rechenaufgaben lösen und über eine Hinderniswand klettern. Ich mache den Großen die Freude, die haben immer so komische Ideen. Drei Tage darauf habe ich bestanden.

Die Großen sind ganz aufgeregt und erzählen sich gegenseitig, daß

von siebenhundert Bewerbern nur vierzig bestanden haben. Irgendwie sind sie ganz weg davon. Als ob sie selber den Aufsatz geschrieben hätten. Aber immerhin darf ich aussuchen, wohin wir zum Kaffeetrinken fahren. Ich will nach Krumme Lanke.
Während die anderen Kaffee trinken und sich streiten, ob Bismarck oder Hitler oder Alfred Rosenberg der größte Deutsche ist, gehe ich mit Onkel Herbert zur Schießbude und schieß mir einen Affen.

Nach den Osterferien komme ich auf die Napola und kriege dort wieder Haferschleim zum Frühstück. Ich kann Schleim nicht leiden. Und dann klettern wir jeden Tag über die Hinderniswand oder klettern eine Stange rauf oder springen über Lederböcke und lauter solchen Unfug. Außerdem gibt es einen Schlafsaal mit sechzig Betten, weiter nichts drin, nur Betten, vier Reihen lang Betten, und nach dem Aufstehen müssen wir alle in Turnhosen um den Hof rennen, und dann müssen wir uns in einem langen Trog waschen und danach alle rauf in die Buden und anziehen, und dazwischen klingelt es dauernd, und man weiß nie, ob man zu schnell oder zu langsam läuft. Dann gibt es einen Schrank, der hier Spind heißt und immer aufgeräumt sein muß. Meiner läßt sich nicht aufräumen. Im Eßsaal die Bänke haben Fabrikationsfehler, sie haben keine Lehnen. Und die Tassen haben keine Henkel und sind aus Steingut. Die Tische sind blankgescheuert und ohne Decken. Und der Geschichtslehrer erzählt von Spartanern, die haben ihre Kinder, wenn sie ihnen nicht gefielen, einfach ins Wasser geschmissen. Das ist sehr lustig.

Im Herbst habe ich genug von der Napola und diese von mir. Wir trennen uns gütlich mittels consilium abeundi.

Tante Grete holt mich ab und sieht aus wie eine vergrämte Germania. Außerdem trägt sie jetzt eine Brille. Und ich erfahre erstmals, daß es mit mir schlimm enden werde.

1937

Auf dieses schlimme Ende bereitet mich Paule vor: Alumnatsleiter in Straußberg, wo ich nunmehr die Oberrealschule besuche.

In Straußberg fahre ich mehrmals mit dem Fahrrad auf der Promenade am See, was laut Hinweistafel verboten ist. Einmal rufe ich einer ältlichen Dame, die mich zur Rede stellen will, häßliche Worte nach. Paule, von meinem Papa scharf gemacht, ein besonderes Auge auf mich zu haben, entdeckt mit diesem besonderen Auge den Anarchisten in mir und ruft mich beim Mittagessen zur Ordnung. Er zieht das auf wie eine Gerichtsverhandlung: der Angeklagte hat sich von seinem Platze zu erheben und sich, Paule gegenüber, vor dem Buffet aufzustellen. Alsdann beginnt das peinliche Verhör, von genügend vielen Pausen unterbrochen, um dem Publikum Gelegenheit zum Applaus zu geben. Das Strafmaß hängt davon ab, wie Paule sich durch seine Rolle als brillanter Ankläger befriedigt fühlt.

1938

widerfährt Paule das Glück, einen Sensationsprozeß veranstalten zu dürfen, gegen den Juden Grünspan. Der geht zwar nicht in Straußberg zur Schule, doch das macht nichts, da wird eben in Abwesenheit gegen ihn verhandelt. Der Judenlümmel hat nämlich, haben wir morgens schon im Unterricht gehört, in Paris einen deutschen Botschaftsangehörigen erschossen. Paule hält eine flammende Anklagerede gegen alle Grünspans dieser Welt, die auch schon unsern Herrn Jesus ans Kreuz genagelt haben und zum Frühstück immer Christenblut trinken und anschließend ihre blonden Dienstmädchen schänden, und so kann's eigentlich niemanden mehr wundern, daß an diesem Tage – nicht nur in Straußberg, sondern im ganzen Reich – sich die Volkswut endlich Bahn bricht und überall ganz spontan Synagogen in Flammen aufgehen.

Als Entschädigung für den Mord an unserm Herrn Jesus übernimmt die Christenheit jüdische Geschäfte. Mein Vater kriegt auch eins ab: Damenoberbekleidung, am Alex. So lohnt der Herr die Rechtgläubigen.

1939

Vater kauft eine Villa in Dahlem und kündigt an, er werde sich wieder verheiraten.

Ich verfahre ebenso: verliebe mich in den Star der Schule, Gisela Bergmann, beziehungsweise in ihren Nimbus. Gisela ist sechzehn, sieht aus wie achtzehn und hat schon richtige Liebhaber. Erwachsene, die rauchen und abends in Lokale gehen dürfen und so. Umkehrschluß: wer Gisela küßt, ist auch erwachsen.

Gisela macht den Fez mit und läßt sich im Strandbad küssen, ich gehe nicht mehr zum Dienst beim Jungvolk. Erwachsene brauchen nicht zum Jungvolk zu gehen. Ich bekomme einen strengen Verweis und gehe wieder nicht hin. Es geht jetzt um mein Prestige. Um es aufzubessern, kaufe ich Schallplatten auf Konto Unterrichtsmittel: Alexanders Rag-time-Band und Holdtight, Jeepers Creepers und Goody-Goody und lauter solche schlimmen Sachen und fahre zum Wochenendurlaub nicht nach Hause, sondern mache bei Giselas Freundin einen Budenzauber mit, lerne Swing und trinke Bowle, am Sonntagmorgen gehen wir alle zusammen baden, und mittags segeln wir rüber zum anderen Ufer und toben da in der Bucht rum.

Paule erfährt es natürlich und sagt, so geht es nicht weiter. Das liegt alles nur an der HJ. Und am BDM. Da werden wir bloß verdorben. Ich werde neugierig und überlege, ob ich doch wieder zum Jungvolk gehen soll.

Eines Morgens schreit der Knilch, der vor sechs Jahren geschrien hat, wieder mal aus dem Radio. Er schreit: ab fünf Uhr fünfzehn heute morgen wird nunmehr zurückgeschossen.

Alle schreien und stoßen sich an und springen auf und schreien und sind ganz aus dem Häuschen, und dann kommt das Deutschlandlied und das Horst-Wessel-Lied und dann Marschmusik und Meldungen, dabei schreien sie wieder alle, und Paule hält eine Ansprache, und danach schreien sie auch wieder, und so geht das weiter, und ich gucke heimlich auf die Uhr und sehe, daß der Unterricht drüben in der Schule längst angefangen hat, und bin unruhig, weil ich Gisela vorher nicht mehr treffe.

In der Schule müssen wir alle in die Aula, der Direx hält eine Rede, er ist schon in Uniform, Horst sagt, er ist Hauptmann, und die meisten Lehrer sind auch in Uniform, und nach dem Direx hält der Geschichtslehrer eine Rede, eine richtige Geschichtslehrerrede, die in Sparta anfängt und über die Thermopylen und Leuthen und über Sedan und Langemarck und das Tannenbergdenkmal direkt nach Walhalla führt, und dann schreien sie wieder und singen, Horst-Wessel-Lied und Deutschlandlied, und dann sind noch zwei Stunden Unterricht, in denen die Klassenlehrer die historische Stunde erklären und ihre Bedeutung und daß wir in einer großen Zeit leben und wie schön das ist, und man wundert sich, woher sie das alles so schnell wissen, und dann ist Schluß für heute, aber damit ist natürlich noch lange nicht Schluß für heute, jetzt geht das erst richtig los, jetzt werden überall die Krieger kriegsfein gemacht, sogar Gisela ist abkommandiert, muß Helden abküssen, die sie in und außerhalb der Familie hat, und ich stehe da und weiß nicht, wo ich mit mir hinsoll, und komme dadurch, daß ich mich auf einmal verlassen sehe, darauf, daß der Krieg eine traurige Sache ist.

1940

Ich soll nach Berlin und in geordnete Verhältnisse kommen. So bleibt mir Liebeskummer erspart: bevor es mit Gisela ernst wird, verlasse ich sie.

In Berlin auf der Penne sind keine Mädchen. Sehr viel langweiliger. Ich weiß noch nicht, was mir fehlt, aber etwas fehlt mir. Die Zensuren werden schlechter. Es gibt eine Eis-Konditorei, die zwischen Knaben- und Mädchenschule liegt, da trifft man sich, aber es ergibt sich nichts. Man kann mit einer ins Tageskino nebenan gehen und da im Dunkeln ein bißchen rumknutschen, ist aber nicht das Richtige. Der See fehlt und die Promenade und alles.

Mein Papa heiratet. Zur Hochzeit traben eine Menge feiner Leute an, ein Minister dabei und ein General, und ich verliebe mich in meine beiden neuen Cousinen. Weiß bloß nicht genau, in welche. Sie amüsieren sich aber beide. Meine Stiefmama hat den Komplex, sie werde als Stiefmutter betrachtet. Daraufhin wird sie von mir als Stiefmutter betrachtet. Das geht nicht gut.

Da obendrein mein Papa eingezogen wird, muß ich wieder in geordnete Verhältnisse kommen. Die geordneten Verhältnisse preist ein Landschulheim an: Hermann-Lietz-Schule in Haubinda in Thüringen. Für Snobs werden Prospekte verschickt, in denen lauter feine Leute stehen, die auch mal auf der Hermann-Lietz-Schule waren.

Ich lande aufs neue in Sparta. Unter lauter spartanischen Snobs. Einer sagt, sein Vater ist Flugzeugfabrikant, aber er putzt sich die Schuhe immer selbst. Wer sich die Schuhe selbst putzt, wird tüchtig. Einer wäscht sich im Sommer nicht, weil ihm das Wasser zu warm ist. Er will sich unbedingt abhärten. Wozu, weiß er nicht. Er denkt, für Abhärtung gibt es irgendwie eine Medaille.

Im Speisesaal sind die Tische gescheuert und die Bänke ohne Lehnen, gegessen wird aus irdenen Schüsseln, und der Fußboden besteht aus Steinplatten.

Fleisch, so haben sie mit dessen Rationierung entdeckt, ist für den jugendlichen Körper denkbar ungesund, darum gibt es Gesundkost mit Möhren und Haferschleim, und auch sonst ist alles wie auf der nazistischen Zuchtanstalt.

Dennoch ist man in Haubinda nicht nazistisch, dazu sind sie alle viel zu fein und gebildet und auserwählt, und der Nazismus ist nur eine Masche für den Plebs, hier ist man ihm längst voraus und ihm in jeder Hinsicht über.

Der Direx hält zu jedem Mittagessen eine Rede und warnt davor, die Manneskraft unter der Bettdecke zu verschleudern. Abends liest er Stefan George, seine Gemeinde sitzt ihm zu Füßen, andächtig lauschend auf die Worte des Meisters, und seine Frau und seine Schwester spielen Musik aus dem Dreißigjährigen Krieg, unsagbar trostlos, auf Bratsche und Cello. Zum Schluß vereidigt er seine Gemeinde jeweils auf die nächste Tageslosung, die Hungerleiden als Reinheit schmackhaft und die Hungerödeme dem Ritt gen Ostland dienstbar macht. Er heißt Will Damm und sieht auch so aus: ein Kleiner mit Glatze, eckiger Kopf, Asketenmund, Jugendstilschwärmer, Männerbundtyp, Deutschordensritter.

Ich sitze bereits abseits und erwache langsam. Weiß nur noch nicht, wozu.

1941

Silvester, in den Weihnachtsferien zu Hause, werde ich geküßt. Sie heißt Inge. Oben auf der Treppe im Dunkeln. Ich will gar nicht, aber anscheinend ist niemand sonst frei. Der letzte Kuß findet morgens um drei auf der Straße statt.

Gerade an meinem Geburtstag beginnt die Schule wieder, in Haubinda, mit Stefan George und Haferschleim und irdenen Schüsseln und Trostlosigkeit nach Noten von Buxtehude, und die Nachmittage werden mit Werkstunden ausgefüllt. Für Werke und fürs Werken schwärmt man in Sparta, nennt sich lebensnahe Erziehung, aber es gibt keine U-Bahn, keine Lippen und keine Küsse.

Was macht man da?

Notbremse ziehen!

Wir ziehen in der Bimmelbahn Hildburghausen–Heldberg die Notbremse, steigen aus, gehen in eine Kneipe an der Strecke und holen dort Bier, am Zug rennt der Schaffner entlang und schreit aufgeregt sächsisch, Köpfe, aus den Fenstern gestreckt, werden geschüttelt. Wir kommen mit unserem Bier und sagen, es kann weitergehen. Der Schaffner schreit noch aufgeregter. Und noch sächsischer. In Hildburghausen gehen wir ins Hotel und lassen die Rechnung an die Penne schicken. Der Wirt weiß nicht recht, aber was soll er machen?

In Haubinda auf dem Dachboden, wo unter Gerümpel ein paar Federkernmatratzen herumliegen, richten wir eine Opiumhöhle ein und statten sie mit entsprechender Literatur aus.

Im nächsten Dorf gehen wir Bier trinken und Wein hamstern. Es gibt noch welchen, billigen französischen Rotwein, und für jeden nur eine Flasche, aber mit einiger Geduld kriegt man ein Dutzend Flaschen zusammen. Mit denen wird Budenzauber gefeiert. In der Opiumhöhle. Es trifft sich gut, daß ein Dienstmädchen raufkommt und was holen will: die muß gleich mitfeiern. Sie feiert mit und wundert sich, daß es so was in Sparta auch gibt. Ist sich bis jetzt immer vorgekommen wie auf dem Friedhof, sagt sie.

Es ist ein Friedhof. Ein alldeutscher, treudeutscher, blödversnobter, bähbuh-gähnender Schuttabladeplatz, verstaubte Papierwelt von vorgestern, kunstgewerblich aufgeputzt und farblos lakkiert, irdene Teller mit Haferschleim, Friedhofslyrik mit Bratsche, eine Böcklinsche Toteninsel mit Stahlhelm auf –

Notbremse ziehen!

Consilium abeundi.

Kennen wir schon.

Tante Grete spielt Feldgendarm und holt den Delinquenten ab. Schweigsame Heimfahrt mit Prophezeiungen, daß es schlimm enden werde.

Was soll das Gequake? Wo ist Inge?

Inge ist nicht mehr da.

Notbremse umsonst gezogen.

Nächste Station: Frankfurt an der Oder bei der Witwe Winkler, die mit Gneppchen zusammenwohnt und fünf Schüler in Pension hat, denen sie die Butter vom Brot kratzt, um sie Gneppchen in seinen Fettwanst zu schieben. Gneppchen ist Studienrat, Sachse und kugelrund, daher Gneppchen. Gibt Latein und trägt Bürstenhaarschnitt, frei nach Hindenburg, Typ: bildungsbürgerlicher Folterknecht, genau wie alle anderen. Bei falsch konjugierten Verben schlägt er mit den Knöcheln auf den Hinterkopf. Als Grund führt er an, diese Behandlung stärke das Gedächtnis.

Das Haus ist schmalbrüstig, schwindsüchtig, ganz nach hinten in den tristen Hof gebaut, unter einem Feudalherrn errichtet, der die Straßenfront besteuerte. Drei Zimmer liegen am Flur, die anderen beiden hängen hintereinander, Innentoilette fensterlos und ohne Wasserspülung.

Ich gehe lieber ins Café Kyritz und freunde mich mit dem Sohn an, der in meine Klasse geht und im Keller ein chemisches Laboratorium eingerichtet hat. Wir bauen aus alten Patronenhülsen Knallkörper, füllen sie mit rotem Phosphor und Kaliumperchlorat, stecken eine Zündschnur rein, biegen sie oben zu und veranstalten unten an der Oder ein Feuerwerk.

Kommt mal ein anderer, experimentiert mit, versteht nichts davon, und schon fliegt die Bude in die Luft. Nicht ganz zwar, aber immerhin fliegen die Scheiben auf die Straße, und Polizei kommt angerast.

Der Rest Sprengstoff und ein paar übriggebliebene Knallkörper müssen verschwinden, ich verschwinde ebenfalls, nehme das Zeug mit zu mir und lege es in die Nachttischschublade. Natürlich findet es die Witwe Winkler und ruft, anerkennungssüchtig, die Polizei an.

Ich sitze gerade mit meiner Studentin, die mir Nachhilfe in Latein gibt, über unregelmäßigen Verben, als es kracht und Scheiben klirren. Die Witwe Winkler rennt laut schreiend über den Flur, es riecht verbrannt, Leute laufen zusammen, meine Studentin reißt die Augen auf und guckt mich an, ich weiß nicht, was los ist, und als zehn Minuten später die Polizei kommt und ein Kripo mich anschreit, weiß ich nicht, was ich antworten soll, und zucke die Achseln. Der Kripo schreit noch mehr, ich gucke die Studentin an, die lächelt mir zu, ich lächle zurück, aber das wird nur ein blödes Grinsen, das nachher im Protokoll als Schadenfreude und satanische Bosheit erscheint und den Verdacht begründet, daß ich die Katastrophe geplant oder gewünscht habe.

Tante Grete taucht wieder auf. Man muß ihr erzählt haben, ich sei ein berüchtigter Lustmörder, jedenfalls schaut sie mich so an und fragt erschüttert, ob ich vielleicht nicht ganz normal sei. Das frage ich mich auch. Vor allem frage ich mich, wer das Zeug denn nun in die Luft gejagt hat. Ich habe Latein gepaukt, als es knallte. Und aus meinem Nachttisch geholt hat es die Witwe Winkler, ich habe es nicht einmal bemerkt.

Schuld bin ich trotzdem. Ich komme da nicht ganz mit und deshalb in die Nervenklinik, wo ich in Ruhe über die Schuldfrage meditieren kann. Außerdem höre ich, wie in den anderen Betten welche stöhnen und wimmern: machen eine Malariakur, erfahre ich. Manchmal, wenn sie vierzig Fieber haben, wird ihnen Blut abgezapft, dann schreien sie. Einer schreit besonders laut und wird festgehalten. Aus Sympathie schreie ich mit und kriege Krach mit dem Pfleger. Der Pfleger holt den Oberarzt, der findet mittels profundem Fachwissen und genialer Einfühlungsgabe heraus, daß ich ein gefühlskalter, geltungssüchtiger Psychopath bin. Weiter nichts. Aber das genügt ja auch: die Gefühlskälte erklärt mein schadenfrohes Grinsen über das Unglück der Witwe Winkler, die theoretisch hätte tot sein können, und die Geltungssucht erklärt meinen Protest gegen die Quälerei an dem Bettnachbarn.

Damit ist alles erklärt. Ich kann als restlos geklärt entlassen werden.

Anfang 1942

kommt eine Ladung des Jugendgerichts Berlin-Lichterfelde ins Haus. Die Anklage lautet auf fahrlässige Körperverletzung, Verstoß gegen das Sprengstoffgesetz. Ich beginne mich bereits zum Juristen zu entwickeln und vermag Fahrlässigkeit daher nicht mit Schuld zu vereinen. Aber darum geht es auch gar nicht. Es geht um den Ärger. Das ist ganz logisch. Und begründet, wieso ich doch irgendwie schuld bin.

Sollte dem Antrag des Staatsanwalts, der sieben Monate Jugendgefängnis beantragt, stattgegeben werden, habe ich es bei mir nunmehr mit einem Frühkriminellen zu tun. Das Gericht läßt jedoch noch einmal Verständnis vor Recht ergehen und verurteilt mich nur zu vier Wochen Jugendarrest. Dazu wird ausgeführt, diese Strafe sei keine Strafe im rechtlichen Sinne, sondern nur eine Erziehungsmaßnahme. So mache ich eine weitere Lebenserfahrung: die meisten Dinge sind im rechtlichen Sinne immer etwas ganz anderes als im wirklichen Sinne.

Eine Wirkung allerdings ist der erzieherischen Maßnahme des Jugendarrestes in der Tat nicht zu bestreiten: Ich lerne die Welt von unten kennen, werde kostümiert wie die kriegsgefangenen russischen Untermenschen in der Wochenschau, kriege Kohlrüben und talgige Margarine und eine größtenteils aus Kleie bestehende Wurst zu fressen, lerne darüber hinaus ganz allgemein zu fressen statt zu essen und mit anderen zusammen an einer Zigarette zu ziehen. Heimlich in einer Ecke, oder auf dem Scheißhaus, wie das von nun an heißt.

Morgens werden wir auf einem offenen Lastwagen zu einem Holzplatz gefahren und arbeiten dort unter französischen Kriegsgefangenen und zwangsverpflichteten Juden. Die Franzosen stekken uns Zigaretten und Schokolade zu, einer der Juden bringt manchmal Obst mit und befördert Briefe oder holt Pakete für die anderen zu Hause ab. Bei mir natürlich nicht, denn meine Eltern tun nichts Verbotenes. Soviel Rechtschaffenheit, diagnostiziere ich, kann nur auf Gefühlskälte und Geltungssucht beruhen, und von allen möglichen Oberlehrern dazu angehalten, aus allem eine Lehre zu ziehen, tue ich dies auch hier: lerne, daß Untermenschen bessere Menschen sind.

Ich mache einige Bekanntschaften, die in der ansonsten erlebnisleeren Welt dieses Knastes bunte, riechbare, schmeckbare Eindrücke bieten, die ausfüllen und haften bleiben. Sie dringen in eine leere Wohnung und nisten sich dort ein. Horst P. zum Beispiel ist Lehrling bei einem Filmfriseur und Strichbubi, der bereits weiß, daß der Weg in die große Welt durch deren Betten führt, Kurtchen, auch Kutte gerufen, ist irgendwo am Alex zu Hause, mit unklaren Familienverhältnissen und Tätowierungen auf der Brust, Edi Zimmermann ist Hotelpage und Autor tolldreister Geschichten, die zum Nachspielen reizen.

Horst, wenn er rauskommt, geht erst mal zu Olli, die arbeitet auch bei dem Filmfriseur und hat ein paar reiche Pinkels an der Hand und eine tolle Wohnung, und bei der bleibt er ein paar Tage und tobt sich mal richtig aus; er ist nämlich nicht wirklich schwul, sollen wir nicht denken, macht er bloß wegen Kohlen und so, und dann sucht er sich ein paar dicke Kunden.

Bei mir zu Hause ist der Empfang herzlich-kühl, scheu-vorwurfsvoll, verlegen-hilfsbereit, die Unbefangenheit ist hin. Ich gehe erst mal in die Küche und fresse mich voll, dann kotze ich alles wieder aus. Die Stiefmama fragt, taktvoll umschreibend, ob ich auch keine Läuse mitgebracht habe. Auf jeden Fall soll ich gleich baden. Ich habe keine Lust zum Baden, ich will mich lieber satt fressen. Man findet das unvernünftig, da mein Magen doch noch nichts verträgt. Ich finde was ganz anderes unvernünftig. Wiederum taktvoll werde ich ausgefragt, wie es gewesen sei. Daß es auch Wurst gibt im Knast, überrascht sie sehr. Sie haben immer gedacht, man bekäme nur Wasser und trocken Brot. Aber nun ist es ja gar nicht so schlimm. Ich weiß nicht mehr, wie ich mit ihnen reden soll. Sie haben sich's viel schlimmer vorgestellt und wissen gar nicht, wie schlimm es ist.

Und dann soll ich erzählen und weiß nicht, was ich erzählen soll. Von Kurtchen oder von Horst vielleicht? Dann bin ich gleich wieder auf dem Weg zum Lustmörder.

Wir haben uns nichts mehr zu erzählen. Sie sind fremde Leute, und ich bin ein Kuckucksjunges. Das fliegt aus, so oft es kann.

Bis eine neue Schule für mich gefunden ist, helfe ich im Geschäft: zeichne mit zwei Lehrmädchen eingegangene Ware aus. Sie sprechen Wedding-Slang und albern den ganzen Tag herum und suchen mir Vorwände, sie anzufassen. Sie fassen sich gut an. Die eine heißt wiederum Gisela, ist nicht beim BDM und paßt dort mit Stöckelschuhen und Lippenrot auch nicht hin, und Frau Haberkorn, Prokuristin mit Brille und Dutt, findet sie ausgesprochen verdorben. Ich nicht.

Ich vermute, daß sie auch zur Gattung der Kuckucks gehört, und da Kuckucks zusammenhalten müssen, darf Gisela nicht nur für sich, sondern auch gleich für die Mutti Kleider und Wäsche und einen Mantel mitnehmen. Bei dem Umsatz fällt das nicht weiter auf, das Lagerbuch führe ich, und Kleiderpunkte gibt es nur für die Dummen. Die Elite weiß, daß ein Blinzeln das andere wäscht, und hält ebenso dicht wie die Kuckucks.

Was die feinen Leute denken, rechtfertigt, was die unfeinen Leute tun. Diese hübsche Formel erschließt uns eine ganz neue Welt.

Die Aufnahme findet in einem Hinterhaus der Elsässer Straße statt: Mutter Sawitzky bedankt sich schön für den Mantel und stellt Bier auf den Tisch, Gisela holt aus der Manteltasche ein hauchdünnes Großgeblümtes, das eigentlich einer privilegierten Kundin zugedacht war, der aber, da Größe achtunddreißig, sowieso nicht gepaßt hätte, und probiert es gleich an.

Mutter Sawitzky guckt den jungen Herrn an, ob es ihn nicht geniert, daß Gisela sich vor ihm auszieht, und sagt: «Willste nich rieber jehn in dein Zimmer, Kindchen?»

Gisela guckt groß. «Warum diss?» Sie schüttelt den Kopf und lacht. Die Mutti hält ihren Süßen anscheinend noch für einen feinen Herrn. Dabei will er das gar nicht. Wird ganz rot. Nicht, weil sie in schwarzer Unterwäsche dasteht, die ihr Cousin aus Belgien mitgebracht hat, sondern weil die Mutti ihn wieder vor die Tür gesetzt hat. So kompliziert ist das. Aber Gisela denkt nicht daran, irgendwas kompliziert zu machen. Sie will sich mit der Vorführung gerade ein bißchen revanchieren. Er soll nicht denken, daß sie bloß abstauben will. Macht sie nicht. Wenn einer zu ihr nett ist, ist sie auch nett.

Die Mutti guckt immer noch den jungen Herrn an und lächelt schamhaft, und Gisela hat schon das neue Kleid an, führt es vor und setzt sich auf den Schoß des Spenders, um ihn nun wenigstens abzuknutschen. Aber auf dem Küchenstuhl geht das schlecht. Wir ziehen rüber in die Stube, und ich werde aufs Sofa gesetzt und dann hintenüber in die Kissen geschmissen.

Die Alte platzt wieder dazwischen, bringt eine Flasche Dreistern, weiß aber nicht so recht, ob der junge Herr das will. Ist Cognac. Hat ihr Oller aus Frankreich mitgebracht. Olle Sawitzky ist nämlich bei der Reichsbahn, zweiter Lokführer, kommt viel rum, da bringt er immer was mit.

Gisela wird kribbelig. «Nu quassel doch nich soville! Jiess lieba in!»

Wir trinken Cognac, danach steht Mutter Sawitzky eine Weile rum und weiß nicht, was sie noch machen soll, schließlich geht sie wieder in die Küche.

Gisela stellt das Radio an. Hat ihr einer aus Holland mitgebracht, der ist da bei der Marine. Und einer hat ihr aus Frankreich Strümpfe mitgebracht. Sie hebt den Rocksaum hoch und fragt: «Schick, nich?»

Statt anzufassen und mich zu überzeugen, stelle ich fest, daß die Familie Sawitzky sich vom Krieg aushalten läßt. Deswegen liebt sie ihn aber noch lange nicht. Der Olle kommt um sieben nach Hause und schimpft: hat einen Polacken mit in die Kantine genommen und ihm einen Teller vom großdeutschen Mittagessen abgegeben. Darüber hat sich eine Dame aufgeregt. «Sone affije Zicke!» Olle Sawitzky hält eine Reden gegen affige Zicken.

Mutter Sawitzky findet, das gehöre sich nicht in Gegenwart des jungen Herrn, und daraufhin zieht Olle Sawitzky gegen mich los.

Ich sage: «Wat ham Sie denn? Will doch ja keen junger Herr sein!»

«So!» macht der Olle, weiß nicht weiter, aber im Abgehen findet er doch noch den Deckel auf den Topf: «Ob Sie wolln oder nich, darum jeht det nich! Da könn Se nischt jejen machen!» Draußen kabbelt er sich mit seiner Ollen, und Gisela strampelt mit den Beinen vor Vergnügen. Und wenn sie mal drin ist im Vergnügen, läuft das allein weiter; sie schmeißt mich wieder in die Kissen, und wir kugeln auf der Couch herum.

Nachher geht sie in die Küche und will den Kellerschlüssel haben. Will was holen.

Der Olle will wissen, was.

«Na, ne Pulle, Mönsch!»

«Wat für 'ne Pulle?»

«Sekt, Möönsch!»

«Von meinem Sekt?» Olle Sawitzky faßt es kaum.

Seine Olle sagt, ich hätte ihr doch auch den Mantel und so ...

Er guckt mich mißtrauisch an. «So, der ist von den? Na ja – aber deine Jeschäfte sind deine Sache, Muttern! Dafür jeb ick meinen Schampus nich raus! Meintwejen spendier ick ne Pulle – aber für Jeschäfte: is nich! Mach ick nich. Die ham so jenuch! Brauchen nischt von uns. Aber spendiern tu ick 'ne Pulle. Hol ma eene, Meechen! Oder nee! Bring zwee-e! Hab ma soweso jeärjat heute. Könn Se sich det vorstelln: kommt da sone affije Zicke und is neidisch, weil son Polacke ooch ma 'n Teller Suppe frißt! Is doch 'ne Schweinebande! Na, die wern alle noch ihr Fett kriejn, passen Se ma uff! Die kriejn noch eens uff die Neese, diss se die Ohren bluten! Denkn Se ma an mia!»

«Du redst wieda so ville, Paule!» macht seine Olle. «Haste nich neulich erscht Ärja jehabt?»

«Ach, die könn mia ma! Vastehste? Die könn mia ma janz jewaltich!»

Gisela hat eine Flasche aufgemacht, gießt ein, boxt dem Ollen an die Schulter. «Nu hör doch bloß ma uff mit den Scheißkriech, Mensch! Bin froh, wenn ick ma ne Weile nischt davon höre!»

«Na ja, reecht eenen doch uff sowat!» Olle Sawitzky guckt in der Stube rum und sucht was. Ich überlege, ob ich Zigaretten anbieten soll. Ich habe welche. Aber englische. Feine-Leute-Zigaretten. Und ägyptische. Beutezigaretten, die das Afrikakorps zum OKH geschickt hat, und vom OKH bringt sie mein Papa mit. Ich ziehe sie trotzdem raus. Sawitzki reagiert prompt. »Siehste! Die ham allet!«

Gisela realistisch: «Wat willste denn? Wia ham ja ooch allet!»

Sawitzky prinzipiell: «Schon – aber wie! Muß man sich allet hintenrum abstauben.»

«Denkste veleicht, der hat die vornerum?»

«Nee, aber – ach, du vastehst det nich! Det is, weil die so tun, als ob det ihr jutet Recht is! Und det is et nich! Det is et nich! Wenn die Zicke sich uffreecht, weil der Polacke ooch ma 'n Teller Suppe kricht, denn is det keen jutet Recht! Könnta ma sahren wata wollt, is et nich!»

«Na ja, is ja jut, du hast recht! Biste nu zufrieden?»

Olle Sawitzky denkt gar nicht daran, zufrieden zu sein. Weil das eine Schweinerei ist, was die Schweinebande sich rausnimmt. Eine Gemeinheit ist das, und da geht er hoch. Sonst kann jeder machen, was er will, aber wenn er eine Gemeinheit sieht, geht er auf die Barrikaden. Und wir haben keine Ahnung, was überhaupt los ist. In Polen und da. Er nickt ein paarmal und sagt: muß man sich direkt schämen, hier in der warmen Stube sitzen und gut essen und Sekt trinken, und woanders krepieren sie. Nickt wieder und geht raus.

Seine Alte bleibt an der Tür stehen, lächelt ein bißchen, weiß aber nicht, wie. Blickt hin und her und möchte gern was wissen, traut sich aber nicht zu fragen. Es bereitet ihr Unbehagen, daß der junge Herr in einem Hinterhaus in der Elsässer Straße verführt werden soll. Das ist nicht richtig. Gehört sich nicht. «Und wenn nu Alarm kommt?» fragt sie. «Willsten da mit runter bringn, in Kella?»

«Quatsch! Denn ham wa jah keene Lust, ausm Bette zu krabbeln, nich?»

Wir haben wirklich keine Lust, wieder aus dem Bette zu krabbeln, wie wir mal drin liegen, beide nackt nebeneinander, in ihrer Achselhöhle kräuseln sich schwarze Härchen, und schwarze Härchen laufen in Wirbeln von unten bis zum Bauchnabel rauf, der Bauch ist flach und glatt und braun, sie dreht sich ein bißchen und berührt mich mit ihrer Brust und hat lauernde Katzenaugen dabei und will wissen, ob es schön ist.

Natürlich ist es schön. Ich verliebe mich in die Elsässer Straße, wo es keinen Will Damm gibt und keine Tante Grete, wo es keine Fanfaren gibt und kein Buxtehude dem Friedhof entgegenweint, wo keine Schlüsselknechte von Rechts wegen dem Leben die Luft abdrehen, wo kein mit wallendem Saum schreitender Stefan George steinern seinen Ekel vor sich hin tönt, wo es keine gebildeten Leute mit dämlichen Redensarten gibt, sondern nackte Beine und warme Achselhöhlen und keine andere Frage als die, ob es schön ist.

Selbstverständlich spricht sich die Sache herum, und Frau Haberkorn informiert sofort meine Eltern. Ich brauche daraufhin nicht mehr im Geschäft zu helfen und darf mir statt dessen einen Aufklärungskurs anhören über die Verworfenheit der unteren Klassen im allgemeinen und deren weiblicher Vertreter im besonderen, welche nicht nur mittels raffiniert angelegter Intrigen reiche Erben zu angeln versuchten, sondern auch immer irgendwie krank seien. Eine nähere Erklärung der Irgendwiekrankheit kann nicht gegeben werden, da gefürchtet werden muß, daß sie, erklärt, ihren Schrecken verlöre.

Wir lernen daraus jedenfalls, daß Mörder mit Vorliebe in der Rolle des Kammerjägers auftreten und sich hygienisch motivieren.

Ich muß nun, um nicht weiter auf dumme Gedanken zu kommen, so schnell wie möglich wieder auf eine Schule. Da staatliche Schulen die Jugendarreststrafe, die im rechtlichen Sinne keine Strafe, sondern nur eine Erziehungsmaßnahme ist, im schulischen Sinne nun wiederum doch als eine Strafe und den Bestraften demgemäß als Kriminellen betrachten, muß eine Privatschule gesucht werden.

Bis die gefunden ist, kann ich, da Übernachtungen in der Elsässer Straße nicht mehr möglich sind, Gisela nur am Wochenende besuchen, nachmittags, aber da geht dann auch nichts mehr, denn in der Elsässer Straße gilt es als pervers, nachmittags ins Bett zu gehen.

Wir fahren zum Wannsee, nehmen ein Boot und suchen uns eine schilfige Uferstelle, wo man nackt in der Sonne liegen kann, aber da schwitzt man nachher, und manchmal regnet es, oder es kommen Leute, und außerdem liegt man hart, und überhaupt: wir wollen zusammen schlafen, nicht bloß draufschmeißen und wieder runter, sondern nachher beieinander liegenblieben und dösen und wissen, daß der andere da ist. Im Boot geht das alles nicht.

Das nächstemal verabreden wir uns am Kudamm, treffen uns im Uhland-Eck, hören Lubo mit Tiger-Rack, Lubo ist Bulgare und spielt immer so heiße Sachen, ich gucke auf die Uhr und merke, daß wir bald weg müssen, weil ich noch eine Stunde mit ihr zusammensein will, weiß aber nicht, wie ich es anstellen soll, und sie verdreht die Augen und beginnt, den jungen Herrn schwierig zu finden. Der sich auch.

Schließlich gehen wir in eine Pension. Natürlich muß sie die ausfindig machen. Ich weiß nicht, wie man so was anstellt, und geniere mich, jemanden zu fragen. Sie fragt ungeniert und bekommt eine ungenierte Antwort. So einfach ist das.

In der Pension reicht mein Geld nicht, sie muß noch zehn Mark dazulegen.

«Nischt wie Ärjer hat man mit euch!» schnauft sie.

Ich merke es. Obendrein komme ich mir komisch vor: in einer Absteige mit ihr. Gleich rutschen wir in den Film, den die Frau Haberkorn und meine Stiefmama sich für uns ausgedacht haben. In dem großen Doppelbett, dessen Decke zurückgeschlagen ist, zeichnet sich in der Mitte eine Unterlage ab. Damit die Matratzen nicht schmutzig werden. Solche Vorkehr gegen den Schmutz erzeugt ihn erst, man fühlt sich klebrig, schon im voraus.

Gisela mault: «Jetzt wart ick bloß druff, daß die olle Kuh rinkommt und will uns noch 'ne Serie Stellungen andrehen.»

«Was für Dinger?»

«Na, son Pariser Fotos!»

«Ach so!»

Wir stehen herum und gucken uns an und gucken wieder weg und stehen immer noch herum.

Sie zieht entschlossen ihren Reißverschluß auf und das Kleid über den Kopf. «Nu mach schon! Hier is nischt mit vorher Knutschen und so!»

Ich ziehe mich aus, sie wartet und hat die Arme vor der Brust gekreuzt, dann gehen wir, jeder von einer anderen Seite, ins kalte Bett, ziehen die Decke hoch und frieren immer noch. Sie hat Gänsehaut und bibbert ein bißchen. Ich stecke eine Zigarette an, wir rauchen zusammen, gucken in die Luft, ab und zu versuchen wir, näher zu rücken, aber außer einem traurigen Streicheln kommt nichts heraus.

«Siehstet nu?» macht sie vorwurfsvoll. «Kommt davon, wenn man sich mit sowat einläßt – macht man sich bloß allet kaputt!» Und gekündigt haben sie ihr auch. Sie schüttelt den Kopf und lacht auf. «Ihr seid vielleicht welche!»

Ich weiß, wir sind welche. Und man kann nicht mal austreten aus dem Verein. Selbst wenn sie einen rausschmeißen, gehört man nachher immer noch dazu.

Ich versuche, es noch zu reparieren, ziehe sie an mich, küsse sie hinters Ohr und küsse ihre Brust, das hat sie sonst gern, aber sie macht nicht mehr mit. Sagt «Nu laß man! Davon wird's nu ooch nich anders! Uff die Knutscherei kommt's jahnich so an. Und wejen die Bude: da such ick ma ehm ne neue. Aber is schade drum. Doch! Ma ehrlich: ick hab dia wirklich – ick hab jedacht – aber is ja nu ooch ejal. Is bloß schade drum, nich?» – Ja, ist schade drum. Ich bringe sie noch zur U-Bahn, wir geben uns die Hand, nicht mal einen Kuß mehr, dann läuft sie runter zum Bahnsteig, und ich gehe zum Omnibus.

Da mein Papa wieder eingezogen ist und die Stiefmama sich nicht um mich kümmern kann, ziehe ich zu den nach Berlin übergesiedelten Großeltern und besuche Direktor Fackelbergs Höhere Private Lehranstalt für Knaben.

Bei Fackelberg gibt es, was sehr beruhigend ist, außer mir noch weitere Asoziale: Halbjuden, die woanders unerwünscht sind, Auslandsdeutsche, deren Eltern dem bedrängten Vaterland zu Hilfe geeilt sind und die sich nun, in der Heimat festgehalten, fremd in ihr und ihren seltsamen Ideen fühlen, Söhne von Bonzen, die vom Endsieg erwarten, er werde die Schulbildung überflüssig machen und schon jetzt die Religion der Papas nicht mehr ernst nehmen, und Söhne von Ausländern schließlich, die nur eines mit Aufmerksamkeit verfolgen: wann der fremde Dampfer, auf dem sie hier mitfahren, endgültig absackt. Aus alledem ergibt sich ein weltanschaulicher Wartezustand, und Fackelbergs Privatschule, nahe dem Kudamm, wird zum exterritorialen Gebiet.

Die Pauker sind entsprechend: Knolle gibt Latein, ist jüdisch versippt, hebt beim Betreten des Klassenzimmers jeweils den rechten Arm, sagt: «Ach so, ich darf ja nicht!» und läßt ihn wieder sinken. Geschichte gibt Spitz, gewesener Auslandskorrespondent irgendwelcher abgeschaffter Zeitungen, raucht während der Unterrichtsstunden und hat nichts dagegen, daß wir's ebenfalls tun, und liest die Geschichtsbücher gegen den Strich. Dadurch wird Geschichte zu einer unheimlich aufregenden Sache, was ich nach Sparta und Langemarck nicht mehr für möglich gehalten hatte.

In den Pausen verwandelt Fackelbergs Lehranstalt sich in einen Großbazar. Mein Banknachbar Richartz, dessen Papa Fabriken in Polen verwaltet und dessen Mama zur Dauerkur in der Schweiz weilt, bietet polnische Zigaretten, Lederwaren und Spirituosen an, Teddy Bonhoff handelt ebenfalls mit Zigaretten, daneben mit Fleisch- und Fettmarken und allen Sorten Lebensmitteln in Natur, Hänschen Vögler führt Sekt und Weißweine und nebenbei amerikanische Jazzplatten, ich biete Damenoberbekleidung und Punkte an, manchmal auch Uhren, die ich durch einen Cousin aus dem OKH beziehe, Dino hat schwarze italienische Zigaretten, Olivenöl, Fischkonserven, Zitronen, Apfelsinen und Wein, und außerdem führt er uns im Ristorante Isoletta ein, wo wir ohne Marken essen und Chianti bestellen.

Nach der Penne schwärmt alles am Kudamm aus, ich sitze mit Richartz und Vögler im Café Hillbrich, zum Essen gehen wir, wenn nicht ins Isoletta, zu Schlichter oder in den Kurfürstenkeller, manchmal auch in den Eden-Grill, wo es einen Blumenstand und noch richtige Orchideen gibt, das Stück zu zwölf Mark. Aber Geld spielt keine Rolle mehr, Marken sind nur für die Dummen, und die Schüler der Fackelbergschen Lehranstalt gehören nicht zu den Dummen, sondern haben einen Sonderfrieden geschlossen und erkennen, zumindest für sich, den Kriegszustand nicht mehr an.

Warum auch? Durch meinen Vordermann, Johnny Kersten, dessen Papa Konsul in Bombay, Rio und Kairo und Legationsrat in Amerika gewesen ist, fühle ich mich den perfiden Engländern und den plutokratischen Amerikanern viel mehr verbunden als den einheimischen Ostlandrittern mit ihrem verkniffenen Asketenmund, und Goody-Goody und Alexanders Rag-time-Band reichern sich dadurch mit Symbolwert an und steigen zu Hymnen auf.

Abends geht man ins Uhland-Eck oder in die Femina oder zum Budenzauber, wenn jemand eine sturmfreie Bude hat. Richartz hat die beste: gleich am Kurfürstendamm, sieben Zimmer, Eltern sind nie da, bloß eine Haushälterin, und die schläft meistens schon, wenn wir kommen, und ist zu faul, noch mal aufzustehen. Wir kommen sowieso immer erst um elf, bis dahin hören wir im Uhland-Eck Lubo mit Tiger-Rag oder, wenn er gutgelaunt und tollkühn ist, sogar mit Goody-Goody. Darauf pfeift alles und johlt, und irgendwoher kommt immer eine Flasche Schnaps für die Kapelle. Manchmal kommen auch ein paar Knilche vom HJ-Streifendienst, trauen sich aber meistens nicht, und wenn sie frech werden, fliegen sie raus.

Die Übersiedlung zu den Großeltern ermöglicht es mir, an diesem Treiben der Elitejugend teilzunehmen und standesgemäß aufzutreten. Die alten Herrschaften verfolgen den Lauf der Welt ohnehin mit leichtem Erstaunen und kommen nicht mehr ganz mit. Sie wundern sich kaum, daß ich noch abends in die Schule oder zu Kursen muß, zumal ich, inzwischen gewitzt, wirklich einen Abendkursus für Grafik belegt habe, was mir sogar mal Anerkennung von seiten meiner Eltern einträgt. Ich sehe bestätigt, was ich schon weiß: die Welt ist wirklich bekloppt. Man muß sie erst beschwindeln, dann ist auf einmal alles in schönster Ordnung.

Nichts ist in schönster Ordnung. Ich möchte viel lieber zu Gisela fahren, statt bei Richartz mit Ute und Elke und Uschi und Rita und Dino und Vögler Budenzauber zu feiern, aber das geht jetzt nicht mehr, und Gisela anzurufen und einzuladen, hätte auch keinen Sinn, die andern würden sie auslachen oder noch üblere Scherze mit ihr treiben. Nicht nur die Jungens, auch die Mädchen. Die vor allem. Denn die sind was Besseres und müssen sich das auch beweisen. Und wer sich mal was beweisen will, findet auch den entsprechenden Dreh dazu.

Auf die Dauer ödet dieses Treiben der Elitejugend auch an. Heute mit Ute, morgen mit Elke oder Uschi oder Rita und dann wieder von vorne, und das Getue ist immer dasselbe, und das Gequassel ist immer dasselbe, alles so neckisch und überlegen und so weltgewandt, und auch die neckischen Spiele sind immer dieselben, und nachher möchten sie hören, ob sie nun höhere Lebensart gezeigt haben.

Da fällt der Absprung leicht und die Rückkehr zu den Unterdrückten: Kläuschen Kusch in diesem Falle, Vater ist abgeholt, Mutter wird überwacht, Kläuschen drückt sich mit Chinin um die Einberufung und hat sein Stammlokal am Bayrischen Platz, Café Gary, in einer Seitenstraße, tolle Kapelle dort und keine Snobs, und auch die Mädchen sind wieder anders. Sind weder Kudamm noch Elsässer Straße, sondern ein Drittes, sind die letzten vom Bayrischen Platz, wo sonst fast alle abgeholt sind, die eine heißt Mira und studiert, da ihr die Uni versperrt ist, auf eigene Faust Kunstgeschichte, arbeitet bei einem kriegswichtigen Fotografen, um Schlimmerem zu entgehen; die andere heißt Liane und arbeitet als Sekretärin in einer Papiergroßhandlung, die früher mal ihrem Vater gehört hat. Da es nicht viel zu tun gibt, bleibt ihr genügend Zeit, Französisch und Englisch zu pauken. Sie weiß noch nicht, wohin sie gehen wird, aber sie weiß, daß sie gehen wird, irgendwann, eines Tages, irgendwohin.

Es stimmt traurig, immer nur Menschen kennenzulernen, die im Abreisen begriffen sind. Denn die anderen sind ja keine.

Sie wohnen bei Kläuschen und dessen Mutter, hören abends Jazz, immer wieder dieselben zwei Dutzend Platten, die Kläuschen besorgt hat, amerikanische Platten, die brauchen sie, weil sie deutsche nicht mehr hören können, trinken dünnen Tee und sprechen von Amerika. Von Amerika wie von einer Verheißung, auf die man immer nur hofft und die voranleuchtet auf einem Weg ohne Ende. Wir hören Caravane und Dinah und Begin the Beguine und den Saint-Louis-Blues, und es ist komisch: mit Liane kann man nicht knutschen, und ich komme gar nicht auf die Idee, mit ihr ins Bett zu gehen, und es ist doch schön, bei ihr zu sitzen und zu reden und manchmal eine Zigarette zu rauchen und dann wieder zuzuhören und weiter gar nichts.

1943

Nachdem ich über Weihnachten und Silvester zu Hause gewesen bin und die Kameraden meines Papas aus dem OKH im Garten kotzen gesehen und ihre besoffene Ansicht über den Krieg vernommen habe, bringt uns Olle Goebbels mit seiner Rede im Sportpalast den totalen Krieg.

Auf der Penne werden Wetten auf den Ausgang des Krieges nur noch fünfzig zu eins angenommen. Von der Gattin eines Oberstleutnants im Generalstab, der besoffen fachsimpelnd zwischen Wehrkraftzersetzung und Welteroberungsfimmel hin- und hertorkelt, höre ich, während sie beschwipst-sentimental mit mir tanzt, daß sie sich darauf vorbereite, nach dem Krieg auf den Strich gehen zu müssen, da ihr Berufssoldatengatte außer Kommandieren nichts gelernt und daher kaum Aussicht habe, in einer Welt ohne Wehrmacht sich am Leben zu erhalten. Soviel Selbsterkenntnis ist beinah rührend, aber ich kann nicht sagen, daß mir die Dame leid tut. Zumal den feinen Leuten auch nie jemand leid tut. Mich interessieren diese Affen und ihre Wehwehchen nicht, und ich frage mich, was ich da will, unter ganz fremden Leuten.

Im Februar wird meine Klasse geschlossen zum Luftwaffenhelferdienst einberufen, und aus Schülern werden Ersatzsoldaten. Anfangs ist noch vorgesehen, daß neben dem Dienst der Unterricht weitergehen soll, was sich als Konzession ausgeben möchte, jedoch nur ein übler Trick ist, das Menschenmaterial restlos auszunutzen. Denn nach dem Endsieg braucht das Vaterland, das ausgekochte, wieder ausgebildete Leute für den Apparat.

Der Dienst auf dem Flakturm ist so langweilig und blödsinnig wie Krieg überhaupt: nichts zu berichten. Bis doch etwas passiert.

Eines Tages veranstaltet der Herr Leutnant einen Spindappell. Vor meinem Spind, von dem er sich einige wirkungsvolle, wenngleich nicht neue Pointen verspricht, bleibt er stehen und möchte wissen, ob ich wieder den Kamm in der Butter habe. Da niemand applaudiert, beginnt er zu wühlen, und an Stelle des simplen Witzes, den er sucht, findet er einen sensationellen Kriminalfall.

Zunächst findet er im Brotbeutel Zigaretten. Und da Luftwaffenhelfer zwar alt genug zum Totschießenlassen sind, aber nicht alt genug zum Rauchen, sind diese Zigaretten verdächtig. Noch verdächtiger die Anzahl: hundertzwanzig Stück! Obendrein belgische. Wo habe ich die Zigaretten her? Hundertzwanzig Stück obendrein? Und obendrein belgische?

Ich habe sie geschenkt bekommen.

Glaubt der Herr Leutnant nicht.

Doch, von einem Belgier.

Von einem Belgier? Aha! Jetzt glaubt der Herr Leutnant, denn jetzt schaut etwas anderes heraus: ich habe Kontakt zu feindlichen Ausländern und kriege von denen Zigaretten geschenkt. Wenn das nicht merkwürdig ist!

Er ruft einen Unteroffizier herbei und läßt den ganzen Schrank auf den Kopf stellen, und dabei findet er die Pistole, die Vögler mir für einen Fotoapparat in Zahlung gegeben hat. Der hat sie von seinem Bruder, der Kurierflieger zur Luftflotte West ist, für polnische Offiziersstiefel eingetauscht. Aber da ich dem Herrn Leutnant nicht meine gesamte Geschäftsführung aufdecken möchte, bleibe ich lieber bei dem Belgier und habe die Pistole auch von dem.

Daraufhin legt mir der Herr Leutnant, erschauernd im Bewußtsein seiner Macht, die Hand auf die Schulter und erklärt mich für festgenommen. Über Nacht werde ich in einen leeren fensterlosen Raum gesperrt. Vögler kommt mal an die Tür fragen, wie es mir geht und ob ich was brauche, und sagt, ich soll ihn nicht verraten. Ich verspreche, daß ich ihn nicht verrate, und sage, er solle mir ein paar Zigaretten vorbeibringen. Unten durch die Tür schieben. Das traut er sich nicht. Er hat nur wissen wollen, daß ich ihn nicht verrate. Arschloch!

Am nächsten Morgen holen mich zwei Mann mit Stahlhelm ab und bringen mich rüber in die Meineckestraße zum Feldgericht der ersten Flakdivision.

Der Vernehmungsrichter hat sich bereits durch einen Stoß Papier hindurchgearbeitet und winkt fröhlich mit den Trophäen: meinem Notizbuch, einem Block Briefpapier und einigen Aquarellbildern. Im Briefpapier finden sich Aufzeichnungen über die 2-cm-Flakkanone, Modell 1932.

Ich gebe an, es handele sich um Notizen aus dem Waffenunterricht. Wir seien angewiesen worden, uns Notizen zu machen.

Aber nicht auf Briefpapier, bemerkt der Kriegsgerichtsrat treffend, gleich versandfertig!

Hatte kein Heft.

Der Kriegsgerichtsrat legt ein Aquarell vor. Es stellt den Blick vom Flakturm aus dar, mit dem Zoo unten und der Gedächtniskirche im Hintergrund. Ich bin sehr erstaunt zu erfahren, daß es sich dabei um einen Lageplan des Flakturms handele: aus den Fluchtlinien zu anderen Merkpunkten lasse sich die Lage des Flakturms ermitteln.

Mein Einwand, der riesige Betonklotz des Flakturms sei der markanteste Merkpunkt in der ganzen Gegend und brauche nicht erst auf dem Umweg über weniger auffallende Merkpunkte ermittelt zu werden, wird als unbeachtlich zurückgewiesen.

Auf einem weiteren Aquarell befinden sich bunte Kreise und Striche. Der Beschuldigte will das ‹nur so hingemalt› haben. Zur Erläuterung gibt er an, er habe mal eine Ausstellung über entartete Kunst gesehen. Daraus ergibt sich ein Eventualbelastungspunkt: falls das Geklecksе nicht, was aber sowieso der Fall sein wird, eine chiffrierte Nachricht darstellt, so enthüllt es dann, oder sowieso, daß der Beschuldigte einen Hang zum Entarteten hat.

Der Kriegsgerichtsrat scheint ein kleiner Witzbold zu sein. Womöglich parodiert er einen Kollegen, den er nicht mag?

Schließlich kommt mein Notizbuch an die Reihe: es enthält geschäftliche Abmachungen und Notizen, die auf Schwarzhandelsgeschäfte deuten, daneben eine Sammlung politischer Witze in Stichworten.

Habe ich dazu irgendeine Erklärung abzugeben?

Ich habe keine Erklärung abzugeben und werde ins Wehrmachtsuntersuchungsgefängnis eingeliefert, Zweigstelle Tegel. Das Geschäft geht so gut, daß sie schon Zweigstellen eröffnen.

Ein Anflug von Depression wird überschwemmt von dem merkwürdigen Gefühl, zu Hause zu sein. Zu Hause in der Jugendarrestanstalt, unter Juden und Kriegsgefangenen, zu Hause in der Elsässer Straße und bei Kläuschen und Liane, zu Hause bei Fackelberg sogar, denn die Geschichtsauffassungen des Zellennachbars decken sich genau mit denen von Spitz. Und es tröstet nicht nur, sondern stimmt beinahe, wenn der Hauptmann drei Zellen weiter sagt, die anständigen Leute säßen heute alle im Gefängnis. Das ist eine Erfahrung, die noch nicht recht weiß, wo sie hin soll, und sich auf größerer Fläche verteilt und dort langsam einsickert.

Zuerst komme ich auf eine Zelle zu zwei anderen. Der eine ist der Obergefreite Martin Heck: unerlaubte Entfernung von der Truppe: ist fünf Tage übern Urlaub bei seiner ausgebombten Mutter geblieben, kriegt fünf Jahre mit Frontbewährung, Urteil wird jedoch nicht bestätigt, der Herr Stadtkommandant als Gerichtsherr verweist es zur erneuten Verhandlung an das Gericht der Kommandantur zurück, dieses verurteilt Heck nunmehr zum Tode. Heck sagt: Gefühl wie Weihnachten, und drei Wochen später liegt morgens ein Kleiderbündel mit seinem Namen auf der Kammer. Ein Jahr später ist der Stadtkommandant, der General von Hase, Widerstandskämpfer.

Die Eindrücke sind auch ansonsten leicht verwirrend: man entdeckt mich plötzlich als schweren Jungen, verlegt mich in strenge Einzelhaft und hängt mir ein rotes Schild an die Tür, und ich werde in zwei Personen gespalten: in einen Helden und in einen finsteren Schurken. Es ist nicht immer leicht herauszufinden, vor welchem

Publikum ich diese und vor welchem ich jene Rolle zu spielen habe. Zu alledem wird der Oberarzt aus der Charité, der mich schon einmal restlos erklärt hat, wiederum herbeigerufen und um eine Erklärung gebeten. Er läßt sich die Tür aufschließen, mustert mich mit Viehhändlerblick und schnauft: «Landesverrat! Was das heißt, ist Ihnen ja klar, wie?» Macht eine Bewegung quer vor seinem Hals. «Rübe runter!» Am liebsten würde er gleich selbst den Scharfrichter machen.

Ein paar Tage darauf holen sie mich morgens aus der Zelle, und ich werde dem Reichskriegsgericht überstellt. Ein Obergefreiter begleitet mich und findet die Sache mächtig aufregend:

«Toller Bau, was? Marmor und rote Läufer und alles. Wie 'n richtjer Palast! In Italien gibt's das viel.»

Ich mache: hm ...

«Und draußen die Wagen! Haben Sie die Wagen gesehen? Lauter Achtzylinder. Sind auch lauter Generäle hier in dem Bau. Jeder Richter ein General. Drei Stück meistens bei einem Senat. Und dann noch zwei Obersten oder so.»

Hm ...

«Und vier Senate haben sie. Macht schon zwölf Generäle. Und wenn sie dann noch doppelt besetzt sind – vierundzwanzig. Glauben Sie, daß die doppelt besetzt sind?»

Weiß nicht.

«Sicher. Müssen sie ja. Wenn mal welche ausfallen oder so. Und dann kommen noch die Präsidenten und die alle. Bestimmt dreißig Generäle hier in dem Bau.»

Hm ...

«Oder noch mehr. Toller Laden! Na ja, Sie kommen jetzt bloß zu so 'nem Kriegsanwalt, der is nicht so hoch, bloß im Rang von 'nem Oberst oder so. Und bloß Beamter. Der Oberreichskriegsanwalt ist dann wieder 'n General, aber 'n richtjer! Wirklich: ein toller Laden!»

Hm ...

«Kommen auch bloß die schweren Fälle hin. Spionage und so.

Vorige Woche hatten sie einen englischen Captain. Ist mit dem Fallschirm abgesprungen. Wird jetzt schon hinüber sein. Toller Kerl! Eigentlich darf ich ja nicht drüber sprechen – aber bei Ihnen ist es nicht so schlimm, Sie können sowieso nicht mehr viel weiter erzählen. Was haben Sie denn? Auch Spionage?»

Weiß nicht.

«Auf die Tour reisen die meisten. Hilft aber nichts. Die kriegen alles raus. Hier sind wir.»

Der Obergefreite klopft an eine Tür, tritt ein und meldet.

Am Schreibtisch sitzt ein langer dürrer Papierbock mit Kneifer, er putzt ständig die Nase und hat große Angst vor Luftzug aller Art und vor Ungeziefer. Da ich sicherlich Läuse habe und überdies auch selbst Laus bin, muß ich mich auf einen Stuhl, der mitten im Raum steht, setzen. Sicherlich wird er ihn nachher in die Entlausungsanstalt schicken.

Der Papierbock zieht trockene Luft durch die Nase, leckt sich die Lippen und schlürft langsam und genießerisch Wahnvorstellungen aus den Akten:

«Äh, hier –: der Luftwaffenhelfer Theodor Bonhoff – mit dem waren Sie auf einer Stube? – äh, sagt aus – Sie hätten mehrfach erzählt, daß Sie einen englischen Spion kennen ...»

«Das stimmt nicht.»

«Sie hören gleich die Aussagen der anderen Zeugen! Äh – hier: – er kenne einen englischen Spion, einen Belgier namens André Mulot ...»

«Von dem habe ich Zigaretten gekauft.»

«Sie geben also zu, ihn zu kennen? Bei der ersten Vernehmung wußten Sie seinen Namen nicht.»

«Ist mir wieder eingefallen. Als Sie ihn genannt haben.»

«Hoffentlich fällt Ihnen noch mehr ein. Sie behaupteten damals auch, die Zigaretten geschenkt bekommen zu haben. Nun auf einmal heißt es: gekauft!»

«Wollte ich damals nicht sagen. Wegen Schwarzhandel.»

«Aber jetzt wäre Ihnen Schwarzhandel ganz angenehm, wie? So

ändert sich das!» Der Papierbock schmunzelt, er hat die Relativitätstheorie entdeckt.

«Ich habe sie gekauft. Das weiß Bonhoff auch. Der hat selber welche gekauft.»

«Von Ihnen!»

«Nein, von André!»

«Damit kommen Sie nicht durch. Wir haben noch mehr Zeugen, und die Aussagen stimmen völlig überein. Wie erklären Sie sich das?»

«Ich weiß nicht, wie die darauf kommen.»

«Möglicherweise haben sie sich verabredet? Alle gegen Sie? Eine Verschwörung womöglich?» Er lächelt erwartungsvoll. Verschwörungen aufzudecken ist sein Monopol. Will ich ihm das etwa streitig machen? Ich will nicht und bringe ihn damit um eine Pointe. Er lächelt entsagend und leicht gekränkt und fährt fort: «Klaus Lemmert – der war auch auf Ihrer Stube? – sagt aus: wir kamen aus dem Uhland-Eck und hatten eine Flasche Likör getrunken ...»

«Die hat Max mitgebracht. Max Liebel – ein Freund von mir.»

«Stimmt. Ihr Gedächtnis funktioniert ausgezeichnet – zuweilen. Sie sagten: morgen gebe ich meinem Spion wieder zwei Zeichnungen, dann haben wir einen ganzen Koffer voll Likör. Na, was sagen Sie dazu?»

«Das stimmt nicht.»

«Drei Zeugen behaupten es.»

«Ich kann mich jedenfalls nicht erinnern.»

«Da sind wir wieder bei einer Lücke in Ihrem Gedächtnis.»

«Ich habe es auch nicht gesagt.»

«Na, schön! Das wird sich herausstellen. Der Theodor Bonhoff behauptet weiter, Sie hätten englische Nachrichten mitgeschrieben und vervielfältigt.»

«Stimmt auch nicht.»

«Um sie nachher zu verbreiten.»

«Nein.»

«Hat Ihr Freund Bonhoff geträumt?»

«Ach, das war ja ganz anders! Wir waren mal zusammen auf dem Kudamm – bei einem Fliegerangriff nachmittags, und da haben die Tommies Flugblätter abgeworfen, und neben uns auf einem Plakat stand, daß jeder mit dem Tode bestraft wird, der sie aufhebt oder liest …»

«Was Sie natürlich nicht weiter gestört hat.»

«Nein – die anderen Leute hat es nicht gestört. Darüber haben wir uns ja amüsiert: wie die alle hinter den Dingern hergerannt sind!»

Von soviel Realismus aus seinen kriegswichtigen Träumen gerissen, wird der Papierbock ungemütlich und schnarrt: «Erzählen Sie keine Märchen! Kein Mensch hebt feindliche Flugblätter auf! Im übrigen hat das nichts mit der Sache zu tun.»

«Doch! Wir haben gesagt: dann kann man die Dinger ja auch gleich an die Litfaßsäulen kleben, wenn sie sowieso jeder liest.»

«Das haben Sie gesagt! Und Sie haben weiter gesagt, daß man sie verkaufen könnte.»

«Nein! Ich habe gesagt, die Leute seien so scharf darauf, daß man sie ihnen direkt verkaufen könnte.»

«Reden Sie nicht solchen Unsinn! Kein Mensch würde feindliche Flugblätter kaufen!»

«Das habe ich jedenfalls gesagt.»

«Und Sie haben Bonhoff sodann überreden wollen, auf der Schreibmaschine englische Nachrichten zu vervielfältigen, um sie in Kurfürstendammcafés zu verteilen! Na, stimmt das? Oder hat Ihr Freund Bonhoff das auch geträumt?»

Bonhoff hat es nicht geträumt, sondern nur seine Mitwirkung vergessen. Er vereinfacht nur, was ohnehin feststeht: daß ich ein Staatsfeind bin, während er keiner ist.

Allerdings bin ich meinerseits auch verblüfft, mich so plötzlich in einen Staatsfeind verwandelt zu sehen. Doch der Kriegsanwalt weist mir überzeugend nach, daß dem so ist: «Sie sind nicht in der HJ, lese ich hier. Warum nicht?»

Zucke die Achseln. «Bin nicht drin.»

«Das sagte ich. Warum nicht?»

«Macht mir keinen Spaß.»

«Was? Der Dienst?»

«Marschieren – Lieder grölen – in Uniform rumlaufen!»

«Soso! Und was Ihnen keinen Spaß macht, das tun Sie auch nicht, wie? Und wenn Ihnen nun eines Tages das Soldatsein keinen Spaß mehr macht, dann desertieren Sie einfach, ja?»

«Habe ich nicht gesagt.»

«Das folgt aber daraus. Und wenn Ihnen das Leben im nationalsozialistischen Staat keinen Spaß mehr macht, dann verraten Sie ihn einfach!»

«Ich habe nur gesagt ...»

«Was sind Sie nur für ein Mensch?» Der Papierbock nimmt seinen Kneifer ab und schüttelt, von tiefer Trauer erfaßt, seinen knochigen Schädel: «Das muß einem Jungen doch Spaß machen: Sport treiben, sich ertüchtigen! Was fangen Sie denn mit Ihrer Freizeit an?»

Ich möchte auch mal eine Pointe beisteuern: «Baden, Paddeln, Radfahren, Schwimmen, Tennis spielen ...»

Aber das ist natürlich nichts Richtiges, nichts Ertüchtigendes, nichts Gemeinschaftsbildendes. Ob ich keinen Freund habe?

Doch, ich habe einen.

Einen nur?

Nein, zwei. Nun zufrieden?

Der Kriegsanwalt ist nicht zufrieden. Wo käme er hin, wenn er so leicht zu befriedigen wäre? Er möchte wissen, ob ich nicht mehr als zwei Freunde habe.

Mir genügen zwei.

Das ist keine Antwort. Der Herr Totenschädel möchte wissen, ob ich nur zwei Freunde habe. Ja oder nein? Denn, schließt er messerscharf, wer nur zwei Freunde hat, muß genauso ein Miesnick sein wie er selbst. Und das muß ausgerottet werden. Jawohl, sagt er, und meint mich. Ja, sage ich, und meine ihn.

Ich bleibe dabei: brauche nur zwei Freunde. Mal sehen, wie das Spiel weitergeht.

Der Schädel macht: ä-hm! und kneift die Lippen zusammen, die er nicht hat. «Und eine Freundin?» Jetzt beugt er sich vor und lauert. Jetzt geht das Opfer in die Falle. Habe ich keine Freundin, so habe ich für Mädchen nichts übrig, bin also abartig. Habe ich eine Freundin, um so schlimmer: dann bin ich ein Tangobubi, Weiberheld, früh verdorben, haltlos, verschleudere die Manneskraft, worin sich sogar eine Wehrkraftentziehung erblicken ließe. Kenne das schon. Seiner Phantasie läuft das Wasser im Munde zusammen. «Nun? Haben Sie keine Freundin?»

Ich fange an zu kalkulieren. Wir spielen hier Schach. Oder Pingpong. Ich schnicke ihm die Antwort unterm Netz durch: «Doch, Freundin habe ich.» Und dann einen Schmetterball hinterher: «Aber auch nur eine!»

Der Schädel schluckt an dem Schmetterball und bemüht sich um eine amtliche Miene: «Und was ist das für ein Mädchen?»

«Mir gefällt sie.»

Jetzt richtet die Staatsgewalt sich in ihrer ganzen Macht und Herrlichkeit auf, zeigt zwei steile Falten zwischen den Brauen und schnarrt: «Sie! Werden Sie hier nicht frech! Ich habe gefragt, was Ihre Freundin für ein Mädchen ist! Ist sie im BDM?»

«Was hat denn das mit der Sache zu tun?»

«Also nicht – ja? Schön, wenn Sie nicht wollen –!» Er zieht trokkene Luft durch die Nase und sucht nach einem imponierenden Abgang. «Man kann also sagen: Sie gehören nicht der HJ an, weil Sie der nationalsozialistischen Weltanschauung fernstehen?»

«Wer sagt denn das?»

«Nun, Sie!» Der Schädel nimmt seinen Kneifer ab, lehnt sich zurück und genießt heiter seine Schlußpointe. «Sonst wären Sie ja in der HJ, nicht wahr, leuchtet Ihnen doch ein? Und sonst würden Sie nicht so reden, wie Sie hier geredet haben. Und nicht nur hier, sondern auch unter Ihren Freunden und woanders. Nicht wahr? Das leuchtet Ihnen doch ein?»

Ich brauche einen Moment, aber dann beginnt es mir einzuleuchten. Der Herr hätte Berufsberater werden sollen. Nebenbei habe ich eine neue Lebenserfahrung gewonnen: Papierböcke schwärmen fürs Gesunde. Je verdorrter einer ist, desto schwülstiger sein Fimmel für Saft und Kraft, und daher kommt die Geilheit, mit der mickrige Oberlehrer eine vollbusige Germania anschmachten.

Nun vergehen einige Monate, in denen der Kriegsanwalt sein Drehbuch und ich mich selber ins reine bringe. Die Mitgefangenen leisten mir Hilfestellung dabei. Ideologisch. Man kann auch sehr frei sprechen, weil man sowieso schon eingesperrt ist. Einzige Störung: ein Besuch der Stiefmama.

Sie kommt, bringt nichts mit, weil es verboten ist, und als sie hört, es sei gar nicht verboten, findet sie wieder mal, dann sei es ja gar nicht so schlimm, sie habe gedacht, es sei alles verboten. Es enttäuscht sie fast, daß weniger verboten ist, als sie gedacht hat. Im übrigen ist zwar alles sehr traurig, aber ich bin unbedingt selbst dran schuld. Sie weiß zwar nichts, weil es geheim ist, und sie will auch nichts wissen, weil es verboten ist, danach zu fragen, und ich soll nicht drüber sprechen, es ist auch überflüssig, denn sie weiß ohnedies, daß man immer selbst dran schuld ist, irgendwie, doch, doch, auch wenn ich es jetzt noch nicht einsehe, aber ich muß das mal einsehen, nicht wahr?, fragt sie den Wärter, und der muß ihr bestätigen, daß sie selbst im Vollbesitz der allein seligmachenden staatspolitisch wertvollen Lebenseinstellung ist, und diese Bestätigung befriedigt sie sehr, und der Kontrast zu mir befriedigt sie noch mehr, und ich frage mich, was die hier will, was die mir soll, was die sich vorstellt, ob sie sich vielleicht auf meine Kosten ein Kriegsverdienstkreuz verdienen will, und zu alledem geht sie noch mit der felsenfesten Überzeugung ab, mir durch ihr einsichtiges Verhalten sehr geholfen zu haben.

Nach sechs Monaten U-Haft endlich werde ich in die Arena geführt, sehe mich, genau wie der Obergefreite prophezeit hat, drei Generälen und zwei Obersten gegenüber, die sich als vierter Senat vorstellen, dann darf ich mich setzen, und der Kriegsanwalt hat den ersten Wurf.

Der Kriegsanwalt erhebt sich, setzt den Kneifer auf und findet den

Angeklagten hinreichend verdächtig, Kriegsgeheimnisse an eine feindliche Macht ausgeliefert zu haben. Dann zählt er die Beweismittel auf: ein Aquarell, das im rechtlichen Sinne einen Lageplan des Flakturms darstellt, ein zweites Aquarell, über dessen Bedeutung der Angeklagte bisher jede befriedigende Auskunft verweigert hat, was im rechtlichen Sinne wiederum einen Verdacht begründet, sowie Aufzeichnungen, die im rechtlichen Sinne eindeutig sind, und endlich Aussagen der Zeugen.

Den zweiten Wurf habe ich. Aber ich weiß nicht, womit ich auf wen oder was werfen soll, und zu der Filmidee des Kriegsanwalts fällt mir auch nichts ein. Ich bin schließlich nicht bei der Ufa.

Damit der Match weitergeht, wirft mir der Vorsitzende meine antinationalsozialistische Einstellung vor, was mich aufs neue verblüfft. Zugleich beruhigt es aber, denn insgeheim habe ich immer noch dran gezweifelt und mich gefragt, ob ich die Szene beim Kriegsanwalt vielleicht als mein eigener Doppelgänger erlebt habe, und da ich mich erst wieder auf meine Rolle einstellen muß, kriege ich den ersten Teil des Films nicht ganz mit. Doch das macht nichts, er fließt ohnehin ziemlich zäh dahin, bis die Zeugen an die Reihe und die Richter unverhofft vom Drehbuch abkommen. Bei Lemmert halten sie sich noch dran, doch bei Bonhoff reißt der Film auf einmal:

Bonhoff schlendert herein, guckt lässig herum und bleibt irgendwo stehen. Der Vorsitzende will ihn in Stellung bringen und schnarrt: «Sie heißen?»

«Bonhoff.»

«Augustin?»

«Nöö – Teddy. Das heißt: Theodor eigentlich – Teddy nur für meine Freunde und so.»

Der Vorsitzende hebt sich im Sattel. Er hat einen Feind entdeckt und bläst mit Fanfaren zum Sturm: «Sie sind hier aber nicht unter Ihren Freunden und so! Haben Sie mich verstanden?»

Bonhoff guckt ihn groß an. Er wundert sich, daß der Herr so schreit, und murmelt sich was.

«Jawohl! heißt das!» schreit der General. «Wieso kommen Sie eigentlich in Zivil? Ich denke, Sie sind Luftwaffenhelfer?»

«Nöö – nicht mehr. Hab inzwischen meinen Stellungsbefehl – zur Luftwaffe.»

«Aha! Aber vorher lassen Sie sich hoffentlich mal die Haare schneiden! Wie?» Da Bonhoff ein besserer Jurist ist als der General, antwortet er auf diese unsachlichen Anwürfe nicht. Der Herr General schreit daraufhin: «Haben Sie mich verstanden?»

«Jaa!» macht Bonhoff.

«Was wissen Sie nun von der Sache?»

Bonhoff, total durcheinander, weiß nun nichts mehr von der Sache. Er kratzt sich am Kopf und guckt zerfahren hin und her. «Ja, also – wir waren zusammen in einer Klasse – bei Fackelberg – das heißt: wir waren auch so viel zusammen – auch früher schon – bevor wir auf dem Flakturm waren ...»

Der Herr General reitet eine neue Attacke: «Wir legen hier keinen Wert auf Ihre Lebensgeschichte, Mann! Die ist vermutlich so lang wie Ihre Haare! Sprechen Sie zur Sache!»

«Ja, wie – zuerst die – soll ich – von vorn?»

«Wie es sich zugetragen hat, Mann!»

«Ja, also – das war – er sagte mal – von dem Spion – also das war vor dem Uhland-Eck, mit dem Schnaps da ...»

«Können Sie nicht zusammenhängend erzählen? Sie haben doch in den Vernehmungen auch klare Aussagen gemacht!»

«Da bin ich gefragt worden, nach den einzelnen Punkten.»

«Und selbst erzählen können Sie es nicht?»

«Ich weiß nicht. Das – das ist so durcheinander.»

«Sie sind durcheinander! Wie fing es denn nun an?»

«Ja – eigentlich gar nicht.»

«Gar nicht? Es hat gar nicht angefangen? Sagen Sie mal: sind Sie schwachsinnig? Lange Haare – kurzer Sinn, was?»

«Ich weiß das alles nicht mehr so.»

«Merkwürdig! Bei der letzten Vernehmung haben Sie noch alles gewußt.»

«Ja – da ...» Bonhoff zuckte die Schultern. «Ich habe gedacht ...» Er hat gedacht, ein guter Soldat zu sein, wenn er einen Spion entlarven hilft. Aber jetzt weiß er nicht mehr, was er gedacht hat. Er guckt nur hilflos und weiß nicht, was man von ihm will. Zumal der Herr General immer wieder von seinen langen Haaren anfängt. Darin hat der sich festgekrallt, die läßt er nimmer, gegen diese Haare verhandelt er jetzt höchstinstanzlich. «Solche Typen wie Sie – auf die haben wir gerade gewartet! Haare wie ein Mädchen und – was tragen Sie da eigentlich für einen Anzug?»

Bonhoff guckt an seinem Anzug runter. «Hat mein Bruder aus Mailand mitgebracht.»

«Aha! Dazu führen wir Krieg, was? Damit Sie wie ein italienischer Gigolo rumlaufen können, was? Dazu führen wir Krieg?» Er blickt die Herren Kameraden an, alle schütteln ergriffen die Köpfe: da sehen sie zum erstenmal ein konkretes Kriegsziel, und nun ist es dieses! Der Vorsitzende versucht, ruhig durchzuatmen, und sammelt sich. «Also, was war nun?»

«Na ja, er hat mal gesagt – wegen den Zigaretten ...»

«Wer – hat was mal gesagt?»

Bonhoff deutet zu mir rüber. «Er! Wenn wir Zigaretten haben wollten, müßten wir uns auch einen Spion suchen.»

«Zu Ihnen? Wieso? Haben Sie ihn angebettelt?»

Bettelei möchte Bonhoff nun doch nicht auf sich sitzen lassen. Er protestiert gekränkt. «Nein, das hat er zu Lemmert gesagt. Der hat immer von uns Zigaretten gebettelt.»

«Aha! Und woher hatten Sie die Zigaretten?»

«Ich hatte ja gar keine.»

«Eben sagten Sie, Lemmert habe Sie angebettelt.»

«Wenn ich mal welche hatte.»

«Folglich hatten Sie welche, Mann! Von diesem – wie hieß er ...?»

«Nicht von André.»

«Aber Sie kennen ihn auch?»

«Nein – nur durch ihn.»

«Aber Sie kennen ihn, Donnerwetter! Oder nicht?»

«Ja, das heißt ...»

«Das heißt: Sie sitzen genauso tief in der Tinte wie Ihr Freund auf der Anklagebank! Jetzt packen Sie mal aus!»

«Hab doch alles gesagt.»

«Bisher haben Sie nur Unfug erzählt. Oder – was haben Sie gesagt?»

«Na, also – zum Beispiel von den englischen Nachrichten! Daß wir darüber gesprochen haben und ...»

«Und warum haben Sie das nicht gleich gemeldet?»

«Schien mir nicht so wichtig.»

«Aha! Das schien Ihnen nicht so wichtig!?» Der Herr General vergewissert sich bei seinen Kameraden, ob er recht gehört habe. Deren Mienen bestätigen es ihm. «Feindpropaganda – das scheint Ihnen nicht wichtig?»

«Ich habe zuerst nicht daran geglaubt. Daß er es ernst meint.»

«Wieso? Wie hat er es dann gemeint?»

«Na ja, also ...»

«Als Witz vielleicht?»

«Ja, so ungefähr.»

«Ach! Und wann haben Sie dann gemerkt, daß es keiner war? Sondern Ernst?»

«Gemerkt gar nicht. Bloß – wie er verhaftet wurde, da, Leutnant Kalck hat uns gesagt ...»

«Für Sie immer noch Herr Leutnant! Haben Sie mich verstanden?»

Bonhoff nickt und fängt an zu leiern: «Daß er Landesverrat getrieben hat, und wir sollten alles sagen, was wir wissen ...»

«Und da ist Ihnen eingefallen, daß der Witz kein Witz war? Wie haben Sie das so schnell gemerkt?»

«Na ja, ich – ich konnte doch das nicht angeben und dann sagen: es war ein Witz –!?»

Das muß nun auch der Herr General einsehen: daß man gegen einen Feind, den es gar nicht gibt, keinen Krieg führen kann. Und da es auch Bonhoff, den er soeben auseinandergenommen hat, praktisch nicht mehr gibt, muß ein neuer Feind her: er nimmt sich den Zeugen Lemmert noch einmal vor und merkt, daß dessen Haare auch zu lang sind. Nicht ganz so lang wie Bonhoffs zwar, aber nun doch auch zu lang. Und da der Herr General einmal im Merken ist, merkt er gleich noch viel mehr. «Zum Beispiel: als Sie die Flasche Likör getrunken hatten – Sie sind das natürlich gewöhnt?»

«Was?»

«Likör zu trinken!»

«Nein, das nicht.»

«Dann waren Sie auch nicht mehr ganz nüchtern? Aber Sie erinnern sich genau an alles, an die winzigsten Einzelheiten – ja?»

«Nein, das nicht.»

«Was: das nicht? Sie haben doch bisher sehr bestimmte Aussagen gemacht!»

«Ja, der Richter – ich meine: der Leutnant ...»

«Für Sie immer noch Herr Leutnant!»

«Herr Leutnant Kalck hat uns erklärt, wie wir es sagen sollten.»

«Wollen Sie behaupten, Ihr Leutnant hat Sie zu falschen Aussagen angestiftet?»

«Nein, das nicht.»

«Aha! Das nicht! Und – was bleibt nun?»

Lemmert zuckt die Achseln. «Ja, ich weiß selber nicht mehr.»

«Aber wir wissen!» Der Herr General fischt einen Zettel aus den Akten, ein rotes Blatt, wie sie morgens an die Litfaßsäulen geklebt werden, und hebt es hoch. «Wissen Sie, was das ist? Kommen Sie mal näher! Sie auch!»

Bonhoff steht auf und tritt vor.

Der General setzt eine Brille auf und verkündet, daß der Belgier André Mulot vor sechs Wochen von einem Sondergericht wegen Plünderns zum Tode verurteilt und vor vierzehn Tagen hingerichtet worden sei, und merkt daran wiederum, daß die Zeugen ihn offenbar für schwachsinnig halten: «Ein englischer Spion, der plündern geht? – bei Ihnen piept es wohl?»

Er wechselt Blicke mit den Herren Kameraden, dann bittet er den Kriegsanwalt um dessen Plädoyer.

Das Plädoyer mißglückt. Gegen einen Vorsitzenden, der über zu lange Haare verhandelt statt wegen Landesverrats, ist auch der routinierteste Ankläger machtlos. Er hantiert ungeschickt noch einen Moment in seinen Beweismitteln, bis auch er ins Merken gerät und merkt, daß diese Dinge wohl nun doch anders zu bewerten seien, dann schluckt er zwei-, dreimal an der vorbereiteten Anklagerede und plädiert schließlich auf Freispruch.

Damit jedoch die Untersuchungshaft nicht ganz umsonst erlitten worden ist, bekomme ich vom Jugendgericht fünf Monate wegen Waffenbesitzes und drei Wochen wegen Schwarzhandels aufgebrummt. Auf diese Weise ist die Gerechtigkeit wiederhergestellt.

Nicht wiederhergestellt ist die Gerechtigkeit für den Spieß auf dem Flakturm, wo ich mich, da straffällig geworden und aus der Schule geflogen, nunmehr auch vom Luftwaffenhelferdienst abzumelden habe. Er nimmt das Urteil, studiert es mit gefurchter Stirn und liest die Namen der Richter und besonders deren Titel laut vor. Er findet es eine Schweinerei: daß ich dermaßen hohe und höchste Herren beschäftigt, in Atem gehalten und an der Nase herumgeführt habe. Die Herren haben weiß Gott Besseres zu tun jetzt in Kriegszeiten.

Finde ich auch, warum haben sie das ganze Theater dann erst aufgezogen?

Aber so meint es der Spieß natürlich nicht. Der Spieß meint: die Herren haben natürlich ihre Pflicht getan, klar, gegen Landesverräter muß mit allen verfügbaren Mitteln vorgegangen werden! Aber nun hat sich ja herausgestellt, daß ich gar kein Landesverräter bin! Das ist es! Ich habe also quasi die Behörden an der Nase herumgeführt, sie umsonst belästigt, beinahe schon Sabotage getrieben. Das ist es! Es wäre meine verdammte Pflicht und Schuldigkeit gewesen, mich nun, wo ich schon soviel Aufwand verursacht habe, wenigstens auch verurteilen und hinrichten zu lassen. So schnurgerader Logik vermag ich freilich nicht zu folgen. Ich halte es daher für besser, ohne weitere Entgegnung mein Entlassungspapier zu nehmen und zu verduften. Meine Eltern empfinden wie der Spieß. Sie haben sich schon so dran gewöhnt, den uneinsichtigen verbrecherischen Sohn hingerichtet zu sehen, daß ich, wider Erwarten von den Toten auferstanden, ihnen ein bißchen unheimlich vorkomme.

Mir kommen allerdings die anderen ein bißchen unheimlich vor. Ich entfliehe zum Bayrischen Platz, klingele bei Kuschs, warte, klingele wieder, höre jemanden in der Wohnung und rufe, geöffnet wird aber nicht.

Ich gehe ins Café Gary, um eine Weile zu warten und es dann noch einmal zu probieren. Aber bevor ich meinen Kaffee habe, stehe ich wieder auf, zahle und renne davon. Fahre lieber zum Kudamm, treffe aber dort niemanden an. Die Welt scheint das Personal ausgewechselt zu haben.

Ein Kellner im Uhland-Eck, den ich kenne, erzählt, Richartz sei eingezogen, die anderen habe er schon lange nicht mehr gesehen. Nach zwei Stunden habe ich sämtliche Lokale abgeklappert, in denen wir früher verkehrt sind, und habe niemanden getroffen. Sind anscheinend alle ausgewandert. Oder sie haben gehört, daß ich heute komme, und wollen mich nicht treffen. Das ist zwar Blödsinn, aber doch eine sehr naheliegende Vorstellung. Es könnte ja wirklich so sein. Genauso wie Bonhoff dran lag, sich zu distanzieren, um nicht verwechselt zu werden, könnten auch andere auf solche Ideen kommen.

Ich fahre wieder nach Hause.

Mein Papa macht sich Sorgen, daß ich nicht einberufen werde. Er erkundigt sich und erfährt, das Wehrbezirkskommando sei ausgebombt. Er erkundigt sich weiter und erfährt, vom Polizeirevier sei ich automatisch abgemeldet worden, als ich den Dienst auf dem Flakturm antrat, und bisher hätte ich mich lediglich bei der Lebensmittelkartenstelle wieder neu angemeldet, bei der Polizei aber nicht. Ich müßte mich also nun neu bei der Polizei anmelden, dann könne die Polizei wiederum das neue Wehrbezirkskommando benachrichtigen, und dann bekäme ich selbstverständlich einen Einberufungsbefehl. So ist das, erklärt mir mein Papa. Also muß ich gleich zur Polizei gehen und das in Ordnung bringen.

Ich bin aber gar nicht scharf auf den Einberufungsbefehl. Mich jetzt auch noch um einen Einberufungsbefehl zu reißen, erscheint mir reichlich pervers. Überhaupt scheint mir hier alles ein bißchen pervers, wenn ich das sehe, wenn ich die Herrenmenschen beobachte bei ihren Saufabenden:

Da haben wir einen Oberstleutnant mit junger Gattin, die sein Foto: Held im Jagdflugzeug, geheiratet und längst gemerkt hat, daß er der gar nicht ist, da haben wir einen ungarischen Journalisten mit Schwester, die bei der Ufa Vitalität spielt und am Kudamm mit entblößter Schulter im Schaukasten hängt, und eine Sängerin und einen Minsterialfritzen haben wir und dessen Gattin mit großer Oberweite, und einen Wehrwirtschaftsbonzen haben wir und eine prominente Vorzimmerdame und noch ein paar von der Sorte, und es geht alles durcheinander und drunter und drüber, und man weiß nicht, wer mit wem, und einmal prügeln sich zwei, wegen der Frau oder der Schwester oder auch politisch, die Ungarn sind nämlich immer solche, und man weiß nicht genau, was für welche, und niemand weiß, um was es geht, aber es wird schon stimmen, und überdies ist es schon wieder vorbei, die Gattin des Jagdflugzeuges ist jetzt bei einem Rittmeister gelandet, und der Wehrwirtschaftsbonze erklärt der Vorzimmermondänen, daß also die Deutschen im Grunde, wenn man es mal richtig nimmt, irgendwie keine Lebensart haben, da nehmen wir zum Beispiel die Franzosen, die sind natürlich verkommen, klar, das ist klar, aber die Lebensart, na gut, nehmen wir die Briten, auf Briten stehen wir nämlich, weil sie so schön perfide sind, wie wir auch gerne möchten, sehen Sie, das ist, also, die haben uns natürlich vor den Kopf gestoßen, deshalb sind sie jetzt perfide, nicht wahr, sonst hätten wir mit denen nämlich Kompanie gemacht, aber so natürlich nicht, obwohl das auch dumm ist, engstirnig ist das, kurzsichtig, das haben uns die Militärs eingebrockt, die immer nur in ihren engen Kategorien denken und nicht in größeren wirtschaftlichen Zusammenhängen, um die geht es nämlich, das andere ist alles nur Mittel zum Zweck, auch die Politik natürlich, im Grunde geht alles nur um Geld, das heißt: um Macht, aber Geld ist ja Macht, und die Politiker haben gar keine, die ist ihnen nur von der Wirtschaft verliehen, nicht wahr, der Rittmeister nickt, und die Gattin nickt, und der Ministerialfritze will jemanden anzeigen, und der Oberstleutnant verbittet sich was, aber ganz energisch, er hat einen viereckigen Kopf und stammt aus dem Sauerland und spricht wie mit Kartoffeln in der Nase, und der Rittmeister schimpft, daß an dem ganzen Schlamassel nur die Luftwaffe schuld ist, das findet die enttäuschte Jagdflugzeuggattin auch, Rittmeister sind viel schicker und männlicher, findet sie, und dann sind alle dafür, daß es Verrat ist, sie wissen nur noch nicht, was, vielleicht meinen sie mich, aber nein, von meinem Verrat wissen sie nichts, und ich behalte ihn schön für mich, und die Gattin des Ministerialfritzen probiert Kleider für ihre große Oberweite an, und der Wehrwirtschaftsbonze erklärt, wie mondän das alles in Brüssel gewesen ist und wieder sein wird, für ihn wenigstens, denn er fühlt sich nicht betroffen und nicht belastet, für die anderen wird es natürlich schlimm werden, aber die Ungarin mit der entblößten Schulter weiß es besser, kennt Brüssel auch, kennt Paris und kennt Rom und kennt alles, darüber verstummt der Wirtschaftsbonze gekränkt und blickt umher, wem er erklären kann, daß diese Ungarn furchtbar ungebildet sind, und inzwischen kommt ein anderes Thema hoch: ob man sich nach Süden oder nach Westen absetzen soll, und dann stellen sie Horoskope, ob die Russen nach dem Krieg Europa beherrschen und ob die Amerikaner Italien aufkaufen werden oder ob man lieber was mit den Tommies arrangieren soll, weil man mit denen ja irgendwie blutsmäßig, also sozusagen verwandt ist, und dann kommen sie wieder drauf, daß alles Verrat ist, da kommen sie immer wieder drauf, obwohl es natürlich nicht ungeschickt ist, nach außen hin, man kann dann immer sagen, daß man insgeheim schon immer auf der richtigen Seite war, und der Führer hat natürlich auch nicht alles gewußt, und natürlich ist vieles falsch gemacht worden, das haben sie ja gleich gesagt, alle, haben sie schon immer gewußt, andererseits muß aber auch durchgegriffen werden, das ist ganz klar, sonst macht am Ende jeder, was er will, und das machen wir nicht mehr mit, da kann nicht einfach jeder desertieren, wie es ihm paßt, sonst geht es wieder wie 1918, und das kommt gar nicht in Frage, diesmal müssen verantwortungsbewußte Männer die Sache in die Hand nehmen, welche Sache, sagen sie nicht, aber sie sind sich alle darin einig, daß etwas geschehen muß, so geht das einfach nicht weiter, der Führer wird von einer Hofclique beherrscht, daran liegt das alles, und die Sängerin hat unseren Dackel auf dem Arm und sagt, sie hat ihn so lieb, aber Rohstoffe haben wir noch genug, versichert der Wehrwirtschaftler, und man darf auch kein Chaos heraufbeschwören, findet der Ministerialonkel, und das finden sie alle, ein Chaos wäre furchtbar, da kämen am Ende noch fremde Leute ins Haus, und jeder könnte die nackte Schulter betatschen, also muß man lieber erst mal abwarten, vielleicht wendet sich doch noch alles zum Guten, sie entwickeln ja jetzt auch ganz neue Waffen, und der Führer hat gerade wieder mit der Vorsehung telefoniert, man darf jetzt nicht nervös werden und sich in irgendwelche Sachen reinhetzen lassen, und nachher waren sie gar nicht nötig, natürlich ist vieles falsch gemacht worden, aber deswegen kann man nicht alles in Bausch und Bogen ablehnen, das wäre primitiv, der STÜRMER ist natürlich auch primitiv, aber andererseits gibt es ja auch das REICH, wo der Goebbels schreibt, wo die Elite schreibt, das ist was ganz anderes, da sieht man gleich, daß wir auch durchaus ein Kulturvolk sind, das andere ist eben für die Masse, das gibt es ja überall, und die Ungarin zeigt einem die nackte Schulter, die nicht unbedingt eine kalte ist, und die Flugheldengattin findet das schamlos, und der Wirtschaftsmensch diskutiert mit dem Ministerialfritzen ostasiatische Liebesbräuche, und sie sind sich vollkommen darin einig, daß diese alten Kulturvölker, die ja andererseits auch ganz furchtbar primitiv sind, also das heißt: noch blutgebundener irgendwie, daß die da ein gewisses, also man kann das nicht so erklären, aber er hat da mal eine gehabt, verkündet der Wehrwirtschaftscasanova rundum und legt der Vorzimmerkokotte die Hand aufs

Knie, und die senkt den Blick süchtig-schamhaft und wird ganz blutgebunden und rot dabei, und der Minsterialgelehrte zitiert Spengler und findet die Russen unheimlich vital und die Franzosen degeneriert, die müssen mal frisches Blut reinkriegen, das machen wir schon, haha, und dann wird genachtmahlt, wir haben es ja, obwohl meine Stiefmama immer erklärt, daß Fleisch ganz ungesund ist, haben wir ein Nachtmahl für zwölf Personen, und Schieber gehören ins KZ, mit den Schiebern ist es so wie mit dem kleinen Mann auf der Straße; das sind immer die anderen, selbst darf man natürlich, muß man sogar, weil das ein Zeichen von Lebenstüchtigkeit ist, der Starke hat immer recht, auch auf dem Schwarzmarkt, nur bei den anderen, denen das nicht zusteht, ist es natürlich was anderes, und die sind auch immer gleich so unvernünftig und wollen Fleisch, obwohl Fleisch für die ganz ungesund ist, das wissen sie bloß nicht, das übersehen die nicht, deswegen müssen die besseren Leute sich da ein bißchen mitverantwortlich fühlen und aufpassen, daß nur der Fleisch kriegt, der es auch verträgt, das ist eben die Aufgabe der Elite, wenn sie dieser Aufgabe nicht mehr gerecht wird, muß sie abtreten, aber unsere Elite braucht natürlich nicht abzutreten, das wird sie beweisen, mit Adolf oder gegen Adolf, ganz egal, man kann mit Adolf fahren und man kann ohne Adolf fahren, man muß bloß sehen, wie man am besten die Kurve kriegt, der Adolf ist gar nicht so wichtig, wichtig ist die Elite, und wenn wir damals nach Dünkirchen gleich rüber nach England wären, dann hätten wir jetzt den Schlamassel nicht, die Engländer haben nämlich eine richtige Elite, deswegen sind die uns über, und eines Tages greifen die uns noch an, werden Sie sehen, so perfide sind die und so undankbar, so müßte man auch sein, aber der Michel ist immer zu dumm, viel zu anständig immer, und die Russen haben wir auch viel zu gut behandelt, wir sind immer zu anständig, daher kommt das alles, und wir hätten Gas einsetzen sollen, aber dafür sind wir auch zu anständig, und wenn wir den Krieg verlieren, dann hat den unsere Anständigkeit verloren, das werden wir aber dann nicht mehr machen, wir werden nachher sagen, auch den Hitler haben wir bloß gehabt, weil wir so anständig waren, und da haben wir dann einen Grund, überhaupt gleich gar nicht nie mehr auf keinen Fall in keinster Weise mehr anständig zu sein, oho, oho, haben wir uns schon alles zurechtgelegt, wie wir das machen werden, denn wir sind die Allerpfiffigsten, sind wir, das soll uns mal einer nachmachen, aber die Frage ist jetzt, wie man die Kurve nachher kriegt, und mit dem Ungarn hat wieder einer Streit, weil sie den alle für einen Kurvenkrieger halten, die halten überhaupt alle anderen für viel pfiffiger als sich selber, obwohl sie sich selber für die Allerpfiffigsten halten, aber weil es mit ihren pfiffigen Tricks nie richtig hinhaut, haben sie so 'n dumpfes Gefühl, die anderen seien vielleicht noch pfiffiger, und auf die Idee, daß ihre Pfiffigkeit so pfiffig ist, daß sie schon blöd ist, kommen sie gar nicht, sondern denken immer, es hat einer dran gedreht, am Krieg hat auch schon wieder einer gedreht, daß der schiefgeht, dabei hat er so schön und hoffnungsvoll und vielversprechend angefangen, aber es sind eben Fehler gemacht worden, das haben sie ja alle gleich gesagt, und es ist auch viel Verrat gewesen und Defätismus und so was, und nun muß man aufpassen, daß man ihn heil übersteht, in den Konzentrationslagern das haben sie ja auch alles übertrieben, obwohl das Prinzip im Prinzip schon richtig war, das haben wir ja alle bejaht, bloß sie haben es dann übertrieben, und wir hätten uns lieber mit den Juden verbünden sollen und dann mit denen gegen die anderen, aber das sind alles Probleme, die kann man nicht jetzt im Handumdrehen, im übrigen kann jeder sich an einen jüdischen Bekannten erinnern, und da muß man nachher gleich sehen, daß man den findet, und es sind alles lauter feine gebildete Leute, und ich darf um Himmels willen niemandem erzählen, daß ich im Knast war. Das wäre meinen Eltern nämlich sehr sehr peinlich.

Nur in der Elsässer Straße ist das nicht peinlich. Andererseits übersehen solche Leute das alles nicht so, die haben da keinen Einblick, und man darf ihnen das auch nicht übelnehmen, findet meine Mama, denn sie ist aufgeklärt und gebildet, es gehört eben jeder auf den Platz, auf den er gehört, und diese Leute sind auf ihre Art vielleicht auch glücklich, viel glücklicher als wir sogar, weil sie nicht solche Verantwortung zu tragen haben, diese ganze Verantwortung, die wir zu tragen haben, um die sind wir nicht zu beneiden, ich sehe das vielleicht auch noch nicht so richtig, aber bei dieser dauernden Verantwortung muß man auch mal ausspannen, da braucht man das einfach, obwohl das auch immer eine schreckliche Belastung ist, diese Leute dauernd im Haus, aber man muß sie mal einladen und muß nett zu ihnen sein, ja, so ist das im Leben, man kann nicht immer bloß an sich selber denken, man muß auch für andere da sein, wenn wir den Wirtschaftsbonzen nicht einladen, dann haben wir geschäftlich großen Schaden, und die Vorzimmerdame bestimmt über Lieferungen, und die Offiziere sind bei Papa im OKH, und die braucht er auch wieder, damit er da zurechtkommt, das ist alles sehr anstrengend, aber man darf nicht bloß an sich selber denken, sondern man muß auch für die anderen da sein, so schwer es einem auch fällt, ich verstehe das alles noch nicht so, aber wenn ich mal älter bin und verstehe das mal alles, dann werde ich sagen, die Mutti hat doch recht gehabt, doch, doch, da brauche ich jetzt gar nicht zu widersprechen, das ist schon alles so, und ich muß sie auch mal ausreden lassen, nicht immer bloß von mir selbst erzählen, daran sieht man auch, daß ich egozentrisch bin, ich lasse mir auch nichts sagen, dabei nimmt sie soviel Anteil an mir, daran sieht man, daß sie nicht egozentrisch und so weiter, und sie nimmt es mir auch gar nicht übel, sie ist da sehr, sehr, also irgendwie sehr jedenfalls, sie weiß, daß ich da nichts dafür kann, das ist die Natur, aber ich muß natürlich auch an mir selber arbeiten, ich darf mich nicht so gehen lassen, und wenn ich nur auf sie hören würde, wo sie es so gut meint, dann wäre alles ganz anders, sie gibt mir da mal ein Buch, von einem Amerikaner: Arbeite an dir selbst! das ist ein ausgezeichnetes Buch, so gut wie die Bibel fast oder noch viel besser, auf jeden Fall steht das da alles drin, und man darf nicht immer bloß an sich selber denken, wenn sie auch bloß immer an sich selber dächte, dann müßten wir hungern, weil sie sich dann nicht ums Geschäft kümmern würde, und das muß ich mal einsehen, Einsicht ist überhaupt was Gutes, vor allem darf man nicht immer die Schuld auf die anderen schieben, man ist da doch immer irgendwie selbst dran schuld, auch wenn mich das Kriegsgericht freigesprochen hat, damit ist noch lange nicht gesagt, daß ich unschuldig eingesperrt worden bin, o nein, ich muß nur mal richtig nachdenken, in mich gehen, dann finde ich sicher was, wofür ich eine Strafe verdient habe, zu Unrecht bestraft wird nämlich niemand, schuldig sind wir alle irgendwie, das ist, das sehe ich später erst, da werde ich das mal verstehen, wenn ich das alles mal verstehe, das ist nämlich wirkliche Bildung, echte Bildung sozusagen, da sieht man das alles ein und begehrt nicht mehr auf, sondern nimmt das an und sagt sich, daß es schon irgendwie richtig sein wird, ja! Was wissen die Proleten in der Elsässer Straße schon davon? Die sehen das ja alles gar nicht richtig.

Warum bin ich damals nicht einfach abgehauen und in der Elsässer Straße geblieben? Olle Sawitzky wäre viel zu ungebildet, sich so was zurechtzuquasseln, für den ist ein Stück Speck ein Stück Speck und eine Gemeinheit eine Gemeinheit und nicht irgendwie richtig und im höheren Sinne was ganz anderes als im wirklichen Sinne.

Einmal steige ich in die U-Bahn, fahre bis zum Nollendorfplatz und steige wieder um. Habe das blödsinnige Gefühl, als käme ich doch nicht hin. In die Elsässer Straße. Das ist eine Richtung, die hier nicht vorgesehen ist in den amtlichen Fahrplänen.

So probiere ich es lieber noch einmal bei Kläuschen. Dieselbe Prozedur wie letztesmal: Klingeln, Warten, niemand öffnet. Aber es ist jemand in der Wohnung. Ich schreibe einen Zettel und werfe ihn durch den Briefschlitz. Nach einer Weile geht die Tür auf, und ein Mädchen sagt: «Kommen Sie rein! Schnell!»

Ich trete schnell ein, sie schließt die Tür wieder, läßt das Schloß vorsichtig einschnappen, dann stehen wir im dunklen Flur.

Ich stelle mich vor, sie stellt sich auch vor.

Sie heißt Ika, hintendran was Polnisches, was aber Tschechisch ist, wie sie erklärt.

Aha. Und weiter?

Nichts weiter. Pause. Wir stehen im Flur und sehen aneinander vorbei, keiner weiß vom anderen, wer er ist, und jeder erwartet vom anderen, daß er sich erklärt.

Schließlich erklärt sie, Kläuschen sei dienstverpflichtet und käme erst abends nach Hause.

Schade. Hatte gerade mit ihm reden wollen.

Ihre Tante ist auch nicht da. Kommt auch erst abends. Immerhin geht daraus hervor, daß Kläuschens Mutter ihre Tante, sie also Kläuschens Cousine ist.

Und Liane? Und Mira?

Sind schon lange nicht mehr hier. Sind im Sommer weg. Wo sie jetzt sind, weiß Ika nicht. Liane hat noch mal eine Postkarte geschrieben, aus Kopenhagen, dann haben sie nichts mehr gehört. Aber anscheinend sind sie durchgekommen.

Aha. Ich gucke rum. Ist ein bißchen trostlos auf einmal.

Sie fragt, ob ich einen Moment reinkommen will.

Wir gehen in das Zimmer, das Liane und Mira bewohnt haben. Es sieht noch genauso aus. Nur das zweite Bett ist zur Couch hergerichtet worden.

Aber das Zimmer ist auf einmal zu leer. Ich schaue Ika an und warte, daß sie es wieder ausfüllt. Aber sie sagt nichts. Und solange sie nichts sagt, ist sie auch nicht da. Sie steht neben einem Sessel, stützt sich mit den Händen hinten ab, die ganze Figur ist auf dem Sprung, vom Gesicht sind im Dämmerlicht nur zwei schwarze Augen zu sehen und viel schwarzes Haar um den Kopf.

Sie stellt vorsichtige Fragen, ich antworte ausweichend, bis es mir zu dumm wird und ich erzähle, was los ist. Schaden kann mein Tatsachenbericht hier ohnehin nicht viel, und wenn man einen bei der Hand fassen kann, nachts auf dem Friedhof, ist es gleich nicht mehr so gruselig. Man weiß dann wenigstens, daß man nicht träumt. Ob sie da mitkommt?

Sie kommt mit. Sie ist mir sogar schon ein Stück voraus: eines Abends, als sie nach Hause kam, sie stammt aus Prag, war ihre Mutter weg. Der Vater ist in Kanada. Nachher war sie ein paar Wochen bei Bekannten, aber weil es da zu gefährlich war, haben die sie hierhergebracht, zur Tante. Genügt das?

Es genügt. Wir wissen, wie wir dran sind. Wir brauchen nicht herumzureden und keine Angst zu haben, einander auf den Fuß zu treten.

Wir sitzen auf der Ersatzcouch und hören Musik. Immer noch die Platten von Liane und Mira: Dinah, Caravane, Saint-Louis-Blues.

Von Amerika hat Ika auch mal geträumt. Aber sie traut sich nicht mehr. Es wird doch nichts draus. Sie traut sich nicht einmal aus der Wohnung, unter die fremden Leute draußen. Sie hat Angst, an der nächsten Ecke schon aufzufallen. Ich sage, ihr Akzent fiele kaum auf. Sie spricht sogar besser deutsch, reiner jedenfalls, als viele Deutsche. Außerdem wimmelt es von Volksdeutschen und Ausländern, die sprechen viel schlechter.

Aber es liegt natürlich nicht am Akzent. Sondern an ihrer Angst, die anderen seien anders als sie und müßten sie sofort erkennen. Ich möchte ihr erklären, daß die Angst unsinnig ist, aber das läßt sich nicht erklären. Weil die Angst eben doch nicht unsinnig ist.

Außerdem hat sie ein schlechtes Gewissen. Wegen der Tante. Und wegen Kläuschen. Weil die nun auch dauernd Angst haben müssen. Ihretwegen. Auch das ließe sich als unsinnig nachweisen. Aber ich probiere es lieber nicht erst. Um nicht wieder mitten im Argument, wenn es anfängt zu schwanken, abspringen zu müssen. Und mit Argumenten ist ihr sowieso nicht gedient, Argumente sind so wie die weise Auskunft des Arztes, die Magenschmerzen eines Delinquenten beruhten nur auf nervösen Störungen. Von dieser Auskunft gehen die Schmerzen nicht weg. Aber mit solchen Auskünften versucht die Welt, sich in Balance zu halten.

Es hülfe uns beiden viel mehr, uns aneinander zu lehnen. Aber ich weiß nicht, ob das hier geht. Ob sie sich dadurch nicht zu einer billigen Gelegenheit gemacht sieht. Andererseits darf man nicht fragen, weil sie sonst drum bitten müßte, und was sie erbittet, wird ihr als Gefälligkeit erwiesen. Ich frage lieber, ob ich das Licht anschalten soll. Sie schüttelt den Kopf. Möchte lieber im Dämmerlicht sitzen. Ich auch. Und das Dämmerlicht geht langsam in Dunkelheit über.

Ich frage, was sie macht.

Nichts. Warten. Daß irgendwas aufhört, der Krieg oder sie selber oder das Versteckspielen oder alles zugleich.

Warten in Dunkeln wird nicht so lang, wenn man sich aneinanderlehnt. Um sieben kommt die Tante, schaut kurz herein und murmelt was, Ika steht auf und hat ein schlechtes Gewissen, ich frage, ob ich sie morgen früh abholen kann, sie weiß nicht recht, aber auf dem Flur gibt sie mir schnell einen Kuß und sagt, ich soll kommen.

Unten auf der Straße weiß ich nicht mehr, wohin. Nach Hause möchte ich nicht, weil ich sie dahin nicht mitnehmen könnte. Ich fahre zum Kudamm, gehe durch ein paar Lokale und gucke mir die Augen aus, ob ich nicht einen treffe, und um elf, als alle Kneipen zugemacht haben, fahre ich dreimal um den Ring mit der S-Bahn, überlege, ob ich da schlafen soll: irgendwo auf einem Abstellgleis, überlege, ob mir nicht noch ein paar Adressen einfallen, aus dem Knast, wo ich hingehen könnte, das ist nämlich auch was Feines am Knast: man bekommt da immer Adressen, das haben die fein eingerichtet, die Erfinder des Knastes, auf diese Weise stirbt die Gilde nie aus, sondern der Nachwuchs findet immer gleich auf den richtigen Weg, fein eingerichtet haben die das, aber das wissen sie gar nicht. Nachher, mitten in der Nacht, lande ich bei Sawitzkys.

Klingle, höre, wie es klingelt, und will schnell wieder weggehen, gehe natürlich nicht, die Alte macht die Tür auf und linst mißtrauisch ins Dunkle: «Herrjechen! Sie sind's? Wat is denn?»

Blöd ist es: nachts bei fremden Leuten zu klingeln und dann nicht zu wissen, was man will. Ich probiere, ob ich hier richtig bin: war eingesperrt und so weiter.

Die Alte macht wieder: Herrgottchen nee! und läßt mich rein, fragt, ob ich Hunger habe, und stellt Brot und Speck hin und rennt raus, einen Cognac zu holen, bringt mit dem Cognac gleich ihren

Ollen, in Trainingshosen und einem alten Pullover, er schüttelt den Kopf und sagt, jetzt gehen wir erst mal in die Stube, die Olle soll Gläser holen und soll Gisela holen, und dann will er wissen, was ich angestellt habe.

Nachdem ich es erzählt habe, kommt Gisela, hält mit einer Hand ihren Bademantel zu, wischt mit der anderen die Mähne aus dem Gesicht, setzt sich auf die Lehne der Couch, und ich muß noch einmal erzählen. Diesmal stelle ich André ein bißchen mehr raus und male Bonhoff ein bißchen schwärzer an und verleihe ihm zugleich ein Adelsprädikat und erfinde damit, was später ein Knüller heißt, und Mutter Sawitzky trifft, obwohl sie danebenhaut, den Nagel doch auf den Kopf, wenn sie sagt: «Un nu weeß er nich ma, wohin! Is det nich schrecklich?»

Sie finden es alle schrecklich, und Gisela seufzt: «Zu mia rüber kannste nich – da is schon eener! Siehste: hättste damals gleich uff mia jehört!» Sie nickt wütend, hilft der Alten das Bett machen, und nachher kommt sie noch einmal rein, gibt mir einen Kuß und sagt: «Uff uns kannste dia valassen!» und nickt wieder wütend dabei, weil ich das nicht früher gemerkt habe, und ich wundere mich, daß ich hier bei Sawitzkys schlafe, ich drehe das Licht aus und versuche, mir das alles vorzustellen, drehe den ganzen Film zurück und lasse ihn noch einmal von vorn laufen, bloß daß ich in der neuen Version in der Elsässer Straße geblieben bin, gleich damals, weiß aber nicht, wie das geht, und ändere noch einmal und bin nun gleich in der Elsässer Straße geboren und kenne keine Tante Grete und keinen Will Damm und keinen Stefan George und Buxtehude und Langemarck nicht, sehe den Will Damm aber ganz weit weg mit Stahlhelm und Klampfe nach Langemarck marschieren, und er hat ein großes Schwert, mit dem onaniert er, stöhnt bei Stefan George nach der Melodie von Buxtehude und wühlt sich durch Leichenberge, durch Arme und Beine, die krabbeln wie Schlangen im Jugendstil, und ich komme nicht raus, sie halten mich fest und ziehen mich runter, bis ich anfange zu beißen und zu kratzen und zu treten und fasse Giselas Hand, und die zieht mich raus, und wir rennen davon und haben es gleich vergessen, wissen gar nicht mehr, daß es das gibt, es dringt nicht mehr zu uns, und auch den ganzen Knast gibt es nicht, den haben die anderen sich nur geträumt und haben mich fortgezogen und hineingezogen in ihren Traum ...

Am nächsten Morgen traut sich niemand, mich zu wecken, und ich rase ohne Frühstück los, setze mich in die U-Bahn und bin nachher doch eine Viertelstunde zu früh am Bayrischen Platz. Komme mir vor wie ein Quartaner beim ersten Rendevouz, ein bißchen lächerlich.

Versuchsweise probiere ich schon mal, unten vor Ikas Fenster vorbeizugehen, sehe aber nichts, warte einen Moment und will dann noch einmal um den Block schlendern, aber von der Ecke aus sehe ich die Tür aufgehen, sie winkt und kommt auf die Straße gelaufen, ohne Mantel jedoch, erklärt hastig, daß sie nicht weggehen könne: die Tante hat die Schlüssel mitgenommen, nur damit nichts passiert natürlich, jetzt hat sie die Tür oben offen gelassen und die Matte zwischengeklemmt, ich soll mit raufkommen und einen Tee trinken und Platten hören, sagt sie hastig, bricht ab und schaut mich zweifelnd an: «Ich meine – wenn du Lust hast.»

Lust habe ich keine, aber ich kann sie schließlich nicht stehen lassen und sagen: trink deinen Tee alleine, und außerdem bin ich jetzt schon desertiert zu Hause, weil ich sie behalten wollte, bin die halbe Nacht rumgefahren und in die Elsässer Straße übergelaufen, wozu das alles, wenn ich jetzt keine Lust habe, mit ihr raufzugehen und bei ihr zu sitzen, auch wenn der große Geist der Tante dabeisteht und stört, also gehe ich mit rauf, setze mich auf die Couch und warte, bis sie den Tee bringt, diesen überflüssigen Vorwand, blicke umher und fühle mich nicht mehr wohl hier, seit gestern abend, denke an das Gesicht der Tante gestern abend und an Sawitzkys nachher und merke, daß ich in der Elsässer Straße viel mehr zu Hause bin als hier, der Elsässer Straße gelingt das Unterdrücktsein besser, am Bayrischen Platz kriegen sie das noch nicht so hin, früher haben mich Kläuschen und Liane und Mira darüber hinweggetäuscht, die selbst schon in die Unterdrückung hineingewachsen waren, und früher habe ich Sawitzkys noch nicht gekannt, die Geschichte mit dem Polacken ist nur eine Geschichte gewesen, jetzt bin ich selber Polacke, und da ist der Teller Suppe ein richtiger Teller Suppe, nicht bloß ein erzählter, und hier stehen verstaubte Nippsachen auf dem Vertiko rum, hier zieht die Tante ein Gesicht und sagt nichts dazu, hier sagen sie nie was, hier sind sie lieber bedrückt und sprechen leise und indirekt, anstatt zu schreien, und die Tante bekommt lieber Migräne, anstatt zu beißen und zu kratzen, hier gibt es Vorwände aus dünnem Tee und sonst nichts für die Polacken, und wenn einer Suppe will, muß er erst ein Examen bestehen und die Nippsachen anbeten, und dann ist er immer noch viel verlassener als in der Elsässer Straße, deswegen ist Ika auch so bedrückt und wagt nicht zu klagen und nicht zu schreien, in der Elsässer Straße könnte sie schreien und brauchte nicht mehr bedrückt zu sein, und ich suche nach einem Haken, um sie fortzuziehen von hier, zu Olle Sawitzky, der Polacken Suppe gibt, zur Mutter Sawitzky, die nachts Fremde reinläßt und Brot und Speck hinstellt und ein Bett macht, und zu Gisela, die von den feinen Leuten nichts hält, weil sie weiß, was sie von ihnen zu halten hat.

Doch es ist schwierig. Ika kommt nicht los, man muß sie entführen.

Ich schlage vor, essen zu gehen. In das italienische Restaurant.

Sie zieht rote Stiefel an und einen Schafspelz dazu mit Verzierungen wie bei Husarenröcken, den hat ihre Schwester aus Budapest geschickt, und dann fragt sie, ob sie sich schminken soll. Sie möchte gern, und ich möchte auch gern, schon damit ihre Papierfarbe überdeckt wird, damit sie aufersteht und wieder zum Leben erwacht, und während wir die Kaiserallee raufgehen, drehen sich Männer nach ihr um, und sie freut sich und erzählt von Budapest, Budapest ist für sie der Ort, an dem noch Leben stattfindet, für mich ist die Schweiz dieser Ort, ein paar Zellen neben mir hat einer gelegen, der zwei Jahre drüben gewesen ist, und der hat immer von der Schweiz erzählt, so wie Liane und Mira immer von Amerika erzählt haben, und manche im Knast haben immer von der Südsee erzählt, jeder hat von dem geträumt, wo er gern sein wollte, nur von hier hat niemand erzählt.

Francesco kennt mich noch und stellt uns eine Flasche Chianti unter den Tisch und serviert uns, was nicht auf der Karte steht, und macht Witze und lacht, weil er sich freut, wenn andere sich freuen, was zwei Häuser weiter, wie hier fast überall, schon als völlig abnorme Verhaltensweise gilt. Denn hier ist Tüchtigkeit unauflöslich mit Mißgunst verkoppelt.

Ika hat weiche Lippen und eine weiche Nase und weiche Wangen, und ihre Stimme ist weich, wie sie sagt: «Ich fühle mich ganz erlöst – von allem!» Dabei hebt sie meinen Arm hoch und legt ihn sich um die Schultern.

Ich habe nicht mehr viel Geld. Fällt mir ein dabei. Weil es unter meinem Arm so sicher nicht ist, wie sie meint.

Nachher im Zoo bleibt sie bei den Zebras stehen und streichelt ein Fohlen. Am liebsten möchte sie es mitnehmen. Es sieht so nackt aus und friert.

Ich werde unruhig und ziehe sie fort, bummele mit ihr zum Kudamm und dort durch die Lokale, um einen zu treffen, mit dem sich ein Geschäft machen ließe. Ich muß unbedingt ein paar Mark verdienen, sonst kann ich morgen nicht mit ihr ausgehen. Aber ich treffe keinen. Doch, im Café Melodie treffe ich einen: Edi Zimmermann, aus dem Jugendarrest, ist jetzt Kellner hier und erzählt gleich wieder tolldreiste Geschichten, noch immer dieselben wie damals, verführt verheiratete Frauen um dreißig, und immer dieselben mit denselben Marotten und denselben Attraktionen.

Ika gefällt es nicht, mir gefällt es auch nicht, ich zahle schnell, damit wir wegkommen. Sonst verwechselt sie mich noch mit dem. Vielleicht hat der durch den Knast einen Hau weggekriegt? Vielleicht wirke ich auf andere genauso? Müßte ab und zu mal in den Spiegel gucken.

Einmal im Zweifel über mich selber, weiß ich nicht mehr, wie ich mich aufführen soll. Ich bringe sie nach Hause, liefere sie bei der Tante ab, die schon da ist und wieder ein dummes Gesicht macht, dann stehe ich auf der Straße, auf dieser blödsinnigen Straße mit den alten Häusern, die hochherrschaftlich-hochmütig und stuckverziert und immer ein bißchen indigniert in die Welt schauen und sich von jedem Sonnenstrahl schon unsittlich berührt fühlen, und es riecht alles nach Friedhof und Bücherschrank, und ich weiß nicht, wie ich Ika dort herausholen kann, bevor sie verschimmelt.

In der U-Bahn weiß ich nicht, wohin ich fahren soll. Kudamm oder Elsässer Straße. Kann mich nicht entscheiden. Fahre zur Elsässer Straße, ohne mich zu entscheiden.

Mutter Sawitzky ist allein zu Hause, der Olle kommt erst morgen wieder, und Gisela arbeitet noch. Ach so, das weiß ich ja noch nicht: sie ist jetzt in einer Kneipe, drei Ecken weiter, Bedienung, ist ja egal, und da fühlt sie sich auch wohler: unter den Leuten hier. Zuerst, als sie aus unserem Geschäft weg ist, hat sie es noch in einem Laden am Wittenbergplatz probiert, aber die haben immer Witze gemacht und haben gedacht, sie können sie billig haben, weil sie aus der Elsässer Straße ist, bis sie einem mal was aufs Maul gehauen hat. Da kennt sie nämlich nichts. Sie macht alles mit, aber dumm kommen läßt sie sich nicht. Und von denen schon gar nicht. Das heißt: damit bin ich nicht gemeint, erklärt Mutter Sawitzky, aber sie braucht gar nichts zu erklären, im Gegenteil, ich freue mich, direkt jubeln könnte ich, und ich lasse mir die Kneipe beschreiben und gehe gleich hin.

Es ist eine schummrige Bierbar an der Friedrichstraße, abgetakelte Weiber und aufgeputzte Puppen sitzen herum und fast keine Männer, eine greift mich im Vorbeigehen am Arm und sagt: «Komm, setz dia her, Süßer!», ich sage: «Keene Zeit!» und gucke rum: Gisela steht an einem Tisch, in knappem Rock und mit hohen Absätzen, lacht über einen Witz und kassiert.

Ich gehe an ihr vorbei und frage so nebenhin wie möglich, damit es nicht gleich zu wichtig wird, wo ich mich hinsetzen kann.

Sie dreht sich um und macht große Augen. «Wat machst du 'n hier, Mensch?»

Eigentlich hatte ich erwartet, daß sie was erklärt, aber sie hat gar nichts zu erklären, es ist alles ganz selbstverständlich, und ich zucke die Schultern und setze mich an einen Tisch, an dem nur zwei Stühle stehen, und tue ebenso selbstverständlich: «Siehste ja: Bier trinken. Oder habt ihr was Besseres?»

Sie winkt ab: «Na ja – so 'n Cocktail! Aber bloß für Freier: sechs Mark und nischt drinne. Willsten Bier?»

Sie holt das Bier, stellt es hin und setzt sich dazu. «Wat machsten nu?»

«Nischt.»

«Ooch wat!» Sie lacht, guckt mich an und schüttelt den Kopf. «Hab icks dia nich jleich jesacht? Ihr macht euch det allet ville zu umständlich! Det Jahr Knast hättste dia lieba für wat andret einhandeln können! Nich so kompelsziert. Na ja, muß ooch so 'ne jehm! Un nu?»

Ich zucke die Schultern. «Mal sehen, daß ich ein paar Geschäfte machen kann.»

«Jehste nich mehr nach Hause?»

«Nee – wozu'n?»

«Frahr ick mia ooch! Wenn de willst, kannste noch 'n paar Tage bei uns pennen. Mutts sacht nischt, und Vaddern erscht recht nich. Haste noch Kohlen?»

Dumme Frage. Aber hier kann man ruhig sagen, was los ist. Ich sage: «Nee – fast blank!»

Sie fummelt unter ihrem Schürzchen in der Geldtasche, greift unterm Tisch durch und drückt mir einen Schein in die Hand. «Vadient hastet nich!» Sie seufzt und verzieht den Mund, denn die Versuchung zum Gutsein ist schrecklich. «Aba hängn lassen kann ick ooch keenen! Soll ick 'n Schnaps holn? Ham noch welchen, die Nutten hier bring allet bei. An die Elvira vorne mußte dir ranmachen, denn haste allet!» Ich muß lachen und weiß nicht, wie ich das fürsorgliche Angebot ablehnen soll. Und ob ich es ablehnen soll. Wenn es nicht so überraschend käme und wenn Ika jetzt nicht wäre, würde ich es mir überlegen. Nein, dann brauchte ich nichts zu überlegen. Gisela wird eifrig: «Hör ma druff, wat ick dia sahre, Mensch!

Bei die kommste wenichstens nich unter die Räder!» Sie geht den Schnaps holen, spricht mit einer Rothaarigen an der Bar, die mit engem Rock und dünner Bluse und umgehängtem Pelz und mit übereinandergeschlagenen Beinen auf einem Hocker sitzt, die schaut her, ich stecke mir eine Zigarette an und blicke konzentriert auf die Uhr, als ob ich noch wichtige Geschäfte hätte, und spiele ein nervöses Warten aus.

Es ist ein bißchen viel auf einmal: Elvira und alles haben und nicht unter die Räder kommen, Ika und nichts haben und wahrscheinlich irgendwann unter die Räder kommen, und Gisela, wie sie wieder am Tisch sitzt und wir haben den Schnaps getrunken, guckt trübsinnig, nur so ein bißchen trübsinnig, wie es in der Elsässer Straße erlaubt ist, und weiß nicht, wie sie ihr Angebot noch besser bringen soll, und wahrscheinlich denkt sie, ich sei romantisch veranlagt, daß ich nicht nehme, was sich anbietet, sondern mit meinem Dickkopf immer das haben will, was ich haben will, wobei sie jetzt aber wieder an sich denkt und glaubt, ich sei eingeschnappt, weil sie nicht mit mir will, und das tröstet sie andererseits auch, so daß sie sich einen Ruck gibt und sagt: «Ma sehn, ob mein Oller kommt. Oder wir könn ooch vorher wechjehn – willste?»

Ich will, aber es ist ein bißchen viel, wie gesagt, und alles auf einmal jetzt, erst rennt man tagelang rum, und es ist gar nichts, und dann kommt alles auf einmal: Gisela und Ika und Elvira, die guckt immer noch her, und ich möchte wissen, was Gisela ihr erzählt hat, aber weil das alles durcheinander geht und weil ich gar nicht weiß, was ich will, und weil ich zu Gisela jetzt nicht nein sagen und Ika morgen früh nicht sitzen lassen kann, sage ich was ganz anderes, springe aus dem Durcheinander und auf festen Boden und frage: «Weißt du nicht lieber, wo man ein paar Geschäfte machen kann?»

Geschäfte könnte ich mit Elvira machen, sagt Gisela, anscheinend führen hier alle Wege zu Elvira, aber sie kann auch mit Heini reden, das ist der hinter der Theke, der hat einen großen Wasserkopf auf einem viel zu kurzen Hals und hinkt ein bißchen, die Arme gehen ihm fast bis an die Knie, und das Haar ist ihm vorn in die Stirn gewachsen. Er wackelt mit dem Kopf, Elvira streichelt ihn, da grinst er und sagt was, und Gisela holt mich an die Bar. Elvira probiert meinen Blick aus und meinen Händedruck, Heini schenkt drei Schnäpse ein und sich selber Brause vom Faß und einen Pernod, der Pernod ist nur für ihn, erklärt er, und Elvira grinst, und er verzieht das Gesicht ganz komisch nach links oben, dann legt er Zigaretten hin, schwarze französische, und fragt mich aus: woher ich komme und was ich mache und wen ich kenne, wie die Preise am Kudamm sind und was abzusetzen ist und in welchen Mengen und wie es mit Kohlen steht.

Mit Kohlen steht es mau, sage ich, brauche einen kleinen Kredit.

Kredit ist bei ihm mau, sagt er, er ist schon so oft eingegangen.

Gisela erklärt, ich käme gerade aus dem Knast, aber das nutzt ihm nichts, sagt er. Sie sagt: dann kriegt er von ihr was, als Kaution. Und Elvira sagt, er soll man nicht so sein, und streichelt seinen Wasserkopf, darauf grinst er wieder unbeholfen und nimmt mich mit, durch die Küche hinten raus, in eine Kammer, wo Flaschen in Regalen liegen und Kisten herumstehen.

Heini verfügt über ein gut sortiertes Lager. Unter anderem hat die Kriegsmarine, ohne daß sie davon weiß, einige Kartons mit Chronometern hier deponiert. Ich nehme drei Stück, denn Uhren lassen sich am bequemsten handeln, und Heini macht mir einen Werbesonderpreis: fünf Scheine für alle drei.

Wir gehen wieder nach vorn, Gisela bedient gerade, ich weiß nicht, wo ich mich hinsetzen soll, Elvira will Feuer haben, also setze ich mich wieder an die Bar, aber es wird ungemütlich, Heini paßt dauernd auf, was wir reden. Dabei will ich gar nichts mit ihr reden, was er nicht hören dürfte. Aber weil er dauernd argwöhnt, daß wir was miteinander haben, haben wir auf einmal wirklich was miteinander. Blöd, aber es ist so.

Am nächsten Morgen habe ich ein schlechtes Gewissen. Genaugenommen zwei: das eine Elvira, das andere Ika gegenüber. Elvira hat die halbe Nacht von ihrem Freund erzählt, der gefallen ist, war Ritterkreuzträger, sie hat auf die Ritterkreuze geschimpft und auf den blöden Krieg und auf den blöden Kerl, der sich hat totschießen lassen. Jetzt will sie nur noch einen, der sich nicht totschießen läßt. Ich habe ihr versprochen, mich nicht totschießen zu lassen. Wozu auch und wofür auch? Für die Knastverwalter vielleicht, damit es denen wohl ergeht und sie lange leben auf Erden? Aber dann wollte sie doch wieder einen Ritterkreuzhelden. Er muß keines haben, aber er müßte es kriegen können, wenn er wollte. Er soll bloß nicht wollen. Er soll sie wollen. Der andere, der das Ritterkreuz wollte, ist treulos gewesen, hat sie betrogen.

Ich komme nicht ganz klar, und um klarzukommen, muß ich es Ika erzählen. Und ich muß es ihr auch erzählen, um zu hören, was sie sagt. Sie sagt gar nicht viel. Sie lacht und will wissen, wie das gekommen ist.

Ich weiß selber nicht, wie es gekommen ist: Ich habe nicht wieder allein sein wollen, nachdem ich den ganzen Tag mit Ika zusammen gewesen bin. Und Elvira hat auch nicht allein sein wollen, da sind wir eben zusammen ins Bett gegangen. Ich schaue sie an, ob sie noch mehr wissen will. Wenn sie noch mehr wissen will, kann ich auch noch mehr erzählen. Und ich möchte gern alles erzählen. Wenigstens wissen, daß ich alles erzählen kann. Sie möchte wissen, ob es schön war. Und was wir gemacht haben.

Schön war's. Schön wild. Und verzweifelt. Wenn man verzweifelt ist, macht man sich's eben schön. Das ist dann, als ob man das Verdunklungsrollo runterläßt. Oder als ob man sich die Decke übern Kopf zieht: man sieht nichts mehr, die Welt ist ausgeschaltet.

Machen wir jetzt auch: lassen die Verdunklung runter, gegen die Welt.

Aber die Welt läßt uns nicht. Sie schickt Kläuschen. Wir hören, wie draußen der Schlüssel im Schloß gedreht wird, und Ika springt auf, schaltet das Licht an und knöpft ihre Bluse zu und sagt, ich solle schnell ein bißchen aufräumen, und geht hinaus. Ich stehe auf und ziehe mir die Schuhe an, lasse die Verdunklung hoch und knipse das Licht aus, hebe meine Krawatte auf, die am Boden liegt, und ein Stück daneben liegt noch ihr Büstenhalter, ich stopfe ihn unters Kissen, ziehe die Decken glatt und setze mich, gelangweilt zigarettenrauchend, auf die Couch und blättere in einer alten Zeitschrift, die ich nicht lesen kann, weil sie tschechisch ist.

Es ist kurz vor eins. Demnach haben wir den ganzen Vormittag vertrödelt.

Jetzt fallen mir die Uhren ein. Eine oder zwei muß ich mindestens verkaufen. Um mit Heini abrechnen zu können. Vielleicht beim Toilettenmann im Hillbrich. Der zahlt immer ganz anständig. Hat gute Kunden. Oder bei Edi. Aber Edi will zuviel Reibach machen. Außerdem sitzen im Melodie lauter Bubis, die haben nicht soviel Kohlen. Ich kann auch ins Isoletta gehen, Francesco fragen. Die Kellner da stinken vor Geld.

Sie kommt wieder rein. Kläuschen hat nur ein Papier geholt, daß er irgendwo braucht. Sie bleibt am Tisch stehen und räumt den Aschenbecher auf: stellt ihn einmal hierhin und einmal dorthin. Dann blickt sie mich an und lächelt resigniert und ein bißchen betreten: sie weiß nicht, ob das Asylrecht bei der Tante durch unmoralischen Lebenswandel verwirkt werden kann.

«Peinlich», sage ich. «Liebe im Heuschober, wenn es dann anfängt zu regnen. Gehen wir essen!»

Auf der Treppe merkt sie, daß ihr was fehlt.

«Brauchst du gar nicht», sage ich. «Zeig mal!»

Sie öffnet den Mantel und zeigt, drängt aber schnell weiter: ist nicht nötig, daß uns auch noch jemand im Hausflur überrascht beim Knutschen. Das ist hier sowieso schon unanständig, und wenn es dann erst eine Tschechin tut, ist es ganz skandalös. Und rechtfertigt obendrein, sie auszurotten. Weiß ich. Und ich weiß auch, was Tante Grete und Will Damm zu einer sagen würden, die ohne Büstenhalter geht.

Daß Francesco sie schön findet und die Augen verdreht, ist wiederum Grund zum Feiern. Wir bestellen ein Menü mit italienischem Namen und eine Flasche Chianti, ich lege Francesco eine Uhr auf den Tisch. Er betrachtet sie, wird den Kollegen fragen.

Der Kollege kommt, hat sie schon am Handgelenk, fragt nach dem Preis.

«Dreihundert.»

«Mamma mia!» macht der Kollege und bindet sie schnell wieder ab. Ich nehme sie und stecke sie wieder in die Tasche, zucke die Schultern. Der Kollege schüttelt heftig den Kopf. Hundert würde er geben. Ich schüttele auch den Kopf. Will sie gar nicht verkaufen. Habe nur Francesco einen Gefallen tun wollen. Weil der uns immer gut bedient.

Der Kollege will sie noch einmal sehen. Ich gebe sie ihm, er hebt sie mit spitzen Fingern auf, wie etwas nicht ganz Sauberes, dreht sie herum und betrachtet sie von allen Seiten, dann hält er sie ans Ohr.

Ika fragt leise, ob ich meine Uhr verkaufen müsse, und schaut mich beklommen an. Sie hat schon wieder ein schlechtes Gewissen. Ich erzähle ihr, daß ich eine ganze Sendung Uhren bekommen hätte, von einem Bekannten aus der Schweiz.

Der Kollege, der so lange Zwiesprache mit der Uhr gehalten hat, macht: «Uno momento!» und verschwindet wieder.

Francesco serviert etwas Teiggebackenes mit Salami und kleinen Fischchen und Paprikaschoten. Der Signorina empfiehlt er einen Nachtisch, der aussieht wie eine Schnitte Götterspeise und nach Fruchtgummi schmeckt, der Signor bekommt eine Schachtel griechischer Zigaretten.

Der Kollege kommt mit einem Angebot: er will zwei Uhren und bietet zehn Flaschen Cognac dafür, italienischen, und zweihundert Zigaretten.

Zigaretten kosten achtzig, aber wenn es griechische sind, kann man bloß sechzig rechnen, macht hundertzwanzig, zehn Flaschen Cognac zu dreißig sind dreihundert, also vierhundertzwanzig, und dann muß ich das Zeug erst woanders wieder absetzen. Zahle ich fast drauf.

Der Kollege erklärt, italienischer Cognac sei in größeren Flaschen, fast ein Liter pro Flasche.

Dafür ist es italienischer.

O, italienischer Cognac sei eccellente, erfahre ich, und die Signorina hört eine aufregende Geschichte, wie lustig es in Italien sei, ein ganzes Volksfest wird erzählt und mit musikalischen Einlagen untermalt und mit lebhaften Gesten glaubhaft gemacht. Der Kollege erfindet, was später ein Feature heißt. Und alle sind glücklich und heiter und ausgelassen, man muß es gesehen und selbst erlebt haben, sonst glaubt man es gar nicht, es ist das Schönste, es ist die große Seligkeit, und alle trinken italienischen Wein und italienischen Cognac, davon sind sie so glücklich, heiter und ausgelassen und selig. Zum Verkaufen ist italienischer Cognac natürlich noch viel besser geeignet als zum Trinken, nichts verkauft sich leichter als italienischer Cognac, alle Welt wartet nur darauf, daß jemand italienischen Cognac anbietet. Ich lasse mir eine Flasche geben, nur zur Probe, muß erst mal sehen, ob ich das Zeug loskriege.

Alberto bringt eine Flasche und erklärt: das Isoletta macht von drei bis fünf zu, aber man kann hinten klingeln, die Mamma weiß Bescheid, die Mamma macht die Küche, sie wird Alberto rufen. Und die Zigaretten sind bulgarische. Bulgarische Zigaretten sind berühmt, sind die besten der Welt, sogar der Zar hat früher bulgarische Zigaretten geraucht, Kenner zahlen die höchsten Preise, bulgarische Zigaretten sind unter den Zigaretten, was unter Delikatessen Austern sind.

Ich weiß schon: kommen gleich nach italienischem Cognac, lasse mir zwei Schachteln geben, und Francesco kommt mit der Rechnung, schiebt sie zusammengefaltet diskret auf die Tischplatte und zieht sich zurück, ich wickele den Fünfzig-Mark-Schein, den mir Gisela gestern gegeben hat, in die Rechnung und beginne wieder nervös zu werden. Bin wieder auf dem letzten Zehner, den ich als eiserne Reserve zurückgesteckt habe.

Ika merkt es und schaut mich wieder besorgt an, sagt aber nichts und fragt nichts, während wir zu Hillbrich gehen, und ich weiß nicht, was ich ihr sagen soll, und wünsche jetzt doch, daß sie fragt, damit ich mit ihr darüber sprechen kann. Aber sie fragt nicht.

Bei Hillbrich setzen wir uns oben in eine Nische, ich bestelle schnell zwei Orangeade und gehe auf die Toilette.

Der Toilettenmann braucht einen Moment, um sich zu besinnen, dann sagt er: «Ach, du bist det! Wo warsten so lange?»

«Italien!» sage ich und zeige ihm die Flasche. «Habe ein paar Kisten von dem Zeug mitgebracht.» Zehn Flaschen anzubieten, hat keinen Sinn. Und bei einem neuen Artikel schon gar nicht. Es lohnt für den Abnehmer nicht, sich drauf einzustellen.

Er hat das Etikett gelesen und dreht die Flasche herum. «Preis?»

Ich sage: «Fuffzig!» Er läßt die Flasche vor Schreck beinahe fallen: «Fuffzich nehm ick selba bloß! Wat soll ickn da noch vadien dran?»

Ich erkläre, es sei ja auch ein Liter, also praktisch seien zwei Flaschen drei, so daß eine normale Flasche auf fünfunddreißig käme. Findet er zu kompliziert, kapieren die Leute nicht, muß man ihnen einfacher machen: seine Olle wird das Zeug auf normale Flaschen umfüllen. Noch einfacher: auf normale Flaschen mit französischem Etikett. Sonst stutzen sie wieder, wenn sie was von italienischem Cognac hören. Aber er will erst mal probieren, ob es geht. Zur Probe nimmt er meine zehn Flaschen. Ich rase rüber ins Isoletta, hole die anderen neun, nehme die Zigaretten mit und setze die dritte Uhr auch gleich ab, für zwei Scheine beim Toilettenonkel, habe zweihundert Mark und die Zigaretten Reibach gemacht, und Ika merkt, wie ich wieder neben ihr sitze, daß wir gleich viel sicherer fahren. Sie merkt es, ohne daß ich es sage, denn sie weiß es selbst: braucht man schon zum normalen Leben Geld, so braucht man's zum illegalen noch viel mehr und noch viel dringender. Ohne Geld wird man in drei Tagen gefaßt. Diese Weisheit verblüfft nur hier, wo es selbstverständlich ist, Geld zu haben. In der Elsässer Straße, wo Geld nicht so selbstverständlich ist, ist dafür die Weisheit ganz selbstverständlich. Einmal auf die Elsässer Straße gebracht, möchte ich hinfahren. Muß sowieso mit Heini abrechnen. Und ich möchte auch sehen, wie Ika sich dort fühlt.

Heini kassiert seine fünf Scheine und eröffnet weiteren Kredit und guckt dabei Ika an, daß ich nicht weiß: will er sie haben, oder ist er froh, daß ich sie habe, wegen Elvira, die er doch nicht kriegt, weil die nicht den will, der sie will, sondern gerade den anderen, der ihr nicht zusteht, dienstgradmäßig; und am Tisch hinten ergeben sich Fragen, weil Gisela wissen will, wer Ika ist und sie anschaut und ausfragt und entdeckt, daß Prag jetzt auch zur Elsässer Straße gehört, zumindest Asylrecht besitzt in der Elsässer Straße. Heini hat eine Mansarde oben, Gisela steht gleich auf und fragt ihn, und ich will Ika erklären, daß ich gar nichts gesagt habe, aber die lacht nur, und da ich frage, was die Tante sagen wird, schüttelt sie den Kopf und lacht mich aus. Dabei nennt sie mich Harry auf einmal, weil ihr das so einfiel, weil ich nicht so nach Jochen oder Jürgen oder Heinrich aussehe, und wenn sie mal Kinder hat, bekommen sie ganz fremde Namen, erklärt sie. Nein, auch keine tschechischen, sondern ganz fremde. Damit sie gleich wissen, daß sie fremd sind, und es nicht erst später erfahren müssen.

Heini will wissen, ob wir uns anmelden, ob wir Fleppen haben oder ob wir gesucht werden oder was mit uns los ist.

Wir kommen überein, fremd zu sein, untertauchen zu müssen, beide, keine Fleppen zu haben, beide, verfolgt zu sein, unstet und fremd, wenn ihm das was sagt.

Das sagt ihm, daß die Miete in diesem Fall erhöht werden muß, wegen Risiko und so, und vielleicht braucht er nachher vor Aufregung einen Nervenarzt und so, das kalkuliert er gleich vorher mit ein.

Die Mansarde hat eine zerlegene Couch mit einer staubigen Decke drauf, blinde Fenster und einen Rest von Teppich, auf dem Tisch steht eine Lampe mit grünem Glasschirm und grünen Glasperlenschnüren, der Schrank hängt schief in einer Ecke, es riecht nach Wohnküche, Museum und Hinterhof und gar nicht allzu exotisch, obwohl es Exil ist, eine Welt weit weg und abseits von jener, die sich die richtige nennt.

Von diesem Abseits aus wirkt die Welt, die sich die richtige nennt, die sich bei Horcher und am Kudamm, im Eden-Grill und am Roseneck trifft, ein bißchen lächerlich, ein bißchen aufgeputzt, schmeckt nach billigem Kintopp, und wir stoßen uns heimlich an und amüsieren uns, wenn wir im Eden sitzen, mitten unter der Herrenrasse, die hier, Totenköpfe auf den Kragenspiegeln, Pasteten in sich hineinstopft, ungesundes Fleisch frißt und ungesunden Tokayer trinkt und Schiebungen veranstaltet, wie der STÜRMER sie bei den Juden aufzudecken pflegt, was die Herrenrasse aber nicht hindert, aus den gleichen Schiebungen geradezu Herrenrassenbewußtsein zu schlürfen, denn, sagt Zaremba, Sturmbannführer mit oberschlesischem Akzent, sehr richtig, man kann sich alles erlauben, was man sich erlauben kann, und es gibt im Grunde nur ein Verbrechen, und das heißt: Verletzung von Monopolrechten, und was dem Herrn von Jovi erlaubt ist, das ist dem Proleten Bovi noch lange nicht erlaubt, wie schon die ollen Römer sagten, denn, spricht er auch sonst gebrochen deutsch, von unserem deutschen Bildungsfimmel, der immer auf die Römer zurückkommt, hat auch Zaremba gehört, und er hat ihn gleich richtig ausgelegt, wenn er sagt: auf Draht sein ist alles! Ich bin auf Draht für ihn, denn ich setze Dynamotaschenlampen ab, von denen Zaremba einen ganzen Waggon auf ein falsches Gleis geschoben hat statt an die Front. Ich mache das bißchen schon, habe ich ihm versichert, daher bin ich auf Draht und ebenfalls Herrenrasse nach Sturmbannführer Zaremba, fast so auf Draht wie er selber, wenngleich da noch Unterschiede bestehen, feine Rangunterschiede etwa dadurch, daß ich kaufe und verkaufe, also eine Händlernatur bin, während Zaremba selbst nur verkauft, was er niemals gekauft hat, das ist irgendwie eine Stufe höher, feudaler, herrenmäßiger und herrlicher, er kann es nicht ganz präzise erklären, obwohl er überzeugt davon ist, und ich weiß auch so: es ist der Quitzow-Komplex, von dem auch die Oberlehrer, die sonst so ordnungstüchtigen, immer schwärmen, was aber auch kein Widerspruch ist, denn sie wissen, daß auch die Ordnung, der sie dienen, wiederum den Quitzows zu dienen hat, und Quitzow Zaremba fühlt sich, da er raubt, ebenfalls zum Ritter geschlagen, was andererseits nicht heißt, daß jeder Räuber gleich ein Ritter ist, o nein, das hängt von der Befugnis ab, und die Unbefugten, welche die Monopolrechte verletzen, muß man einen Kopf kürzer machen, so ist das, ich verstehe schon.

Ika amüsiert sich auch, aber manchmal weiß sie nicht, wo sie den Kopf reinwühlen soll: es ist ihr alles ein bißchen unheimlich. Und die Liebe im Exil ist fast eine Verschwörung. Verschwörung wiederum entlastet sehr, man ist jedenfalls in Bewegung, und Bewegung geht immer irgendwohin.

Und die Reden, die sich auf solche Sentenzen zu bewegen, gehen auch irgendwohin. Deshalb ist Reden so schön. Die Welt besteht nur noch im Gespräch, und jedes Gespräch schafft eine andere, wir brauchen uns nur auszusuchen. Zum Beispiel unsere Flucht nach Schweden:

«In Swinemünde besorgen wir uns einen Kahn und segeln rüber nach Dänemark und von da nach Schweden.»

«Und von Schweden aus kann ich meinem Vater schreiben, nach Kanada, daß er uns Geld schickt.»

«Und dann fahren wir rüber, nach Kanada. Meinst du, daß wir rüberkommen?»

«Weiß nicht. Warum nicht?»

«Ist auch egal. Hauptsache, wir sind erst mal in Schweden. Oder willst du unbedingt nach Kanada?»

Sie lacht. Will auch nicht, jedenfalls jetzt nicht. Wenn wir schon träumen, können wir uns auch den schönsten Traum aussuchen und brauchen uns an keinem Aber zu stören und nicht mit der Ausstattung zu sparen. Wenn wir schon träumen, dann können wir uns auch gleich eine Yacht kaufen und um die Welt segeln und uns eine Insel in der Südsee suchen, wo wir ganz allein sind. Wo sonst kein Mensch hinkommt. Sie hat Angst vor Menschen, immer noch. Zwar nur vor den Menschen hier, aber da sie die nicht einzeln und mit Namen kennt, hat sie vor allen Angst. Nur vor Gisela nicht. Und vor Francesco nicht. Die könnten wir mitnehmen.

Ja. Und Kläuschen könnten wir mitnehmen und Alberto und die Mamma und Olle Sawitzky und Mutter Sawitzky und noch ein paar.

«Aber wir kommen ja doch nicht hin!» sagt sie auf einmal.

«Wieso nicht?»

«Wie denn?»

«Liane ist auch hingekommen.»

«Ja, die!»

«Und eben, wie wir's uns vorgestellt haben, waren wir praktisch auch schon da.»

«Ja, im Traum.»

«Na ja! Liane hat auch immer davon geträumt – und jetzt ist sie drüben.»

«Vielleicht kann sie besser träumen als wir.»

«Kann sein. Sie hat immer die Hand weggezogen, wenn ich sie mal berührt habe. Als ob sie Angst hätte, ich reiße sie aus dem Traum.»

«Mich hast du auch rausgerissen.»

«Ich denke, du hast gar nicht geträumt?»

«Nein, aber – wenn du nicht gekommen wärest, hätte ich vielleicht auch angefangen zu träumen.»

«Und jetzt?»

«Geht es nicht mehr.»

«Aber vorhin hast du auch geträumt.»

«Nur ganz kurz. Dann warst du wieder dazwischen.»

«Würdest du lieber träumen?»

Sie schüttelt den Kopf. «Es geht ja auch nicht mehr. Weil es überflüssig ist. Was man schon hat, braucht man sich nicht erst zu erträumen.»

«Wieso? Würdest du von mir träumen?»

«Nein – vom Leben. Und wenn wir zusammen sind, haben wir es ja. Oder nicht?»

«Doch. Ist komisch – geht mir auch so. Machen wir das Licht aus?»

Wir machen das Licht aus, liegen im Dunkeln, beide in einem einzigen Traum nun wieder, der die geträumten überflüssig macht, weil diese selbst nur von jenem träumen, und dann fällt uns der Kellner im Hillbrich wieder ein, der auf ihre Bluse gestarrt hat, und wir lachen wieder und rücken uns näher. Je weiter wir von den anderen abrücken, desto näher rücken wir einander.

Auch im Eden ist es eine Verschwörung, wenn wir unter den Bonzen sitzen und wispern, um uns zu vergewissern, daß wir nicht träumen, sondern die anderen, an den Nebentischen, die nicht wissen, daß sie Gespenster sind. Manchmal stoßen wir uns unter dem Tisch an, um zu probieren, ob wir noch da sind, und müssen uns ein Lachen verbeißen, und manchmal glaubt sie es sich selber nicht mehr, daß sie hier sitzt, während sie eigentlich und von Rechts wegen in einem Lager zu sitzen habe. Von Rechts wegen ist übrigens gut, finde ich.

Ihr geht es genauso, denn sie ist in dieselbe Schule gegangen wie ich, und ihre Schulbücher haben ihr auch nicht beigebracht, daß die Gerichtsherren, über alle Ländergrenzen hinweg, zum Geschlechte derer von Quitzow gehören, und da Zaremba auftaucht, steht sie schnell auf und verschwindet.

Ist übrigens auch besser so. Er schlendert heran, blickt ihr nach und mimt Anerkennung: «War das Ihre Kleine?» leckt sich die Lippen und wackelt mit dem Kopf. Gut, daß sie gegangen ist. Sonst käme er am Ende noch darauf, daß ihm als Feudalherrn ein Jus primae noctis zusteht. Davon hat er bestimmt schon gehört, genauso wie er von Nietzsche weiß, daß man Weiber auspeitschen soll. Das sind so die Rosinen, die er sich aus zweitausend Jahren Abendland herausgepickt hat.

«Rassiges Mädel», findet er. «Paßt zu Ihnen.»

Wundert mich. Daß schwarz zu blond paßt. Ich habe immer gedacht, schwarz sei nicht nordisch.

Aber die Nordmänner zieht es doch immer nach dem Süden, erklärt er. Alte Germanensehnsucht.

Damit er in seinem Film bleiben kann, biete ich sie ihm als Italienerin an.

Hat er gleich gewußt.

Und da ich gern alles ganz genau wissen möchte, möchte ich nun doch wissen, wie das mit der Rassenmischung ist.

«Kokolores ist das», höre ich. Klar: im Normalfall käme nichts heraus, aber manchmal sei ein Schuß fremdes Blut ganz vorteilhaft. Er kennt sich da aus, ist früher im Rasse- und Siedlungshauptamt gewesen und hat auch eigene Erfahrungen: tschechischen Großvater. Und die Mischung mit Tschechen ist ausgezeichnet. «Sind die intelligentesten Slawen, Mensch!» Er lacht gutgelaunt. Es ist ein erhebendes Gefühl, die richtige Mischung zu sein.

Ich ernenne Ika zur Tochter des italienischen Militärattachés. Damit entstammt sie einer südlichen Seitenlinie der Quitzows, und Zaremba sieht mich bewundernd an und in seine Sphären aufrükken. Was ihm aber nicht so ganz recht ist. Er wird nüchtern und kommt aufs Geschäft, um die gesunde Rangordnung wiederherzustellen. In dieser Ordnung erscheine ich als sein Hofjude, der die Scheine hinzublättern und den schmutzigen Teil des Geschäfts zu übernehmen hat. Er selbst möchte sich damit nicht befassen und schlägt vor: «Übernehmen Sie doch den ganzen Rotz, Mann! Zwanzigtausend sind es. Können Sie doch unterbringen – oder nicht?»

«Klar – kann ich die unterbringen.»

«Na, also! Wußte ich doch!» Er freut sich, daß ich so auf Draht bin. Die Feudalherren sehen es nicht ungern, wenn ihr eigener Hofjude der allerjüdischste, will sagen: allergerissenste ist.

Ich bestätige: bin in jeder Beziehung auf Draht.

Bittet Zaremba sich auch aus: wenn mal was schiefgeht, muß ich natürlich die Klappe halten und selber dafür geradestehen. Das ist nämlich männlich: selber geradestehen, Kopf hinhalten und so. Kenne ich. Haben wir auf der Schule auch schon gehabt. Auf keinen Fall darf ich Zaremba etwa mit reinreißen. Weil der in seiner Position natürlich nicht geradestehen kann. Das ist ja klar. Den Kopf kann er auch nicht hinhalten. Den braucht er noch. Ist auch klar. Das ist nicht etwa unmännlich von ihm, sondern das liegt an der Position. Er darf da nicht mit reingezogen werden, weil sonst die Position mit reingezogen wird. Das ist so, als ob sich zwei in Uniform prügeln: dadurch wird sozusagen die Uniform geschändet.

Und das darf nicht sein. Uniform ist immer irgendwie was Heiliges. Verstehe ich ja – oder? Verstehe ich. Verstehe ich mehr, als Großquitzow Zaremba denkt.

Kann er ja auch verlangen, findet et. Läßt mich ja ganz schön verdienen. Und wie er es überschlägt, möchte er wissen, was der junge Spund mit soviel Geld anfängt.

Ich rechne ihm vor, was ein standesgemäßes Leben zu Schwarzmarktpreisen kostet, und den Überschuß lege ich an: in Gold, Uhren und Devisen. Zu welchem Traum ich die brauche, behalte ich lieber für mich.

Aber Zaremba versteht dennoch: er macht es genauso. Lange wird der Krieg nicht mehr dauern, und dann brechen saure Zeiten an. Andererseits befremdet den Sturmbannführer solche defätistische Haltung bei der Jugend: da ist es kein Wunder, daß wir den Krieg verlieren. Einen Moment nickt er trübsinnig vor sich hin und hängt verlorenen Träumen nach: wie schön es wäre, wenn wir den Krieg gewonnen hätten. Dann wäre er Großgouverneur im Kaukasus oder von Hinterindien, könnte ganze Schiffsladungen verschieben und sich jede Menge Jungfrauen zuführen lassen. Solche Träume laben sein nordisches Elitebewußtsein ungemein. Aber das ist nun ausgeträumt, sieht er seufzend ein. Der Defätismus der Jugend hat ihn um die Erfüllung seines Lebens gebracht.

Wir brechen auf, fahren mit Dienstwagen zum Bahnhof Charlottenburg, da besitzt Zaremba eine leerstehende Wohnung, die früher Juden beherbergt hat und jetzt als Lager für die Zarembasche Großschwarzhandlung dient. Ich bekomme den Schlüssel zu einem Kellerabteil, in das schaffen wir die Kisten mit Taschenlampen, die ich übernehme, dann läßt er sich die Kohlen hinblättern, zählt mißtrauisch mit, geniert sich aber, noch mal nachzuzählen, und schiebt das Bündel mit vornehmer Herablassung in eine Hosentasche.

Ich nehme einen Koffer voll Lampen gleich mit, verteile sie aufs Isoletta und Hillbrich, ein paar bekommt Edi, ein paar will ein Kellner bei Mampe haben, den Rest lasse ich bei der Mamma stehen, die packt mir den Kuchen ein, den sie für mich gebacken hat, und gibt mir noch zwei Flaschen Chianti mit, Alberto bietet Strümpfe für die Signorina an, werden gegen Lampen kompensiert, und eine Flasche Cognac nehme ich auch noch, dann sause ich los zur Elsässer Straße. Ich habe immer Angst, daß Ika was passiert, wenn ich sie allein lasse.

Es passiert auch was. Nur nicht das, was ich gedacht habe.

Ein paar Tage später steht Ika auf der Straße, hundert Meter von der Kneipe entfernt, und kommt auf mich zugelaufen, wie sie mich sieht. Zuerst denke ich an Polizei: vielleicht ist es aufgefallen, daß wir da wohnen, und sie wollen uns überprüfen. Aber ganz so schlimm ist es nicht. Oder es ist noch schlimmer. Für Ika jedenfalls ist es noch schlimmer. Weil er ihr mit der Polizei obendrein noch gedroht hat.

Wer? Wie? Ich verstehe nicht.

Können wir nicht irgendwo hingehen? Sie will nicht länger auf der Straße herumstehen. Nein, in die Mansarde will sie nicht mehr, nie mehr, und in die Kneipe auch nicht.

Wir gehen zu Sawitzky, unterwegs erfahre ich, was passiert ist:

Sie ist noch im Bett geblieben, heute morgen, als ich weg bin, und auf einmal kam er rauf, Heini natürlich, hat ihr eine Flasche Wein gebracht, hat sie auf den Tisch gestellt und zwei Gläser voll eingegossen, und sie hat nicht gewußt, was los war, und weil er so unbeholfen gelächelt hat, wollte sie ihn nicht kränken und hat sich bedankt und hat das Glas genommen, das er ihr hinhielt, und dann hat er sich auf die Bettkante gesetzt und hat so komisch angefangen zu reden, sie wollte raus, aber weil sie nichts anhatte, konnte sie nicht aufstehen, und dann, das war dumm, aber sie wußte ja gar nicht, was er wollte, dann hat sie noch gesagt, daß sie nichts anhat, er sollte rausgehen, da hat er ihr die Decke weggezogen und sich auf sie geworfen, direkt mit dem ganzen Körper auf sie geschmissen, sie wollte schreien, aber er hat ihr den Mund zugehalten und hat ganz blödsinnig gelacht dabei, richtig gegurrt hat er, und als er die Hand wegzog, um sie zu küssen, hat sie ihm ganz fest in die Oberlippe gebissen und ihm einen Daumen ins Auge gedrückt, bis er ihr mit der Faust hinters Ohr schlug, da mußte sie loslassen, aber weil er in dem Moment zurückgefahren ist, konnte sie ihn runterwerfen und aus dem Bett springen und ist rausgerannt, hat nur schnell den Mantel, der an der Tür hing, mitgenommen, er wollte sie noch mal festhalten, aber sie hat ihn gleich wieder ins Handgelenk gebissen, und dann ist sie runtergelaufen in den zweiten Stock, wo die dicke Nutte wohnt, die abends immer in der Kneipe sitzt, und hat bei der geklingelt und hat immer Angst gehabt, er kommt ihr nach und kriegt sie wieder, bevor die Tür aufgemacht wird, und dann ist die Nutte mit ihr raufgegangen, und er stand immer noch oben in der Mansarde und hat wieder so blödsinnig gelacht, das Gesicht ganz verzogen, und hat vor dem Tisch gestanden, und auf dem Tisch lag ihre ganze Wäsche, die muß er aus dem Schrank geholt und dahin gelegt haben, und als sie reinkamen, hat er erst mit seinem blöden Grinsen die Nutte angeschaut und dann sie, und als er sie gesehen hat, hat er angefangen, irgendwas zu stammeln, und hat sie ganz wütend angesehen dabei, und die Nutte hat versucht, ihn zu beruhigen und ihn rauszubringen aus der Mansarde, da fing er auf einmal mit Polizei an und hat gemurmelt, man müßte sie umbringen, was sie hier will, die Mansarde gehört ihm, und wir brauchen nicht zu denken, daß er blöd ist, und es sei gemein, daß wir uns über ihn lustig machen, er wird sie umbringen, Polizei holen, er weiß schon, und dann hat er wieder die Wäsche angeguckt und reingegriffen und was von feiner Wäsche gemurmelt und hat sie nichts wegnehmen lassen, als sie sich anziehen wollte, sondern wollte gleich wieder auf sie losgehen, dann hat die Nutte sie rausgeschoben auf den Gang und hat ihr die Sachen rausgegeben, die sie brauchte, und sie hat sich auf dem Gang angezogen und ist runtergegangen, auf die Straße, und da wußte sie nicht, wohin, und hat die ganze Zeit auf mich gewartet.

Bei Sawitzky muß sie alles noch mal erzählen, und Mutter Sawitzky macht: «So ein Schweinigel!»

Olle Sawitzky sagt: «Ja, da kannste nischt machen, der hat doch eenen wech!»

Gisela sagt, mit ihr hat er es auch probiert, gleich zu Anfang, hat sie in seine Bude hinten gelockt, ist aber nicht weit gekommen, bloß mit der Hand in den Brustausschnitt, da hat sie ihm in die Haare gegriffen und seinen Kopf zurückgezogen, als ob sie ihn küssen wollte, und hat ihm schnell einen Kuß gegeben, und da ist er ganz friedlich geworden und hat sie losgelassen, und sie ist wieder nach vorn in die Kneipe, er ist noch fast eine Stunde hinten geblieben, wahrscheinlich hat er sich selber geholfen, und nachher kam er, als ob gar nichts gewesen wäre, hat sie bloß ab und zu zärtlich angeguckt, aber seitdem hat sie Ruhe.

«Ja ja, det is so eener!» macht Olle Sawitzky. «Den mußten bißchen scheen tun, denn denkt er, du liebsten, und denn is schon jut.»

«Hättste se doch ooch wat sahren solln, Jisela!» macht Mutter Sawitzky. «Dat se wenichstens die Diehre imma abschließt.»

«Na ja, ha ick ooch nich dran jedacht! Hab doch jahnich gewußt, dat der so jefährlich wern kann.»

«Det is – sehn Se, der is da schon in die richtje Kaschemme. Da is er schon fuffzehn Jahre bald. Wejn die Nutten – die nehm den richtich, vastehn Se? Un denn hat er da eben immer welche – also mehr det Jefühl, als ob er mitten in 'n Harem is, vastehn Se?» Olle Sawitzky schüttelt den Kopf und lacht.

«Is ja ooch schlimm», sagt seine Olle. «Wenn eener so is und find keen Menschen sein janzet Leben lang.»

«Na ja, det is eben so», sagt Olle Sawitzky. «Der is ja noch harmlos, sehnse ma! Det jibt schlimmere! Ick hab eenen jekannt, den is det in 'n Kopp jestiejen, wissense, der hat det denn noch christlich jebracht – also: der hat jedacht, er muß da die Welt retten oder sowat! Weil er selba keene abjekricht hat, vastehnse? Da war det denn für den allet – irgendwie von'n Deubel, und da hat er eene umjebracht – die war für den so – wie soll ick sahren? – der Inbejriff für Sünde, vastehnse?» Er lacht auf und schüttelt den Kopf. «Na ja – det sehnse ja bei unsre Oberbonzen ooch: wat die sich da zurechtspinnen, über die Juden und so, det is bloß – also det spinn'n die sich ja bloß selba so zurecht, vastehnse?»

«Ja ja, det is eben allet ...», nickt Olle Sawitzky. «Allet nicht so scheen, wie det in eure Schulbücher aussieht. Könn'n Se ma jlooben.»

«Wat wollta denn nu machen?» fragt Gisela.

Ich weiß nicht, was wir machen wollen. Ich schaue Ika an, die will im Moment gar nichts machen. Sie sitzt, noch immer im Mantel, auf der Couch, hält den Mantel vorn zu und friert.

«Na, nu laß se ma hier», sagt Olle Sawitzky. «Un denn kieckste man in Ruhe, ob de wo wat findst, wo de se mitnehm kannst.»

Ich überlege, ob ich rübergehen soll, unsere Sachen holen. Ika sagt, ich soll hierbleiben. Vielleicht holt er wirklich die Polizei.

«Na, und eure Sachen?» macht Gisela.

Ika sagt, sie braucht keine Sachen. Sie kann die Wäsche gar nicht mehr anziehen, in der das Schwein da rumgegrapscht hat.

Das findet Mutter Sawitzky nun doch unvernünftig.

Olle Sawitzky lacht und sagt: «Sehn Se, unsre Jören hier, die nehm det janich so schwer. Die sind det jewöhnt. Det jibt's ehm in'n Leben, nicht? Det muß man – also det kann man nich – wenn se den insperren, is ja ooch nischt jeholfen, nich? Det muß man ehm so mitnehm. Ich meine: Sie sollen sich nischt jefallen lassen, klar, ick laß ma ooch nischt jefallen, aber mir tut ooch keener wat. Det is – na ja, ihr seid det nich jewöhnt, det is et.»

Abends im Bett will Ika sich nicht ausziehen, und auf einmal fängt sie an zu weinen, ich weiß nicht, was ich machen soll, ich will ihr einen Cognac holen, aber sie will keinen Cognac, es ist auch nicht wegen Heini, es ist eine Geschichte, die sie in Prag gehört hat, eine Geschichte aus Warschau, jemand, der fliehen konnte, hat sie nach Prag gebracht, und da ist sie unter den Leuten umgegangen: die Deutschen sind ins Ghetto gekommen und haben Juden abgeholt, es wurde geschrien und geschossen und geprügelt, sie steckten Häuser in Brand und trieben die Bewohner heraus, von irgendwo kam ein kleines Mädchen angelaufen, verängstigt, hielt seine Puppe im Arm und suchte Schutz bei einem Onkel, der da in Uniform stand, aber die Uniform bedeutete dem Mädchen nichts, es hielt alle Onkels für gute Onkels, und griff nach seiner Hand, um sich festzuhalten, und da nahm der gute Onkel das Mädchen und schleuderte es durch die Luft, und ein anderer schoß mit der Maschinenpistole drauf. Weiter nichts.

Aber Heini hat mit der Geschichte gar nichts zu tun.

Die Geschichte mit dem kleinen Mädchen in Warschau ist ihr wieder eingefallen dadurch.

Ich weiß trotzdem nicht, ob ich Heini umbringen möchte.

Sie möchte es auch nicht.

Ich glaube, der in Uniform würde ihn umbringen, wenn Heini ihm in die Hände fiele.

Je länger wir reden, desto mehr verschwindet Heini wieder und ist schließlich gar nicht mehr da und hat nichts mehr mit uns zu tun. Und allmählich vergißt auch Ika ihn wieder und zieht sich ganz von selbst aus.

Trotzdem traue ich mich auf einmal nicht mehr, sie anzufassen. Wenigstens jetzt nicht. Um nicht mit Heini verwechselt zu werden.

Sie merkt es und sagt, es sei schon vorbei. Und auf einmal lacht sie drüber, seufzend zwar, lacht aber und findet es nur noch verrückt, und dann fragt sie mich nach Gisela aus, und ich merke, daß ein bißchen Bewunderung dabei ist und dieselbe Sehnsucht, die ich auch habe nach der Elsässer Straße. Sie will wissen, woher es kommt, daß Gisela so ist und daß Olle Sawitzky so ist und ob sie hier alle so sind.

Ich erzähle, was ich von Olle Sawitzky weiß: daß er im Rotfrontkämpferbund war, und obwohl ich damit nicht viel anzufangen weiß, scheint es mir doch mit Sawitzky zusammenzuhängen, und es hängt auch mit ihm zusammen: ob er nun durch den Rotfrontkämpferbund zu Olle Sawitzky geworden ist oder ob jemand wie Olle Sawitzky zum Rotfrontkämpferbund geht, das kommt schließlich auf dasselbe raus.

Aber Ika möchte lieber von Gisela hören. Es gefällt ihr, wie die mit Heini fertiggeworden ist, und es gefällt ihr, wie sie in der Nuttenkneipe bedient und sich nichts abbricht dabei und trotzdem selbst gar nicht berührt wird davon, und es gefällt ihr am meisten, daß Gisela nicht eifersüchtig ist auf sie, sondern es ganz selbstverständlich findet, daß ich jetzt ein anderes Mädchen habe.

Dabei fällt mir die Frau Haberkorn ein, die mit dem Dutt, und meine Stiefmama fällt mir ein, und das Urteil aller feinen gebildeten Leute fällt mir ein: Gisela sei verdorben. Und Ika kriegt einen Lachanfall.

Mir fällt auch die Frau des Hauptmanns von Redwitz, Zellennachbar und Hotelbesitzer, wieder ein, zu der gehe ich am nächsten Morgen, um nach einem Zimmer zu fragen. Er hat beim Hofgang immer mit mir gesprochen und mir seine Adresse gegeben: Hotel Melanie, in einer Seitenstraße am Kudamm. Sollte seiner Frau Grüße ausrichten.

Ich fahre hin, richte Grüße aus. Seine Frau will wissen, wie es ihm geht, obwohl sie ihn selbst alle vierzehn Tage besucht, aber sie traut dem, was sie beim Besuch hört und sieht, nicht ganz. Scheint keine positive Einstellung, wie meine Mama zum Beispiel, zu haben. Allerdings wird auch die Frau von Redwitz nicht mit angeborenem Mißtrauen auf die Welt gekommen sein, aber immerhin ist ihr eines erwacht, und das macht sie sympathisch. Sie will sehr genau wissen, wie es ist in Tegel, aber ich weiß kaum noch, was ich erzählen soll, so lange liegt das schon zurück. Dabei sind erst ein paar Wochen vergangen seit meiner Entlassung.

Wir bekommen ein Zimmer, müssen abends zwischen sechs und zehn einziehen, wenn kein Portier da ist und Frau von Redwitz die Aufnahme selber macht, das ist besser wegen der Papiere, die wir nicht haben. Lange werden wir nicht bleiben können, aber vierzehn Tage oder drei Wochen, dann gibt sie uns eine Empfehlung, damit wir drei Wochen woanders wohnen können, anschließend geht es hier wieder drei Wochen. Am besten kommen wir aus Wien und sind Künstler, bei den Wienern und den Künstlern nimmt man es nicht so genau. Die Frau von Redwitz, merke ich, hat gelernt, in Unterweltkategorien zu kalkulieren, seit ihr Mann sitzt.

Abends, nachdem wir eingezogen sind, lädt sie uns noch zu einer Flasche Wein ein, unterhält sich mit Ika über Prag und dann wieder mit mir über Tegel, und auf einmal schaut sie mich an, als ob wir pokerten und beide einen Royal Flush hätten, und dann schiebt sie mir ganz nebenbei die Frage rüber: «Läßt sich da nichts machen?»

Wir schauen uns alle drei an, lachen alle drei zugleich, und die Frau von Redwitz – inzwischen sind wir bei der zweiten Flasche – heißt von nun an Ellen. Ich überlege, was sich in Tegel machen ließe, und der Unteroffizier Gumbel fällt mir ein. Gumbel hat die Personalkantine unter sich und hat mir abends nach Einschluß, wenn die Luft rein war, manchmal Zigaretten und was zu essen gebracht. Er wäre sogar bereit gewesen, einen Brief für mich mit rauszuschmuggeln, aber natürlich habe ich an meine Eltern keinen Brief rausschmuggeln können. Die wären gleich zum Präsidenten des Reichskriegsgerichts gerannt, um die gefährdete staatliche Ordnung zu retten.

Ellen hält solche Rechtschaffenheit nicht für so rechtschaffen. Wenn die Verhältnisse schon auf den Kopf gestellt sind, meint sie, muß man sie vollends auf den Kopf stellen. Damit sie in sich wieder stimmen.

Wir reden bis halb drei, dann bringt Ellen uns rauf in unser Zimmer, und Ika wird kindisch: möchte am liebsten noch baden, gibt sich schließlich mit Duschen zufrieden, veranstaltet eine Duschorgie, läuft nachher im Zimmer herum, posiert vor dem Spiegel, wirft sich ins Bett, rudert wollüstig mit Armen und Beinen herum, um es in Besitz zu nehmen, und stellt sich vor, wir seien in Budapest oder in der Schweiz oder in Schweden.

Ich wende ein, dort sei das Gefühl, Mensch zu sein, auch nicht umsonst zu haben, aber das ist egal jetzt, findet sie. Finde ich auch. Wir reden beschwipsten Unsinn, beschwipst nicht nur vom Wein, sondern auch vom Zimmer mit Bad, befreit von der Mansarde und vom Hinterhof und von Tante Grete.

Am nächsten Morgen baden wir wieder eine Stunde, dann werden wir zum Frühstück gebeten, in die Privatwohnung von Ellen, die ich auf einmal wieder sieze, aber sie bleibt auf Du bestehen, nach unserm Gespräch gestern abend findet sie das ganz selbstverständlich, und mit ihrem Mann werde ich mich im Knast ja auch geduzt haben, und sie gehört schließlich zu ihrem Mann, da ist es ganz selbstverständlich, und eine alte Tante ist sie schließlich auch nicht, knapp dreißig ist sie, sieht aber eher nach fünfundzwanzig aus, und im übrigen spielt das keine Rolle, und es ist auch besser, wenn wir uns duzen, dann kann sie uns als Bekannte ausgeben, und niemand hat dumme Fragen zu stellen.

Nach dem Frühstück überlegen wir, wie an Gumbel heranzukommen ist. Er hat mir mal erzählt, daß er im Afrikanischen Viertel oben wohnt, also liegt er wahrscheinlich nicht in der Kaserne, sondern geht abends nach Hause. Bloß die Adresse habe ich nicht. Die können aber die Eltern von Mahnke haben, für Mahnke hat Gumbel immer Briefe mitgenommen und manchmal auch Päckchen hereingeschmuggelt.

Ich fahre zu Mahnkes nach Steglitz, die trauen der Sache erst nicht ganz, aber da ich genug von Adi erzählen kann, tauen sie doch langsam auf und rücken Gumbels Adresse raus.

Frau Gumbel ist auch wieder mißtrauisch und seufzt, der wird sich noch mal ins Unglück bringen. Und in die Wohnung soll ich nicht kommen, wenn er zu Hause ist, man kann nie wissen, aber sie wird ihm sagen, daß er anrufen soll.

Abends ruft er an. Ins Melanie will er nicht kommen, ist ihm zu heiß, aber wir können uns irgendwo treffen. Ich schlage Mampe vor, da sitzt man in kleinen Stübchen, und es hören nicht so viel Leute zu.

Er schnuffelt mißtrauisch, der Treffpunkt ist falsch: die ungewohnte Atmosphäre läßt ihn Ungewöhnliches erwarten, und obendrein hat Ika Ellens Frisiertisch benutzen dürfen und sich in Farben ausgetobt. Gefällt mir aber um so besser, je mehr Leute sich nach ihr umdrehen und finden, daß man so nicht herumlaufen darf in diesen ernsten Zeiten.

Gumbel ist ganz nebendran: guckt auf Ika, guckt schnell wieder weg und schielt wieder hin. Hält sie für ein Double von Marika Rökk. Wenn ich ihm jetzt noch aufbinde, sie habe ein Verhältnis mit Goebbels, liefert er uns morgen den ganzen Knast aus.

Das ist es nämlich: ich habe ihn falsch eingeschätzt. Er macht zwar seine Witzchen über die Bonzen, aber mehr aus Anhänglichkeit und mit gutmütigem Humor, und die Zigaretten von ihm habe ich eher verschlafener Gutmütigkeit zu verdanken als etwaigen Rotfrontkämpferidealen. Mehr als ein Briefchen an Redwitz und ein paar Schachteln Zigaretten kann man ihm nicht zumuten, und selbst da jammert er: neulich haben sie einen erwischt, der Häftlingen Pakete mitgebracht hat, der ist gleich an die Front versetzt worden.

Ellen ist trotzdem zufrieden: kann sie mit ihrem Mann erst mal schwarz Briefe wechseln, wird ihm schon was einfallen.

Ihm fällt ein Gefreiter Rothermund ein, der sich immer sehr eingehend nach Wegen ins Ausland erkundigt und der weiß, daß Redwitz bei der Abwehr war und was arrangieren könnte. Vermutlich hat er selbst was angestellt und will sich zu gegebener Zeit absetzen. Wir könnten ihm Devisen besorgen und Gegenleistungen erbitten.

Frage mich nur, warum der Redwitz seiner Frau nicht schon längst durch diesen Rothermund schwarz geschrieben hat. Herr von Redwitz wußte nicht, ob er sie damit belasten durfte. Ika und ich feixen wieder mal heimlich: so machen sich die feinen Leute aus lauter Rücksicht aufeinander das Leben schwer.

Nun treffen wir den Gefreiten Rothermund in einer Kneipe in Moabit und hören, er mache alles mit. Nach der zweiten Flasche Wein im Hotel Melanie hören wir, er habe, schon ein paar Wochen her, als er ohne Urlaubsschein bei seiner Freundin in Stettin war, Streit mit einer Wehrmachtsstreife bekommen, wobei einer der beiden Kettenhunde über die Kaimauer ins Wasser gefallen sei. Wenn sie ihm daraufkommen, montieren sie ihm die Rübe ab. Na ja: trägt jedenfalls immer eine Pistole bei sich jetzt. Bloß seine Eltern tun ihm leid. Er ist der letzte. Zwei Brüder sind gefallen. Und seine Freundin tut ihm leid. Kriegt ein Kind von ihm.

Ellen findet, der Krieg sei wirklich schrecklich. Aber das habe man vorher alles nicht wissen können. Heißt das: wenn es nicht so schlimm geworden wäre, für uns, wäre es gar nicht so schlimm?

Rothermund sieht nach der dritten Flasche ein, daß er baldmöglichst verduften muß, falsche Fleppen und Devisen und einen erfahrenen Reiseführer braucht, den Hauptmann von Redwitz zum Beispiel.

Aber nun plinkert Rothermund mit den Augendeckeln und wird wieder halbwegs nüchtern. Er fragt, ob man auch bestimmt nach Italien und von da in die Schweiz kommt, ob man in der Schweiz nicht auffällt als Deutscher, ob die nicht ausliefern, wie lange die Devisen reichen werden, ob die Devisen auch echt sind, ob auf dem See keine Polizeiboote fahren, ob er an der Grenze nach Italien kontrolliert wird, ob Redwitz auch bestimmt gute Fleppen kriegen kann. Rothermund möchte Schwierigkeiten sehen und produziert sie am Fließband. Arschloch!

Ich sage: na ja, wir können noch mal drüber reden, aber ich weiß: mit dem nicht. Ellen meint, ich hätte ihn kopfscheu gemacht. Ich: klar. Aber besser, man probiert gleich, ob er kopfscheu wird, als daß man erst was mit ihm macht, und er wird dann unterwegs kopfscheu. Wenn die Onkels von der Gestapo ihn mal scharf angucken.

Aber was machen wir nun? Ellen schaut mich vorwurfsvoll an: sie wäre lieber mit dem Papierschiffchen übern Ozean gefahren als gar nicht.

Ich finde, wir brauchen einen Gangster – nicht so 'nen Gelegenheitsgauner, der nichts riskieren will und damit alles riskiert.

Ellen meint, man hätte ihn langsam rumkriegen sollen.

«Du meinst, dann hätte man ihn erpressen können nachher?» frage ich. Aber an Erpressen hat sie nicht direkt gedacht. Er habe ja auch seinen Vorteil davon, wenn wir ihn dazu bringen, daß er fortkommt. Deswegen könne man nicht von Erpressen reden. Aber wie man davon nun redet, ist mir, offen gestanden, ziemlich schnuppe.

Oben im Zimmer fragt Ika, ob ich nicht dran glaube.

«Nee. Mit dem nicht.»

«Aber wenn er sich erst mal dran gewöhnt hat ...»

«Ja, das denkt sich Ellen auch. Die denkt, dann kann man ihn erpressen.»

«Daran denkt sie bestimmt nicht.»

«Nee – dran denken wird sie nicht. Aber sie stellt sich was vor, was genaugenommen eben doch Erpressen ist.»

«Aber er hat ja dann auch seinen Vorteil davon. Wenn er selber weg will ...»

«Ja, und?»

«Dann kannst du nicht von Erpressen reden.»

«Ist doch mir Wurscht – wie wir das nun nennen.»

«Ich meine: wir tun ihm doch nichts Böses.»

«Habe ich das gesagt?»

«Wenn du von Erpressen sprichst –! Dann meinst du doch, wir sollen nicht.»

«Nee – sollen wir auch nicht. Aber wegen was anderem. Weil ich einen Doofen nicht erpressen kann, schlauer zu sein, als er ist.»

Zwischendurch muß ich mal wieder ein paar Geschäfte machen, hole Taschenlampen bei Zaremba, schleppe von der Mamma und von Alberto einen Koffer voll Konserven an, kaufe bei Edi ein Dutzend Damenhandschuhe und Handtaschen und noch einen ganzen Schwung kleineres Lederzeug und gebe Ellen ein Teil davon ab, auf daß die damit ein kleines Fiasko auslösen kann. Zunächst schenkt sie ihren Zimmermädchen je ein Paar Handschuhe. Weiter nichts. Aber das genügt auch, das andere ergibt sich dann schon von selbst. Zumal wir auch unvorsichtig werden und nicht, wie vorgesehen, ab und zu in ein anderes Hotel gehen, sondern über vier Wochen im Melanie bleiben.

Eines Tages hat ein Herr nach mir gefragt. Als er vom Portier hörte, ich sei nicht im Hause, ist er wieder gegangen.

Ika vermutet Polizei. Und ich habe einen ganzen Koffer voll Lampen mit hergeschleppt.

«Muß ich morgen früh wo abliefern.»

«Und wenn sie heute nacht kommen? Uns verhaften?»

«Dann spielen die Lampen auch keine Rolle mehr.»

«Wollen wir nicht lieber ausziehen?»

«Jetzt, nachdem ich den ganzen Tag rumgerast bin?»

«Ich glaube auch nicht, daß der von der Polizei war.»

«Du willst es bloß nicht glauben.»

Ja, stimmt: ich spiele jetzt Rothermund verkehrtrum: sieht der überall Gefahren, weil er welche sehen will, so sehe ich nirgends welche, weil ich keine sehen will.

Ein weiser Mann erklärt mir später, ich habe unverantwortlich leichtsinnig gehandelt. Aber Leichtsinn ist es gar nicht gewesen, allenfalls der Leichtsinn des Rentners: ich will meine Ruhe und schlafen.

Jedenfalls klopft es morgens an die Tür, und der Portier bittet zu öffnen, zwei Herren von der Polizei wünschten die Herrschaften zu sprechen.

Wir öffnen nicht. Wir schauen uns an. Ich erwarte Vorwürfe, aber sie hat keine, und das ist eigentlich noch viel schlimmer.

Die Herren von der Polizei fangen an zu schreien.

Ika sagt: «Geh, mach auf!»

Ich stehe auf, mache einen Schritt zur Tür, kehre um und will ihr noch einen Kuß geben, aber es geht nicht, und mir kommt die Idee, ob wir nicht lieber zusammen aus dem Fenster springen sollten. Die Herren von der Polizei fangen draußen zu toben an. Ich ziehe Ika schnell die Decke über den Kopf und sage ihr, sie soll sich ganz flach machen oder unters Bett kriechen, vielleicht übersehen sie sie dann. Sie schlägt die Decke wieder zurück, lächelt ein bißchen und sagt wieder: «Mach auf!»

Ich mache auf und sage «Guten Morgen!» Die beiden Polizisten fallen fast auf mich drauf, so sehr drängt es sie ins Zimmer.

Einer brüllt gleich, als ginge es ohne das nicht: «Ihre Papiere!?»

Ich zeige auf mein Jackett, das über der Stuhllehne hängt. Der eine Polizist untersucht das Jackett.

Der andere tritt ans Bett. «Und Sie, Frollein? Wollen Sie nicht aufstehen?» Er zieht ihr die Bettdecke weg. Daß sie nackt ist, stört ihn nicht. Vielmehr doch: Nacktheit und Schönheit gelten hier gleichermaßen als Strafverschärfungsgründe.

Sie steht auf und zieht sich an.

Der eine räumt den Schrank aus: «Sie haben wohl ein paar Lebensmittelgeschäfte geplündert?»

Der andere am Koffer mit den Lampen: «Kieck ma, Herbert, sind doch die Dinger, hinter denen Kramer seit acht Wochen her ist.»

«Scheint der Großhändler zu sein!» Einen Moment nehmen sie innerlich Haltung an: Großhändler sind immer irgendwie Autorität. Alles, was groß ist, ist Autorität.

Polizist Herbert merkt, daß Ika sich an mich heranpirscht, und schießt dazwischen: «Sie haben hier gar nichts miteinander zu reden! Gehen Sie mal drüben hin, Frollein! Und Ihre Papiere!»

Ich sage: «Sie wohnt hier gleich um die Ecke. Hol sie doch schnell!»

Ich werde belehrt, daß ich nichts zu bestimmen habe. Und außerdem müssen wir erst mal beide mit, zur Wache. Kramer wird sich freuen. Nach dem Krieg wird der freudige Kramer entdecken, daß er immer nur unter Zwang und mit größtem Widerwillen gehandelt habe.

Ika fragt, ob wir bis zur Wache noch zusammenbleiben dürfen.

Herbert empört: «Andere Sorgen haben Sie wohl nicht?»

Ich pampig: «Nee.»

Der andere weiß Bescheid: «Auch noch die Aussagen absprechen.»

Auf der Wache werden wir getrennt, ich komme in eine Zelle, und sie muß mit in ein Zimmer.

Zwei Stunden später werden wir zum Präsidium gefahren, aber in der grünen Minna sind auch Zellen abgeteilt, und wir sehen uns wieder nicht.

Am Alex dauert es eine Viertelstunde, bis sie mich rausholen. Anscheinend komme ich als letzter dran. Vielleicht halten sie uns für Sonderbeauftragte von Olle Stalin, daß sie so einen Aufwand veranstalten. Nachher erfahre ich, das sei immer so. Schließlich muß jeder um seine UK-Stellung kämpfen und daher Wichtigkeit nachweisen.

Und jetzt geht es durch die Mühle: zuerst Aufnahme, Papiere abgeben, Personalien angeben: war meine Großmutter geschlechtskrank, habe ich besondere Kennzeichen, sind meine Ohrläppchen angewachsen, Beruf des Vaters, Beruf der Mutter, Vorstrafen, Vorstrafen der Eltern, stehe ich unter Vormundschaft, habe ich Kinder, eheliche, uneheliche, Farbe der Augen, welche Schulen habe ich besucht, war ich im Jungvolk, war ich bei der HJ, wenn ja, warum, wenn nein, auch warum, Straftat, letzter Wohnort, wo habe ich die letzte Nacht geschlafen, läuft gegen mich noch ein anderes Verfahren, habe ich einen Reisepaß, Plattfüße, Hautjucken, Epilepsie oder Läuse, Größe und Gewicht mit und ohne Schuhe, bekleidet mit: Anzug, blau; Hemd, weiß; Krawatte, rot; Hut, keinen; Mantel, Leder, braun; Handschuhe, Leder, grau; Schuhe, Leder, schwarz, Halb-; habe ich Bargeld bei mir, wenn ja, warum, wenn nein, warum nicht, habe ich ein Bankkonto, Postscheckkonto, Postsparbuch, anderes Sparbuch, bis wann habe ich Lebensmittelkarten bezogen, wo sind die noch nicht verbrauchten, wer soll im Falle meines Todes benachrichtigt werden, habe ich noch andere Verwandte, fühle ich mich krank ...?

Ich fühle mich sehr krank. Ich möchte kotzen.

Nächste Abteilung: alles aus den Taschen rauslegen, Gürtel und Krawatte abgeben, Schnürsenkel abgeben, ausziehen, Füße heben und Fußsohlen vorzeigen, ob ich keine Pistole unter die Haut geschoben habe. Hintern vorzeigen, ob kein Funkgerät eingebaut ist. Arm heben und Achselhöhle ausleuchten lassen, ob ich eine Läusezucht besitze, Vorhaut zurückziehen und wieder vor, ob ich Tripper habe, dann werden die Sachen gefilzt, die Taschen umgedreht, die Nähte abgetastet, ob Messer, Feilen, Sägen eingenäht sind, wieder anziehen, dann wird der Tascheninhalt sortiert: Taschentuch behalten, Kamm auch behalten, alles andere ist verbotene Habe, unbefugter Besitz wird mit sofortigem verschärften Arrest und Verlegung in Einzelhaft bestraft, Schreien, Singen, Pfeifen sowie jedes unbefugte Lärmen ist strengstens verboten, wird mit Arrest und Verlegung in Einzelhaft bestraft, verboten ist ferner: aus dem Fenster zu schauen, zu rufen oder Zeichen zu geben, tagsüber auf dem Bett zu liegen, zu rauchen, Tauschhandel jeglicher Art, verboten ist überhaupt alles, sie haben eigentlich bloß das Luftholen vergessen, dafür habe ich mich anständig zu führen und den Beamten mit Achtung und Ehrfurcht zu begegnen, ihren Anordnungen unverzüglich Folge zu leisten und nicht zu widersprechen, betritt ein Beamter den Raum, so hat der Gefangene sich unverzüglich zu erheben und Namen, Gefangenenbuchnummer und Straftat zu nennen, noch eine Frage?

Keine Frage. Bin restlos geschafft.

Nächste Abteilung: Zugangszelle, zwei Riegel an der Tür und ein dickes Schloß, knallt hinter mir zu, und ich stehe im Dunkeln.

Irgendwoher ruft ein Witzbold: «Treten Sie ruhig näher!» Ein paar andere lachen müde.

Nach zehn Minuten kann man ein bißchen sehen: der Raum ist ungefähr sechs mal zehn Meter, links oben in der Ecke ein einziges, winziges Fenster und davor noch Blenden.

In der Ecke unter dem Fenster sitzen ein paar Gestalten, zu erkennen nur einer in gestreiftem Anzug: KZler auf Transport, stellt er sich vor, macht den Tanz jetzt schon vier Jahre mit. Die anderen sind neugierig, drängen ihn, vom KZ zu erzählen. Er sagt, das kann man nicht erzählen. Fragt mich, ob ich was zu rauchen mitgebracht habe, schüttelt den Kopf über die Blödheit der Neuen und sagt, dann muß er eben seine eigenen rauchen. Holt zwei Zigaretten raus, steckt sich eine an, läßt die andere rundgehen.

Am nächsten Tag erlebe ich ihn oben im Saal. Er schmeißt sein Bündel in die Ecke, guckt herum, holt sich den Saalältesten heran und erklärt dem, was ihm als altem Oranienburger zusteht. Ihm steht ein Platz in der Prominentenecke zu, die mit quergestellten Betten, Schränken und Decken abgeteilt ist. Die anderen kampieren in einem besseren Wartesaal: ungefähr fünfzig zweistöckige Luftschutzbetten in Reihen nebeneinander. Im ganzen faßt der Saal 140 Mann.

Ich höre am ersten Abend zwei ergreifende Schicksalsromane,

am nächsten Abend drei, am übernächsten vier oder fünf. Ich höre aber auch, was ich aussagen muß.

Da ich restlos verwirrt bin, nimmt der Oranienburger sich meines Falles an: also auf keinen Fall die Wahrheit sagen. Erstens glaubt sie doch keiner, und wenn doch, um so schlimmer, zweitens muß ich Ika belasten, damit sie vor ein ordentliches Gericht und dann in einen ordentlichen Knast kommt, sonst landet sie im Lager. Und Lager verhält sich gegen Gefängnis ungefähr so wie Teufelsinsel gegen Nizza. Drittens darf ich kein Wort von Zaremba erwähnen, sonst bin ich ein toter Mann. Auf der Teufelsinsel. Schöne Aussichten.

Ein anderer sagt: alles ganz falsch! Nämlich: wenn Zaremba belastet wird, muß der sich einschalten, und dann schlagen sie die Sache nieder. Machen die immer.

Ganz falsch, sagt der alte Oranienburger. Und jetzt tobt der Streit unter Rechts- beziehungsweise Unrechtsexperten.

Ganz falsch, sagt der alte Oranienburger: der andere hat ja keine Ahnung, was los ist. Der andere sagt, er weiß auch, was los ist, und die KZler denken immer, sie allein wissen bloß was. Um es beiden recht zu machen, lasse ich mir erst von dem Oranienburger und dann von dem anderen erzählen, was los ist.

Ein paar Tage drauf Vernehmung. Der Kripo muß früher Geschichtslehrer gewesen sein, er erzählt was von Schicksalskampf und historischer Stunde und findet es eine Schweinerei, daß ich das alles sabotiere. Offenbar bin ich doch Sonderbeauftragter von Olle Stalin. Am meisten interessiert den Kripo, wo die Lampen herkommen, will den Lieferanten wissen und räumt mir dafür ein, daß ich nur verführt worden sei, und es könne noch alles gut werden, wenn ich jetzt noch umkehre und Einsicht und Reue zeige. Wenn ich den Lieferanten angebe, bin ich ein feiner Kerl. Der Oranienburger bleibt dabei: dann bin ich ein toter Mann. Die haben hier eine deutsche Abart vom russischen Roulette erfunden: man weiß nie, ob man am Ende ein feiner Kerl oder ein toter Mann sein wird. Und wegen Ika soll ich über Bande spielen: sie belasten, um ihr zu helfen.

Allmählich kapiere ich das Spiel und spiele mit, sage dem Kripo:

also die Sache ist unheimlich geheim, darf ich ihm gar nicht erzählen, bin nämlich Geheimnisträger. Kommt unheimlich gut an, merke ich, und daher gebe ich ihm gleich die Telefonnummer von Zarembas Dienststelle.

Er ruft an und zuckt zusammen. Offenbar wirft Zaremba Handgranaten durch die Leitung. Kripo verbeugt sich vieltausendmal und bringt mich ohne weitere Vernehmung zurück in den Saal, dann werde ich in Einzelzelle verlegt. Zaremba, der Leibhaftige, taucht auf und möchte wissen, ob ich vielleicht, bitteschön, wahnsinnig geworden sei.

Ich spiele indessen mein Spielchen weiter: er hat mir die Lampen als Spielmaterial gegeben, weil er rauskriegen will, wer wo die Lampen geklaut hat und verkauft. Das habe ich machen sollen. Ganz einfach. Aber er scheint noch keine Kriminalromane gelesen zu haben: er kapiert nicht. Er schreit bloß, ich solle ihn gefälligst rauslassen. Na, auch gut: ich lasse ihn und er läßt Ika raus – wie ist das? Erkläre ihm, wer Ika ist: Tschechin, Mutter Jüdin – genügt schon, er schreit noch mehr, hält mich für total verrückt. Ich gebe zu bedenken, daß Verrückte mitunter zu verrückten Reaktionen neigen. Zaremba schluckt ein paarmal und geht mit vager Zusage ab.

Der Kripo hält es nunmehr für das beste, die Akten möglichst schnell an die Staatsanwaltschaft abzugeben, damit sein eigener Aktenschrank nicht Feuer fängt. Die Sache ist ihm zu heiß.

Ich werde nach Tegel verlegt, nunmehr in den zivilen Teil des Knasts. Aufnahmeprozedur im Prinzip dieselbe wie in der Polizeikiste, nur viel mehr ausgebaut, weil viel mehr Beamte mit ihrer UK-Stellung dranhängen. Werde entlaust, gebadet, desinfiziert, ein Sani möchte am liebsten hinten in mich rein und vorne wieder rauskriechen, geht aber nicht, weil er zu fett ist, begnügt sich deshalb damit, seine Nase in meine sämtlichen Körperöffnungen zu stecken, dann kriege ich blaue Klamotten, die aus einem neuartigen Panzerstoff bestehen: sind so steif, daß man sie in die Ecke stellen kann, anschließend verkündet ein Inspektor mir, was Tante

Grete schon immer gesagt hat: daß es schlimm mit mir enden wird, ich muß wiederum sämtliche Erbkrankheiten herunterleiern und erfahre sodann, daß man nunmehr einen anständigen Menschen aus mir machen werde. Um damit gleich zu beginnen, schreit der Herr Inspektor, auf der Oberschule sei ich also auch noch gewesen. Offenbar ist das straferschwerend.

Nachher Einzelzelle und Tütenkleben. Nebenan ruft immer einer am Fenster und will mir was erzählen. Beim Hofgang versucht er es wieder und kriegt einen Schlüsselbund in die Fresse. Das ist, merke ich sogleich, die hierorts übliche Erziehungsmethode.

Abends klopft der Idiot von nebenan und schreit wieder, ich solle ans Fenster kommen. Am Fenster höre ich, daß er wegen Plünderns sitze und mit Rübe-ab rechne. Allerdings sei er noch jugendlich, ob das strafmildernd sei?

Keine Ahnung. Meines Erachtens ist hier alles nur strafverschärfend.

Der Nachbar von der anderen Seite meldet sich: hat einem Polizisten die Pistole weggenommen. Im Dienst. Ob das schlimm sei?

Freilich ist das schlimm. Noch dazu im Dienst.

Die anderen Polizisten haben ihn nachher verprügelt.

Siehst du! Kommt davon! Einem Polizisten die Pistole wegzunehmen, noch dazu im Dienst. Da hat der jetzt sicher einen Kastrationskomplex, und dann kommt noch Körperverletzung hinzu.

Nein, wegen Körperverletzung steht nichts in der Anklage.

Draußen donnert einer an die Tür, und am nächsten Tage kriege ich einen Tag Kostentzug. Der Herr Inspektor, der den Kostentzug verhängt, ist begeistert von der Wirkung dieser Erziehungsmaßnahme: sie bessert das Essen in der Beamtenkantine auf.

Der Plünderer entschädigt mich mit zwei Kanten Brot. Hat er von einem Beamten, der Briefumschläge brauchte. Ich soll mir nichts draus machen, aus dem Kostentzug, wir können ruhig weiter quatschen, ihn erwischt schon keiner. Beruhigt mich sehr.

Nach zehn Tagen belohnt mich der Herr Inspektor – ich weiß nicht, wofür – mit einem Vertrauenserweis: ich darf im Gemeinschaftsraum arbeiten, Taschenlampenbatterien löten. Seltsame Belohnungen haben sie hier.

Großer Saal, besser Stall, fünfzig Figuren drin, jeder hat einen Lötkolben und ein paar Kästchen mit Material, daraus muß er Batterien herstellen. Ich bringe bescheiden vor, nicht löten gelernt zu haben.

Der Schlüsselknecht raunzt: «Denn lernstet hia!»

Frage einen Nebenmann, wie es geht, der hat keine Zeit. Muß fünf Kästen vollmachen, fünfhundert Stück. Dreihundert Stück ist Pensum, sonst gibt's Kostentzug, bei fünfhundert gibt's Nachschlag: mittags einen halben Liter Suppe mehr, bei siebenhundert gibt es eine Zigarette und dann für jede weiteren Hundert je eine Zigarette. Darf aber nicht geraucht werden. Rauchen ist verboten.

Was soll man dann mit der Zigarette?

Ist deine Sache. Feuer haste ja im Lötkolben.

Aber wenn man nicht darf?

Dürfen darf man vieles nicht.

Und wenn sie einen erwischen?

Gibt's Bau. Und Kostentzug. Kostentzug gibt's immer.

Aber warum geben sie dann erst Zigaretten?

Frag doch nicht soviel! Wennde keene willst, jibstse mia! Aber schaff erst mal siebenhundert!

Wenn er es mir nicht zeigt, werde ich kaum siebenhundert schaffen.

Wende mich an den anderen Nebenmann. Der hat Zeit, hat dreihundert übernommen von einem, den sie gestern abgeholt haben, standen bei dem unterm Platz, da hat er sie an Land gezogen. Da er Zeit hat, fängt er an, seine Straftat zu erzählen, kommt von da auf seine vorige Strafe und von dieser auf seinen Lebenslauf. Bis mir ein Schlüsselbund ins Gesicht fliegt. Wir haben nichts zu reden.

Aber ich muß es mir doch erklären lassen.

Interessiert den Schlüsselknecht nicht. Sprechen ist verboten.

Nach vier Wochen habe ich Erfahrungen: wie man Sicherheitsschlösser knackt, eine Scheibe lautlos eindrückt, Fleppen fälscht, in fremde Taschen greift und wo man Sore absetzt. Nebenbei lerne ich auch Batterien löten, schaffe nach vier Wochen sogar neunhundert Stück pro Tag und habe nach sechs Wochen einen dicken Arm, den ich nicht mehr bewegen kann.

Der Herr Hauptwachtmeister, bei dem ich mich krankmelde, fragt, woher das kommt. Ich: von der Arbeit. Er: ich soll nicht frech werden. Von Arbeit wird man nicht krank, Arbeit ist immer gesund, Arbeit adelt, wer was gegen die Arbeit sagt, ist asozial, arbeitsscheu, kommunistisch. Früher war Arbeit eine Schande, aber das ist jüdisch gewesen, jetzt ist Arbeit eine Ehre und ist gesund, gesund vor allem, hier ist überhaupt alles gesund, der Kostentzug und der Schlüsselbund in die Fresse auch, jedenfalls von der Arbeit kommt der dicke Arm nicht, ich werde zuviel unter der Bettdecke gearbeitet haben, davon kommt das, das ist nämlich ungesund, Manneskraft verschleudern, Sabotage fast, der Herr Hauptwachtmeister heißt Will Damm, und auf jeden Fall gibt's das nicht: sich von der Arbeit drücken, wo kommen wir da hin, wir sollen hier zur Arbeit erzogen werden, weil Arbeit so gesund ist, sie meinen es nur gut mit uns, das hat er sicher von meiner Stiefmama gehört, und auf jeden Fall: krank gemeldet wird sich erst, wenn es nicht mehr anders geht, also ab zur Arbeit.

Mittags geht es nicht mehr anders, und ich melde mich krank. Höre nunmehr, Krankmeldungen gäbe es nur morgens. Wo kämen wir denn dahin, wenn jeder, und so weiter.

Ich hänge den Arm vorn ins Hemd und pussele mit der andern Hand ein bißchen rum, kriege einen Schlüsselbund in die Fresse, dann noch einmal und eine Meldung wegen Arbeitsverweigerung. Komme am nächsten Morgen zum Herrn Inspektor, der bestätigt sieht, daß ich mich auf dem besten Wege befinde, auf dem schlechtesten vielmehr, ich zeige ihm meinen Arm, das interessiert ihn nicht, er ist kein Arzt, wenn ich krank bin, kann ich mich krank melden, ich sage, daß ich nicht konnte, er sagt, das gibt's nicht, ich sage: doch! er ist empört, daß ich ihm widerspreche, wenn er sagt, das gibt's nicht, dann gibt's das nicht, drei Tage Kostentzug!

«Eine Büchersammlung …

Während ich beim Herrn Inspektor war, sind die anderen, die sich krank gemeldet haben, zum Sanitäter geholt worden, aber das merke ich erst mittags, als ich nicht geholt worden bin und zur Arbeit geholt werden soll. Allmählich komme ich darauf, daß die gar nicht so blöd sind, wie sie sich stellen, sondern sich einen Jux mit mir machen, und da mache ich mir nun auch einen Jux und falle an der Zentrale bei dem Herrn Hauptwachtmeister in Ohnmacht, worauf der Herr Hauptwachtmeister seine Drahtgestellbrille auf die Nasenspitze schiebt und oben drüber guckt und fragt, was das nun wieder soll.

Sein Adjutant stößt mich mit der Schuhspitze an, um zu probieren, ob ich tot bin.

Ich bin nicht tot, stellt der Oberhauptsanitäter fest, sondern habe eine Sehnenzerrung. Genauer gesagt: ich simuliere eine Sehnenzerrung. Oder ich habe sie mir extra beigebracht, um mich vor der Arbeit zu drücken.

Um nichts an mir zu versäumen, drückt der Oberhauptsanitäter den Arm mal ein bißchen: wer Nutznießer einer Krankheit wird, soll auch unter ihr leiden.

Da ich verstockt bin und mich weder durch Schmerzen noch durch Drohungen, wie schlimm es noch werden könne, von meiner Sehnenzerrung abbringen lasse, werde ich schließlich für unverbesserlich gehalten und ins Lazarett aufgenommen.

Lazarett ist eine feine Sache in Tegel. Leute, die es schaffen, hineinzugelangen, erwerben damit den Nimbus, im Besitz eines ganz dollen Tricks zu sein.

Aber so fein ist es nun auch wieder nicht. Man braucht zwar keine Batterien zu löten und kriegt keine Schlüsselbunde in die Fresse, darf im Bett liegen und sogar mit den anderen reden, aber damit hat sich's auch schon. Man liegt im Bett und wartet. Vom Frühstück aufs Mittagessen, vom Mittagessen aufs Abendbrot, vom Abendbrot aufs Frühstück. Zum Frühstück hundertfünfzig Gramm Brot, zum Mittagessen Eintopf, Grundsubstanz Kartoffeln, dazu abwechselnd Geschmackszusätze: einmal schnitzeln sie auf tausend

Liter zwei Möhren rein, einmal schwimmt eine Erbse drin, einmal sind Kohlrübenstücke druntergemischt, und wenn die Kartoffelsuppe penetrant nach Fisch riecht, heißt sie Fischgulasch. Abends meistens wieder Suppe und meistens süße: Grieß, Haferflocken, Nudeln.

Der Herr Sanitätsrat liebt auch Süßes: hat neckische Hummelbildchen über seinem Schreibtisch hängen, findet er ganz allerliebst. Nicht allerliebst findet er den Übergeschnappten, der in der sogenannten Beruhigungszelle sich mit seinem eigenen Kot beschmiert. Herr Sanitätsrat ordnet an, daß dieser Saukerl nichts mehr zu essen bekommt, bevor er sich nicht wieder anständig benimmt. Zehn Tage später ist der Saukerl tot. Herr Sanitätsrat und Herr Hauptsanitäter nicken sich betrübt-befriedigt zu: so enden Querulanten eben. Hätte der Saukerl sich anständig benommen, könnte er heute noch leben.

Ein paar Tage später zieht der nächste in die Beruhigungszelle ein, bummert an die Tür, schreit und heult. Es werden Wetten abgeschlossen, wie lange der es macht.

Robert, Lazarettkalfaktor, tadelt: damit macht man keine Witze.

Der wilde Buchmacher: «Wieso? Bring ich den um oder die? Na, also! Sag det ma deinen Viehdokter!»

Robert klemmt die Lupe ins Auge und schraubt an einer Uhr herum. Ist nämlich Uhrmacher, deshalb hat er den Posten hier im Lazarett: da kann er in Ruhe für die Beamten Uhren reparieren. Drüben im Bau der Zentralkalfaktor hat sogar Malzeug auf der Zelle und darf für die Beamten Bilder malen, die zahlen dafür eine Handvoll Tabak, Eigenbau, und dann eben den Posten als Zentralkalfaktor. Draußen erzählen sie, wie fein es bei ihnen zugeht: sie haben einen berühmten Maler als Schuhputzer. Und auf der Kleiderkammer sitzen drei Schneider, werden als Kammerarbeiter geführt und schneidern Anzüge für die Beamten. Und auf dem Bauhof gibt es Maurer, Anstreicher, Tischler, Zimmerleute, Fliesenleger – arbeiten alle für die Beamten. Den Beamten gehört der Knast nämlich. Haben sie gepachtet. Abends oder am Wochenende nehmen sie sich Leute mit für die Gartenarbeit, in der Bäckerei lassen sie ihren Kuchen backen, in der Schuhmacherei ihre Schuhe besohlen, aus der Bücherei holen sie sich Lesestoff, aus der Küche, wenn geschlachtet worden ist, Wurstsuppe und Fleisch auf halbe Marken, und von einem Kunstschlosser lassen sie sich schmiedeeiserne Aschenbecher und Blumenschalen schmieden. Wenn es ginge, würden sie sich abends noch ein paar Musiker und einen Clown und ein paar Artisten mitnehmen und sich von denen was vorspielen lassen.

Robert: der Knast ist bloß erfunden worden, damit die Beamten und die Firmen, die hier arbeiten lassen, billige Sklaven kriegen. Siehe den halben Liter Suppen-Nachschlag bei Überpensum Batterielöten: die Suppe sparen sie erst den anderen von der Ration ab, und die Batteriefirma holt dann Überpensum damit raus. War schon immer so, erzählt Robert. Hat schon unterm Kaiser gesessen, in den zwanziger Jahren auch und jetzt bei Adolf wieder. Unterschiede – keine. Alles derselbe Beschiß, Fett schwimmt immer oben, und die Dummen sitzen immer im Knast.

Und die anderen verdienen noch dran, bestätigt mein Bettnachbar: Fredy, knapp zwanzig, hat in einer Chemischen Reinigung ein paar Sachen geklaut: zwei Anzüge, einen Mantel und einen Pullover. In der Anklage steht, daß sechs Anzüge, drei Herren- und zwei Damenmäntel, zwei Kostüme, ungefähr zehn Kleider sowie Hosen, Blusen, Röcke, Wolldecken, Gardinen und Teppiche gestohlen worden seien. Fredy sitzt, da man offenbar einen anderen Einbrecher sucht und nicht ihn, nun praktisch unschuldig. Rechnet aber mit dickem Qualm: er hat die durch Feindeinwirkung geschaffene günstige Gelegenheit benutzt, daß die Scheiben durch zelluloidartiges Papier ersetzt waren und sich leicht eindrücken ließen. Überdies hat er nachts eingebrochen, also die Verdunklung ausgenutzt. Andererseits: hätte er bei Tage eingebrochen, wäre dies ein Zeichen unerhörter Dreistigkeit und daher noch schlimmer gewesen.

Roberts Kommentar: die drehen das bei Gericht immer so, wie sie es brauchen. War schon früher so, nicht erst jetzt bei den Nazis. Was die Richter heute machen, haben sie alles früher schon gelernt.

Machen es heute bloß noch ein bißchen doller, um zu zeigen, daß sie es richtig gelernt haben.

Fredy bekommt eine zweite Anklage: Unterschlagung. Hat mit einem Uhrmacher Geschäfte gemacht und zwei Uhren nicht mehr bezahlt. Jetzt zeigt der ihn, weil er den Schwarzhandel nicht zugeben kann, wegen Unterschlagung an, und Fredy kann sich im Sinne dieser Anklage wiederum unschuldig fühlen.

Er wird sich aber schadlos halten, vertraut er mir an. Warte nur, balde! Wenn er rauskommt, staubt er bloß noch Weiber ab. Ist das sicherste, und man hat sein Vergnügen und wird noch dafür bezahlt. Und Weiber gibt's genug jetzt, wo die Männer alle eingezogen sind. Er kennt sich da aus, kennt die Lokale, wo man die trifft und alles, und er selber wird nicht eingezogen, hat von seinem Onkel einen Trick gelernt, sein Onkel wird auch nicht eingezogen, ist übrigens bei der Polente und staubt da jede Menge ab. Lebt wie 'n Großfürst. Fredy kennt noch mehr, die wie Großfürsten leben. Kann nämlich jeder, man muß bloß an der richtigen Stelle sitzen. Wir hier, findet er treffend, sitzen nicht an der richtigen Stelle, und daher kehrt er von der Verhandlung wegen Unterschlagung nicht mehr zurück. Er ist nämlich in der Nebensache freigesprochen worden, und der Begleitbeamte dachte, ein Freigesprochener werde nicht ausreißen. Dieser Irrtum ermöglichte es Fredy, zu verschwinden.

Mir selbst winkt solches Glück nicht. Ich werde in Moabit verhandelt und dort durch unterirdische Gänge direkt auf die Anklagebank geführt, und außer mir und dem Wachtmeister sind nur noch Richter, Staatsanwalt und Protokollführer im Saal. Richter und Staatsanwalt machen das bißchen in saloppem Geplauder ab, wollen von Zaremba nichts wissen und stellen fest, ich hätte die Lampen von einem Schieber, zu dem ich homosexuelle Beziehungen gepflogen habe. Ich verstehe nicht ganz, ist auch nicht nötig, werde sowieso nicht gefragt, sondern bekomme sechs Monate, die Sitzung ist geschlossen.

Robert wundert sich, daß ich mich über die Prozeßführung wundere: wo die sogar ihre Todesstrafen mit der Kohlenschippe austeilen, können sie doch wegen meiner sechs Monate kein großes Theater machen.

Nachdem meine Sehnenzerrung, die inzwischen eine Sehnenscheidenentzündung und dann eine Muskelentzündung gewesen ist, ihre Renitenz aufgegeben hat, werde ich zum Kommando Stadtgüter eingeteilt: Obstpflücken auf den Rieselfeldern. Ist ganz nett. Manche lassen ihre Mädchen oder ihre Mütter rauskommen und sitzen mit denen im Gebüsch. Da ich weder Mädchen noch Proletenmutti besitze, die sich mit mir ins Gebüsch setzen würde, fühle ich mich deklassiert. Ika, die auch ins Gebüsch zu mir kommen würde, gibt es nicht mehr. Kann nur von ihr träumen, sie in Budapest oder Stockholm oder Zürich treffen, und dahin verreise ich nun immer öfter.

Ab und zu denke ich an Gisela und überlege, ob ich der schreiben soll, den Brief könnte das Mädchen eines anderen mitnehmen, aber ich kann nicht. Wenn Ika noch frei wäre und würde nur aus eigenem Entschluß nicht kommen, könnte ich Gisela schreiben, und wenn Gisela käme, würde es Ika auch nicht stören, sie würde ihr sogar Grüße mitgeben. Aber nun mag ich nicht.

Nachts in der Zelle, wenn ich allein im Dunkeln liege, ist sie immer noch da, kann ich mit ihr sprechen. Ich möchte nicht, daß sie weggeht. Und wenn Gisela käme, ginge sie weg. Vielleicht würden wir über Ika sprechen – aber dann nur, um sie zu begraben. Wer über etwas spricht, muß sich mehr an die Wirklichkeit halten als der, welcher nur davon träumt.

Allmählich bin ich draußen gar nicht mehr da, sondern bloß noch in mir drin. Bin ich nicht mit ihr in Budapest oder Stockholm oder Zürich, dann sitze ich bei ihr im Lager und überlege, wie wir zusammen fliehen können, oder ich springe einem Wärter an den Hals, der sie schikaniert.

Was um mich herum vorgeht, bemerke ich kaum noch, es interessiert mich nicht mehr. Nicht einmal, daß sie eines schönen Morgens einen auf der Flucht erschießen, bekomme ich richtig mit. Höre bloß, wie der Maschores schreit, sehe einen quer übers Feld wetzen, dann knallt es, und er schlägt einen Purzelbaum. Kopfschuß. Der Maschores ist begeistert von seiner Schießkunst. Er erzählt den ganzen Tag über, daß er beim Kommiß der beste Schütze war und immer Zwölfer geschossen hat. Bei ihm gibt's nur Kopfschuß. Ein juristischer Autodidakt tuschelt von Mord. Ein Fachmann korrigiert: bedingter Mordvorsatz.

Ende Juli 1944

geht das Gerücht um, eine Revolution sei ausgebrochen, es passiert aber nichts, sondern bleibt beim Gerücht. Und wenn bei uns wirklich eine Revolution ausbricht, sagt einer, dann passiert auch nichts. Welche erzählen, es sollen die Adligen gewesen sein, die wollten Hitler umbringen. Können einem ja direkt sympathisch werden, die Adligen, denke ich, höre aber, daß die bloß gegen Hitler sind, weil der nichts von ihnen wissen will, und sie wollen ihren Kaiser Wilhelm wiederhaben. Alles sehr verworren. Der Herr von Hase, der den Gefreiten Heck umbringen ließ, soll auch dabeigewesen sein. Und das ganze OKH soll dabeigewesen sein. Durch Rückblenden auf die Saufabende bei uns zu Hause mit den Herren vom OKH gelingt mir der Reim, sie haben Hitler vielleicht für einen Verräter gehalten. Oder er hat ihnen die Beutezigaretten oder die roten Biesen entziehen wollen. Oder sie haben schnell noch zeigen wollen, daß sie schon immer dagegen waren. Bei unserer Kolonne haben wir auch so einen: der hat mit anderen zusammen Dinger gedreht und nachher, als sie auf der Flucht waren und die Polizei schon das Wäldchen umstellt hatte, wo sie sich versteckt hielten, ist er von selber rausgekommen und hat gesagt: Herr Wachtmeister, ich weiß was! Und dann hat er die anderen verraten und dem Staatsanwalt vorgekohlt, er sei schon immer dagegen gewesen, die anderen hätten ihn nur verführt und erpreßt und bedroht. Hat daraufhin bloß zwei Jährchen gekriegt und die anderen zehn und zwölf und einer die Rübe runter.

Nachdem das Gerücht von der Revolution sich als unfrommes Märchen erwiesen hat, fangen wir wieder an, auf die Russen zu setzen. Die haben wir vor einem Jahr, im Wehrmachtsgefängnis, schon vor Berlin stehen sehen.

Mit dem Entlassungsschein, nach sechs Monaten, kriege ich zugleich eine Postkarte ausgehändigt: Stellungsbefehl. Schiebe ihn in die Tasche, lese ihn nicht mal.

Fahre in die Stadt und weiß nicht, wohin. Klamotten zerdrückt, riechen auf zehn Meilen nach Knast. Krawatte zum Strick gedreht, ich selbst im Zustand nach Spritze beim Zahnarzt: sehe alles weit weg und verschwommen.

Mein Geld haben die Schweine mir auch abgenommen. Weil es aus strafbaren Handlungen stammte. Jetzt kaufen sie sich einen Panzer dafür und drehen mit dem nichtstrafbare Handlungen. Komisch. Hoffentlich wird der Panzer abgeschossen! Blödsinnige Hoffnung, aber wo soll ich sonst hin mit meiner Wut? Die kommt mir jetzt erst richtig. Solange ich drin saß, hat sie auch drin gesessen, bin ich draußen, will sie auch raus.

Ich überlege, ob ich zu Sawitzkys gehen soll. Natürlich werde ich hingehen. Obwohl ich es erst noch im Melanie probiere und Ellen anrufe. Sie erschrickt, fängt sich, wird wieder nervös, möchte was tun, weiß aber nicht, was, traut sich nicht, ihr Mann sitzt jetzt in Torgau, mit dem Rothermund ging nichts, jetzt warten sie, daß der Krieg zu Ende geht, aber man darf ja am Telefon gar nichts sagen, und hinkommen kann ich auch nicht, der Portier von damals ist noch im Dienst, und den Mädchen traut sie auch nicht, vielleicht können wir uns mal irgendwo sehen, ich soll es nicht übelnehmen, es ginge nun mal nicht.

Ich nehme nichts übel, ich hänge auf und streiche die Adresse, gibt ja noch andere.

Weil ich sowieso in der Nähe bin, gehe ich in die Elsässer Straße, stehe einen Moment vor der Kneipe und zögere, wegen Heini und wegen Elvira, und außerdem ist Gisela jetzt sowieso noch nicht da, gehe also zu Sawitzkys.

Klingele, Mutter Sawitzky macht wieder: «Herrjechen! Wo kommn Sie denn her?»

«Aus'm Knast!» Muß sogar lachen dabei, weil sich's so schön reimt, auf alles Vorherige.

Ich kriege was zu essen, kriege Cognac, kriege Zigaretten, und Gisela sagt nach einer Weile: «Jloobe, dia ham se ferdich jemacht. Stierst so.»

Denke an Ika. Weiß nicht, was mit der los ist.

Ob man das nicht rauskriegen kann?

Weiß nicht. Vor dem Gesicht der Tante graust mir. Gisela zieht sich an, fährt mit mir zum Bayrischen Platz, wird die Tante fragen. Unterwegs will sie wissen, wie es war.

Weiß nicht. Möchte einen umbringen.

Am Bayrischen Platz warte ich in einer Kneipe, und da treffe ich einen: Fredy. Mit Sonnenbrille und blond. Hätte ihn kaum erkannt. Er freut sich, daß seine Maske so gut ist, und erzählt gleich, wie er abgehauen ist.

Gisela kommt und berichtet: Kläuschen ist auch abgeholt worden. Die Tante will mit mir reden. Hat so geguckt, als ob sie auch einen umbringen möchte. Möglich wär's. Die Bonzen haben ja ein Talent, Rebellion zu entfachen. Die kriegen sogar unsere allertreuesten Oberlehrer noch rum, Bomben zu werfen.

Bei der Tante müßte ich dauernd von Ika reden, an Ika denken, und dann schnappe ich wirklich noch über. Heute noch. Ich bin froh, daß Fredy quasselt und Gisela quasselt, daß wir alle drei ins Quasseln geraten und nicht mehr aufhören.

Fredy erzählt das erste Ding, das er gedreht hat, als er abgehauen war: ist sofort zu der Reinigung marschiert, sie hatten immer noch das Papier im Fenster, das hat er wieder rausgedrückt, und dann hat er den ganzen Laden ausgeräumt. Was er nicht mitschleppen konnte, hat er in der Umgebung verstreut. Nur so. Damit sie nicht geschwindelt haben mit dem, was sie letztens als geklaut aufgeführt haben. Er freut sich sehr, muß es immer noch einmal erzählen, und Gisela amüsiert sich ebenso. Sie guckt zwar ab und zu auf die Uhr, weil sie in die Kneipe muß, aber dann ruft sie an und sagt Bescheid, daß sie heute nicht kann, und wir fahren in eine Kneipe am Nollendorfplatz, wo Fredy verkehrt und der Wirtin ab und zu Liebesersatzdienste leistet. Er hat noch einen Koffer mit Sachen dort stehen, ich soll mal probieren, ob mir was paßt, meine Klamotten sehen so nach Knast oder Entlassungsanstalt aus. Meint Gisela auch. Ich finde eine Hose und ein Jackett.

Gisela erzählt, ihr Freund von damals sei eingezogen, sie schreiben sich manchmal, aber davon hat sie nichts. Sie braucht einen bei sich oder gar nicht. Wenn ich will, soll ich hinkommen heute abend. Ich weiß nicht, ob ich will. Ika ist immer noch da. Gehe lieber mit Fredy und vertröste sie auf ein andermal. Sonst gehe ich doch mit ihr nach Hause und ins Bett. Nicht mal, weil ich sie haben will, sondern bloß, weil ich so herumschlingere, fühle mich ganz latschig und gar nicht richtig auf der Welt, möchte irgendwo versinken, weich liegen und warm liegen, im Bett und an einer Brust, bloß liegen und lallen und weiter nichts.

Gehe mit Fredy ins Café Hanka, am Kudamm, hat er entdeckt: ist zugleich Soldatenheim für Waffen-SS und Polizei, schreit draußen ein Schild laut, dadurch können sie länger offen halten und haben alles, zum Beispiel pro Gast ein Glas Sekt und einen Wodka, Cocktails gibt's jede Menge, dreifünfzig einer, aber nicht viel drin, immerhin: von zehn Stück hat man auch einen sitzen, Fredy ist schon bekannt hier, die Bedienung grüßt ihn vertraulich, dadurch kriegen wir mehrmals ein Glas Sekt. Fredy späht unruhig herum, ist auf Jagd, hier kann man immer was aufreißen, erklärt er, und wenn man keine Bude hat und heiße Fleppen, ist so 'ne solide Alte immer noch das beste, zu der nach Hause kommt niemand, da kann man nie platzen, hier sitzen immer ganz dolle Puppen, dahinten die zwei in Hosen, mit langen Haaren, sind dufte, aber zu jung, da weiß man nie, ob sie 'ne Bude haben, und nachher steht man auf der Straße, er nimmt lieber was ab dreißig, die haben meistens 'ne Wohnung. Männer sind an der Front, und die Weiber suchen sich was, die hat man dann auch nicht am Bein hängen, weil sie sowieso verheiratet sind, mit dem jungen Gemüse ist das immer schlecht, die wird man nachher nicht mehr los, erklärt er, kennt sich da aus, späht herum, in der Ecke am Fenster sitzt eine, aber bloß eine, er sucht zwei, steckt sich nervös eine neue Zigarette an und späht, der Zustand kommt mir bekannt vor, und gleich komme ich auch rein, ich merke es schon, das steckt an, und je später es wird, desto nervöser wird man, in der S-Bahn zu schlafen, ist keine verlockende Aussicht nach sechs Monaten Knast, in der S-Bahn kann man nicht schlafen, höchstens ein paar Stunden die Augen zumachen, von Schlaf keine Rede, aber ich sage, ich brauche keine, ich will gar nicht, sonst hätte ich gleich zu Gisela gehen können, und das will ich nicht, er soll ruhig die Alte am Fenster da drüben anquatschen, ist so um die Dreißig und sieht ganz nett aus und läufig auch.

Sie erzählt gleich, daß sie eine Drei-Zimmer-Wohnung hat, in Steglitz, und daß sie Edith heißt und allein ist. Wir fahren raus zu ihr, sitzen in der Stube und trinken Cognac, den ihr Oller aus Frankreich mitgebracht hat, dann weiß sie nicht, mit wem sie ins Bett gehen soll, mit ihm oder mit mir, und Fredy ordnet an, daß sie mit uns beiden ins Bett geht: ich bin sein Kumpel, und wenn er einen Kumpel hat, macht er mit dem alles zusammen, auch im Bett.

Sie kichert und guckt mich an. Hält uns für Olympiaklasse jetzt, und daß ich nicht will, stimmt schon nicht mehr. Will jetzt gerade. Wollte bloß mit Gisela nicht, weil die Ika verdrängt hätte. Ist hier nicht zu befürchten.

Fredy greift ihr untern Rock und sagt, sie hat geile Schenkel. Freut sie sehr. Ich soll auch mal. Mache ich. Inzwischen zieht er sie oben aus, nimmt ihre Hand und sagt, sie soll mal anfassen, welchen sie zuerst will. Sie faßt an, lacht ihn an, lacht mich an, will anscheinend mit jedem zuerst, kann gar nicht genug kriegen, jedenfalls tut sie so, nachher im Bett, ist sie ihrem Ruf schuldig, aber nach dem fünften, sechsten Mal fängt sie doch an zu japsen, muß erst mal verschnaufen, erzählt von ihrem Ollen: der ist Hauptsturmführer, bildet sich ein, daß sie jahrelang warten kann, und wenn er mal auf Urlaub kommt, merkt sie bloß, daß sie umsonst gewartet hat, aber er wird noch Standartenführer, sagt sie, denkt sich wahrscheinlich, als Standartenführer kann er es dann besser.

Fredy sagt, wenn der Krieg um ist, fangen wir ihn ein und hängen ihn an die Schranktür, und dann darf er zugucken, wie wir sie verarzten.

Sie findet das sehr komisch und kichert und möchte wieder verarztet werden.

Fredy sagt: «Morgen geh ich zu Schultheiß und hol dir 'n Brauereigaul!»

Sie freut sich, daß sie so hoch eingestuft wird, denkt aber wieder an den Standartenführer und hält Standartenführer für Brauereigäule. Oder weshalb ist sie so scharf darauf, daß ihr Oller noch Standartenführer wird?

Morgens serviert sie jedem ein Ei und neckische Anspielungen dazu. Ich mache: «Hähä, wie lustig!» und spiele Clown und denke, sie wird uns rausschmeißen. Tut sie aber nicht, sondern wird auf einmal elegisch und fragt, warum man das eigentlich nicht machen darf. Was wir gemacht haben.

Fredy erklärt: «Man darf ja.»

Ich zitiere Will Damm: Manneskraft darf dem Ostlandritt nicht entzogen werden. Kapiert sie nicht.

Nachmittags bummeln wir durch die Stadt, Fredy und ich, suchen uns ein Geschäft aus, das wir abends knacken können. Von mir aus. Mache alles mit jetzt. Mir ist alles schnurzpiepscheißegal.

Ihm schon lange, sagt er. Man braucht nur einen richtigen Kumpel, dann können einem die anderen alle ganz scheißegal sein.

Abends um zehn stehen wir vor dem Laden. Nebenan kommen gerade Leute aus dem Kino, Fredy findet den Betrieb günstig, ich nicht, aber ich sage nichts, lasse ihn machen, er stellt mich seitlich neben die Scheibe, damit die Leute einen Bogen machen müssen und nicht zu nahe an der Scheibe vorbeigehen und ihn stören, nach einer Weile tippt er mich an und sagt, es sei schon erledigt, er hat die Scheibe rausgenommen und gegenüber in ein Trümmergrundstück geschmissen, jetzt können wir reinsteigen.

Wir steigen ein, ich stolpere über einen Kürbis, der im Schaufenster liegt, und der reißt einen Stapel Büchsen um, wir kriegen einen Schreck, bleiben stehen und lauschen, es kommt aber niemand, dann schleichen wir weiter, zum Kühlraum, machen die Tür auf und kriechen rein, legen einen Sack zwischen die Tür, damit sie nicht zuschnappt, er leuchtet mit der Taschenlampe herum: auf dem Boden stehen drei kleine Holzfäßchen, Butter drin, in der Ecke ein Stapel Margarinekartons, daneben Kisten mit Käse, oben hängen Würste. Wir rollen zuerst die Butterfässer raus, bis zum Schaufenster, dann suchen wir Säcke für die Würste, außer dem einen, den wir in die Tür geklemmt haben, sind keine Säcke mehr da, Fredy schleift einen Sack Zucker in die Mitte des Ladens und leert ihn dort aus, dann einen Sack Grieß dazu und einen Sack Erbsen, haben sie morgen kochfertige Suppe, und schön süß, wie im Knast, werden sie sich freuen, wir nehmen solange die Würste, stopfen sie in die Säcke, schleifen die Säcke zum Fenster, dann holen wir die Margarinekartons und die Käsekisten, Fredy steigt raus und geht das Fahrrad holen, das er nebenan in die Hofeinfahrt gestellt hat, haben wir nachmittags bei einem Blumengeschäft geklaut, es hat vorn ein niedriges Rad und einen großen Gepäckständer drauf und hinten auch einen Gepäckständer, vorn laden wir immer ein Fäßchen auf und hinten zwei Kartons, dann fährt er los, und ich sortiere inzwischen, was in den Regalen noch brauchbar ist, nehme ein paar Päckchen Würfelzucker und trinke eine Limonade, dann probier ich die Tür nach hinten, komme ins Büro und finde eine Kiste Wein und einen Karton mit Zigarren und Zigaretten, die gehen auch mit. Fredy fährt vier-, fünfmal, beim letztenmal setze ich mich hinten mit drauf, und wir sausen los, immer um Ecken und durch kleine Straßen, das ist am sichersten.

Wir fahren zum Winterfeldplatz. Da hat er Luftschutzunterstände ausfindig gemacht, einfache Gräben, zwei Meter tief und oben abgedeckt und stockdunkel, kommt kein Mensch rein, sagt er, da lassen wir die Sore bis morgen liegen und fahren sie abends, wenn es anfängt zu dämmern, von hier aus zu den Kunden. Wir nehmen uns bloß zwei Flaschen Wein mit und ein paar Zigaretten und gehen in die Laube: ist gleich in der Nähe, gehört seinen Eltern, die ersten Tage nach seiner Flucht hat er sich da versteckt gehalten, bis sie ihm draufgekommen sind und aufgepaßt haben, aber das ist schon acht Wochen her, seitdem ist er nicht mehr dagewesen.

Morgens höre ich was bummern, und irgendwo schreit jemand, und wie ich aufwache, weiß ich nicht, wo ich bin, aber dann sehe ich Fredy, er steht an der Tür, lehnt sich gegen sie und hat einen Spaten unter das Türschloß gerammt, oben wird die Tür immer einen Spalt aufgedrückt, draußen schreit einer, wir sollen aufmachen, Polizei, aber es ist nur einer, der kann uns gern haben, sagt Fredy, ich drücke mit gegen die Tür, aber er sagt, ich soll die Luke an der anderen Seite aufmachen und rausgucken, ob die Luft rein ist, damit wir abhauen können. Ich mache die Luke auf, draußen ist schon heller Tag, auf der Straße marschiert eine Kolonne vorbei, Sicherheits- und Hilfsdienst, alte Männer, die zum Trümmerräumen eingesetzt werden, singen «O du schöner Westerwald», der Polizist läßt die Tür los und rennt zur Straße und ruft, Fredy linst vorsichtig, sieht, daß die Luft rein ist, und zieht mich mit raus, wir wetzen durch den Garten und über einen Zaun ins Nachbargrundstück, der Gesang bricht ab, wir springen über den nächsten Zaun, um eine Laube rum, blicken kurz zurück und sehen die Kolonne in das Gartengelände eindringen, Fredy sagt: nach links, rüber zur Synagoge, da kommen sie nicht rein, da ist alles abgesperrt seit damals, seit sie zerstört ist, wir klettern über die Mauer, sehen gerade noch, wie die Kolonne die Laube umstellt, und der Polizist schreit wieder, wir sollen rauskommen, ja: nächstesmal, sagt Fredy, wir hängen oben auf der Mauer, so daß wir eben drübergucken können, haben es gar nicht mehr eilig im Moment, müssen erst das blöde Gesicht von dem Bullen noch sehen, wenn er die Laube stürmen läßt, und wir sind nicht mehr drin, er zieht richtig seine Pistole und geht langsam gegen die Festung vor, die andern folgen mit Picken und Schaufeln, sieht direkt aus wie im Bauernkrieg, dann stoßen sie gegen die Tür und sind ganz platt, daß die Tür auffliegt und niemand drin ist in der Laube, der

Bulle tritt einen Schritt zurück, um sich zu überzeugen, daß sie auch an der richtigen sind, dann geht ein Palaver los, und es dauert fünf Minuten, bis sie ausschwärmen und das ganze Gelände abkämmen, aber bis sie damit fertig sind, sitzen wir schon in der U-Bahn, fahren zum Innsbrucker Platz, von da weiter mit der Elektrischen, ich frage, wo wir hinfahren, Fredy sagt: na, zu der Ollen, nach Steglitz! Wohin sonst?

Ich weiß nicht, wohin sonst, deshalb kann ich nichts mehr sagen. Und außerdem ist es mir jetzt schon egal. Bei der Ollen können wir uns wenigstens waschen und auspennen, die Sore können wir doch erst abends abholen, also müßten wir den ganzen Tag rumpennen, und das ist auch nicht das Richtige. Ist auch zu heiß: so, wie wir aussehen, noch lange durch die Stadt zu rennen.

Sie öffnet im Morgenrock, hat noch im Bett gelegen, wundert sich, wo wir herkommen, jetzt morgens, Fredy betreibt gezielte Werbung und erzählt von einem tollen Budenzauber, hier in der Nähe, deswegen sehen wir so zerknautscht aus, aber das interessiert sie weniger, der Budenzauber interessiert sie, vor allem, weil es in einer Villa war, bei feinen Leuten, muß er ihr genau erzählen, damit sie es lernt für später, wenn sie Frau Standartenführer ist, er erzählt ihr, wie Klein-Moritz sich das vorstellt, und es stimmt dennoch, denn so wie Klein-Moritz sich das vorstellt, ist es auch.

Unterwegs hatte ich mir insgeheim vorgenommen, mich auf die Couch im Wohnzimmer zu hauen, schon wegen des Telefons, das im Wohnzimmer steht, damit ich merke, wenn sie die Polente anruft, falls ihr was verdächtig vorkommt, aber jetzt denke ich gar nicht mehr dran, sie mit ihm allein ins Bett gehen zu lassen, habe Angst, mir entgeht was, und habe auch Angst, allein dazuliegen, jetzt auf einmal kommt mir der Schreck erst, zu dem ich vorhin, bei der Flucht aus der Laube, keine Zeit gehabt habe, wie eine Spritze beim Zahnarzt beginnt er erst hinterher zu wirken, macht auch genauso taub, obwohl er zugleich erregt, ganz komisches Gefühl: nicht mehr vom Fünfmeterturm möchte ich springen, sondern gleich vom Funkturm oder noch höher, oder Sturzflug machen und den Steuerknüppel loslassen, irgend so was, und irgend so was machen wir auch, machen so lange, bis wir ausgepumpt sind und schlafen können, und dann pennen wir bis nachmittags um drei und kriegen einen Schreck, daß es schon so spät ist, ziehen uns schnell an und rasen wieder los, sind um vier am Winterfeldplatz, wollen unser Lager inspizieren, und auf einmal, hundert Meter von den Luftschutzgräben entfernt, bleibt Fredy stehen und hält mich am Ärmel: ich soll mal aufpassen, er hat da eben einen Kopf gesehen. Da, wo es runter geht in den Graben.

Nach einer Weile taucht der Kopf wieder auf und nach dem Kopf eine dicke Frau mit zwei prall gefüllten Einkaufstaschen. Sie kichert noch einmal kurz, und dann rollt sie wie ein Fünfzigtonnenpanzer davon.

Nach einer Weile taucht der nächste Frachtdampfer auf. Und in der Nähe spielen Kinder mit dem runden Deckel eines Butterfäßchens.

Fredy stellt empört fest, es seien Diebe am Werk. Volksschädlinge genaugenommen, denn sie klauen die Sore aus einem Luftschutzunterstand. Daß es Sore ist, wissen sie ja nicht. Könnte ja sein, daß irgendein ausgebombter Milchladen das Zeug da untergestellt hat. Und die Weiber gehen einfach hin und klauen das. Daß sie wissen, was los ist, sieht man ja: sonst würden sie nicht so vorsichtig herumgucken, wenn sie mit vollen Taschen wieder nach oben kommen. Fredy möchte wissen, was ich dazu sage.

Ich sage gar nichts dazu. Ich muß nur lachen. Ich finde es furchtbar lustig.

Fredy setzt sich auf die Lehne einer Parkbank, steckt sich eine Zigarette an und ist hier nicht mehr wegzukriegen. Er starrt fasziniert auf das Treiben beim Luftschutzgraben. Am meisten verblüfft ihn, daß die Weiber frecher sind als er selbst: die holen das Zeug sogar am hellichten Tage. Er selbst hat wenigstens warten wollen, bis es dämmert. Es sind im ganzen fünf oder sechs Weiber und ein jüngeres Mädchen. Genau zu zählen sind sie nicht, weil sie nie zusammen kommen. Wenn sich zwei begegnen, lächeln sie sich zu wie ölige Pfannkuchen. Nicht mal so, als ob sie ein Ding miteinander drehen, sondern so wie beim Familienausflug, wenn sie betulich humorvoll über Klein-Fritzchens Lausbubenstreiche reden. Die kommen gar nicht auf die Idee, daß sie ein Ding drehen. Daß sie genau das machen, wofür sie, wenn es ein anderer macht, Rübe-ab fordern. Wahrscheinlich ist das bloß Konkurrenzneid oder so was.

Fredy merkt das jetzt erst. Jedenfalls jetzt erst richtig. Gedacht hat er sich so was schon immer, aber da hat er sich's bloß gedacht, jetzt sieht er es. Ist ganz weg davon. Ist so weg, daß er es nun ganz genau wissen will und hingeht.

Ich bleibe lieber auf der Bank. Wer weiß, wie die Damen es aufnehmen, wenn jetzt ein Unbefugter in ihr Revier eindringt.

Sie nehmen es übel auf. Hätte ich ihm gleich sagen können. Sie haben ihn noch ganz patzig gefragt, was er hier zu suchen hat, ob er etwa der Kerl ist, der neulich hier ein kleines Mädchen in den Graben gelockt hat. Damit haben sie sogar Fredy in die Flucht geschlagen, er kommt hastig zurück und zieht mich mit weg und sagt: komm, das wird heiß hier! Die, wenn die Polente kommt, kriegen es noch fertig und erzählen, wir haben einen umbringen wollen.

Er kann sich gar nicht mehr beruhigen. Erzählt die ganze Zeit von den Weibern, während wir zum Nollendorfplatz marschieren, uns in der Kneipe frische Wäsche anziehen und er seiner Frau Wirtin wieder mal eine tolle Nacht verspricht.

Im Café Hanka brütet er einen Plan aus: wir werden uns den Winterfeldplatz vornehmen, auf den ist er jetzt scharf wie ein Rasiermesser, und zwar nehmen wir den Block, wo die dicken Tanten wohnen, gehen da in die Keller und räumen aus. Aber restlos. Was wir nicht schleppen können, streuen wir in die Gegend, irgendwer wird es schon wegholen. Die Sache ist außerdem ganz einfach: man braucht bloß mit dem Dietrich die Haustüren aufzuschließen, die Kellertüren müssen wegen der Luftschutzräume immer offen sein, und die Abteile unten sind meistens bloß mit Vorhängeschloß gesichert. Vorhängeschlösser bricht er auf wie nichts. Und Sore ist auch da. Die schleppen ja alles in den Keller, wegen Fliegerangriffen.

Ich frage, wo er die Sore absetzen will. Die haben ja meistens bloß ihre Klamotten im Keller, vielleicht ein paar Flaschen Schnaps oder Eingewecktes, aber hauptsächlich Kleider, und die Kleider von den Tanten kauft kein Mensch.

Ist ihm egal. Um die Sore geht es ihm nicht mehr. Geht um den Winterfeldplatz. Um die dicken Tanten da. Auf die ist er jetzt scharf.

Wie die gucken werden, wenn ihre Keller ausgeräumt sind! Aber mittendrin sagt er: «Kiek ma, die beeden da! Suchen wat! Seh ick!»

Ich gucke hin. Scheinen zwei Freundinnen zu sein, aber mit zehn Jahren Unterschied, die ältere ein bißchen mondän, die jüngere ein bißchen kindlich, beide ziemlich hübsch.

«Geile Titten, die Olle!» findet er. «Und den Blick: liecht schon halb ausjezogen im Bette! Und die Kleene is ooch nicht unflott! Komm, setzen wa uns einfach bei die!» Er steht auf, geht rüber, ich trotte hinterher, gebe Händchen, er stellt vor: wir sind Seeleute auf Urlaub. Die beiden schwindeln uns auch was vor: angeblich Schwestern, die jüngere Gerlinde, die ältere Grit, also Tante Grete, bloß in der Fassung, die Tante Grete sich in ihren Hungerträumen vorstellt, immerhin haben sie ein Wochenendhaus in Grünau, direkt am Wasser, mit Boot dabei, und Fredy ist richtig auf der Brust tätowiert, mit Hawaiimädchen und Seemannsgrab, und so erleben sie einen tollen Film mit uns.

Wir erleben auch einen mit ihnen: trinken Sekt und hopsen nackt in der Bude rum und wechseln nach jeder Nummer Couch und Dame und müssen Noten abgeben, wer besser ist, und sie geben auch Noten ab, wer besser ist, und dann stellt sich raus, daß die Damen Stiefmama und Stieftöchterchen sind, und der Gatte ist Zahlmeister, im Zivilberuf Oberinspektor, nun aber Großfürst irgendwo in Holland, von wo er dicke Pakete schickt, und Pelze für Gattin und Tochter hat er auch organisiert und Stoffe schickt er und Schmuck bringt er mit, wenn er auf Urlaub kommt, und damit bringt er die große bunte weite Welt in die Oberinspektorswohnung, und die große bunte weite Welt wollen Gattin und Tochter nun aber auch erleben, deshalb erzählt ihnen Fredy, daß er aus Ostafrika stammt, und mein Papa ist Käptn, meine Mama eine von der Reeperbahn, wir sind beide mit sechzehn schon zur See gegangen, ganz tolle Burschen sind wir, und deshalb dürfen wir unseren Urlaub in dem Wochenendhaus verbringen. Das ist zwar sehr günstig, aber auch sehr anstrengend, weil die Damen sehr bestimmte Vorstellungen von Seemannspotenz und Reeperbahn und großem bunten Leben und dem ganzen Drum und Dran haben, und manchmal kriege ich Angst, bei den endlosen Geschichten, die Fredy erzählt von Hongkong und Hawaii und Negermädchen und Mexikanerinnen. Allmählich werde ich ganz besoffen davon.

Die Weiber werden auch besoffen, aber die haben einen Sektrausch und sind ganz aufgedreht. Bei mir fängt die Zahnarztspritze wieder an zu wirken: werde taub und spüre nichts mehr, und es verschwimmt alles, stell mir den Oberinspektor bei der Kripo vor, der bringt, was wir hier mit seinen Damen treiben, im Normaldasein als Vernehmungsbericht mit nach Hause, dann werden die Damen Zuchthaus fordern für alle Mitwirkenden, als Nebenkläger das gesunde Volksempfinden vertreten, das die Freimaurer wieder mal beim heimlichen Brötchenfressen hinter verschlossenen Türen ertappt hat. Dann wissen sie aus eigenem Kosten, was die bösen Freimaurer, Freibeuter, Freivögler hinter verschlossenen Türen naschen, dann werden sie erst richtig strafwütig.

Ich möchte wieder in die Elsässer Straße. Dort gibt es keinen doppelten Boden.

Während die Damen arbeiten, denn sie sind dienstverpflichtet, die Mama in einem Luftwaffendepot, die Tochter in einem Kaufhaus, und Fredy die Wochenendhäuser der Umgebung untersucht, fahre ich in die Elsässer Straße.

Natürlich ist es Blödsinn, morgens dorthin zu fahren. Heinis Kneipe ist noch geschlossen, zu Sawitzkys in die Wohnung will ich auf einmal nicht gehen, vielleicht ist der Olle da, und mit dem will ich jetzt nicht reden, ich bin selbst schon sauer genug.

Mittags treffe ich Elvira: sitzt in der Bärenschenke mit einem, ist ihr neuer Freund, ein Holländer, heißt Aristoteles hier bei den Weibern, weil er eine griechische Mutter hat und auch so aussieht, gar nicht nach Holländer, der wohnt jetzt bei ihr, ist eigentlich Fremdarbeiter und bei Siemens gewesen, aus dem Lager abgehauen und wohnt jetzt bei ihr, vor mir braucht er keine Angst zu haben, sagt sie, er hat auch keine, fragt gleich nach Geschäften, sucht Waffen, zahlt bestens, nimmt alles bis zum Panzer, zahlt in Schnaps oder bar oder Devisen, ganz wie ich will, und jetzt muß ich natürlich doch wieder rausfahren nach Grünau, muß die Alte ausfragen, wie das genau ist mit ihrem Nachschublager, ich habe gar nicht richtig hingehört vorhin, hat mich nicht interessiert, und es würde mich auch jetzt nicht interessieren, wenn Aristoteles nicht wäre und wenn er mir nicht sympathisch wäre, aber jetzt möchte ich mit ihm ins Geschäft kommen, und das ändert die ganze Sache natürlich.

Ich setze mich in die S-Bahn und fahre wieder raus nach Grünau. Fredy ist schon da, zwei Stunden schon. Er ist nur kurz zum Winterfeldplatz, hat noch einmal den Luftschutzgraben untersucht und festgestellt, daß die Weiber tatsächlich alles ausgeräumt haben, dann ist er gleich wieder rausgefahren und hat hier erst mal die Bude gründlich durchsucht. Ein Teilergebnis steht vor ihm auf dem Tisch: Pulle Sekt. Im Keller ist noch mehr. Ich habe gar keinen Keller bemerkt bisher.

Ja: der ist nicht unterm Haus, sondern hinten am Schuppen, haben sie da halb in die Erde gebaut, ziemlich primitiv, aber gut versteckt. Haben ganz schön Sore eingelagert, strahlt er. Aber wir dürfen die nichts merken lassen, er hat auch bloß die eine Flasche genommen und extra das Etikett abgemacht. Damit sie nicht merken, daß es von ihrem ist, wenn sie plötzlich kommen.

Ich erzähle Fredy von Aristoteles, und Fredy entdeckt, daß sich da ein tolles Ding drehen ließe. Müssen wir nachher gleich anbahnen. Wenn man die Alte richtig scharf macht, macht sie das mit.

Kennt er: wenn die schon auf seine Tätowierung geil sind, dann spielen sie auch Ganovenbraut. Soll ihn mal machen lassen, er kriegt das schon hin.

Er braucht aber gar nichts mehr hinzukriegen: abends bringt Gerlinde Sore aus ihrem Kaufhaus, und die Alte aus ihrem Luftwaffendepot, wir veranstalten eine Freß- und Sauf- und auch sonstige Orgie, spielen die halbe Nacht «Sie will nicht Blumen, sie will nicht Schokolade», und am nächsten Morgen hat Fredy von der Alten den Liefervertrag für zwei Pistolen in der Tasche. Ist nicht mal schwierig gewesen, sagt er. «Gloobe, die hat direkt druff jewartet, dasse wat zeijen kann!»

Oder sie will ihren Oberinspektor loswerden auf die Weise. Und die Tochter will den Papa loswerden. Deswegen haben sie sich zusammengetan und machen so verdorbene Sachen, die der Alte nicht wissen darf, durch die sie Komplizinnen werden und durch die der Alte ausgeschaltet wird. So ungefähr scheint es zu sein. Deshalb reden sie auch soviel dabei, nachts im Bett, berichten sich immer gegenseitig, was sie gerade machen und wie es ist, und schlagen sich vor, wie man es noch toller machen kann.

Und abends erzählt die Alte dreimal hintereinander, wie sie die Pistole rausgebracht hat, eine nur, mehr ging nicht, sie mußte die eine schon vorn in den Schlüpfer stecken, und dann hat sie dauernd Angst gehabt, die rutscht ihr raus, und das kalte Ding da unten drin, war ganz schaurig, und Gerlinde kugelt sich auf der Couch und lacht sich kaputt: das Ding da unten drin. «Hättstes doch gleich reinjeschoben!» prustet sie.

Die Alte sagt: «Da ist doch so 'n Ding da vorne dran – Korn, oder wie das heißt.»

«Na ja, das piekt schön!»

«Nu, sacht ma: ist die nicht verdorben für ihre siebzehn Jahre?» macht die Alte, guckt uns an und freut sich, und wir müssen Beifall klatschen.

Und dann erzählt Linda (Gerlinde klingt so doof, nicht?), das sei noch gar nichts, in ihrem Kaufhaus erst, was da alles los ist: fast nur noch Weiber da, und wenn mal ein Kerl kommt, losen sie ihn gleich untereinander aus, und dann wird er runter in den Keller geschleppt, ins Möbellager. Neulich haben sie einen so fertiggemacht, drei Weiber auf einmal, daß der gleich 'ne Woche krank feiern mußte. Und in dem Laden hat sie ihr Vati untergebracht, weil er Angst hatte, sie käme sonst in eine Fabrik und würde da verdorben, unter den Arbeitern. Und ausgerechnet der Steinmeier, das ist der, mit dem der Vati das arrangiert hat, ist der schlimmste von allen: so 'n geiler Opa, schiebt ihr immer Wäsche zu, muß sie dann vor ihm probieren, und er betatscht sie, ob auch alles richtig paßt. Und dann erzählt sie die Geschichten, die die anderen Weiber den lieben langen Tag erzählen, weil sie nichts anderes zu tun haben und keine Männer im Bett haben, sondern immer bloß im Kopf, davon schnappen sie so über. Kenne ich. Im Knast haben sie dauernd Kochbücher gelesen. Und dann haben sie selbstgeschriebene Sittengeschichten, die gehen so lange rund, bis sie ganz zerfleddert sind. Ganz verrückte Sachen. Aber darauf kommen sie bloß, weil sie in Wirklichkeit nichts haben.

Kenne ich. Im Knast haben wir auch nicht von Wurststullen geträumt, sondern dann gleich von Hummermayonnaise und Gänsebraten. Und wenn man erst mal anfängt, von Gänsebraten und Hummermayonnaise zu phantasieren, muß man die nachher auch haben, und die Wurststullen genügen nicht mehr. So wie den Weibern, die ihre selbstphantasierten Sittengeschichten auswendig gelernt haben, weil ein simpler Normalkoitus nicht mehr genügt. In diesem Punkt verstehen wir uns also glänzend, und wer sich darin erst mal versteht, der verständigt sich auch in allem anderen ohne große Schwierigkeiten.

Resultat der Verständigung: nach drei Tagen haben wir den Plan des Depots und wissen, wo alles liegt, wie man reinkommt, wann wo die Posten gehen und sogar, daß man über das Schuppendach einer Kohlenhandlung direkt auf das Dach der Halle kommt, in der Pistolen, Maschinenpistolen, MGs und Ferngläser und ähnliche Scherzartikel lagern. Wenn wir ein Lastauto kriegen, können wir mehrere Regimenter mit Waffen ausrüsten. Die Vorstellung pulvert ungemein auf, und da sich das im Bett bemerkbar macht, sind die Weiber Feuer und Flamme.

Linda feiert krank und fährt mit in die Elsässer Straße. Verspricht sich anscheinend neue Impulse von dort. Unterwegs beschwert sie sich über den Vati: wenn er auf Urlaub kommt, erkundigt der sich immer beim Steinmeier – ausgerechnet bei dem! –, wie sie sich führt! Und als sie über den was sagen wollte, bloß eine Andeutung, hat er sich noch aufgeregt. Vor Wut wäre sie nachher beinahe wirklich mit dem ins Bett gegangen. Mit dem Steinmeier. Ein Glück, daß der nicht mehr kann. Läßt die Weiber sich bloß vor ihm ausziehen und betatscht sie. Der bestimmt nämlich, wenn Anfragen kommen, ob eine an die Rüstung abgegeben werden kann.

Ja, aber ihr Papa: sie weiß nicht, was sie machen soll. Wahrscheinlich haut sie ab. Guckt mich an: ob sie soll.

Was soll ich da sagen? Ich soll natürlich sagen, daß sie abhauen soll. Danach braucht sie also nicht erst zu fragen. Und danach fragt sie auch gar nicht. Sondern möchte eingeladen und mitgenommen werden. Und ich weiß nicht ... Wieso weiß ich nicht? Ich bin doch auch abgehauen. Ob ich es etwa bereue? Und wenn nicht, dann war es doch das Vernünftigste.

Die Vernünftigen allerdings finden es unvernünftig.

Ach, die Vernünftigen sind doof! So wie ihr Vati: der sie in den Puff steckt, damit sie nicht verdorben wird. Und sie dem Lustgreis empfiehlt, weil der es gut mit ihr meint.

Meint der es etwa nicht gut?

Bloß nicht so, wie ihr Vati sich's denkt. Der denkt sich auch alles vernünftig. Und wenn sie ihm das erzählte, mit dem Steinmeier, bekäme sie noch die Schuld: hätte den dann verführt oder so.

Klar! Hier sind immer die Vergewaltigten schuld – die Gewaltigen nie.

Genau! Das ist es nämlich. Sonst wäre es ihr ganz schnuppe, sie zieht sich auch mal aus, braucht sich ja nicht zu schämen, so wie sie gebaut ist – aber von dem Steinmeier ist es eine Gemeinheit. Das ist es!

Sie kommt ins Quasseln und wird ganz aufgedreht,und bei Elvira schüttelt sie den Kopf nun auch über die Stiefmutti: daß die ihren Vati geheiratet hat. Bloß weil er Zahlmops ist und alles ranschafft. Da imponiert Elvira ihr mehr: die kann sich wenigstens den aussuchen, der ihr gefällt. Und mit den Kunden hat sie ja praktisch nichts. Das ist höchstens so wie mit dem Steinmeier. Nicht mal so, weil: mit dem Steinmeier muß man, und Elvira kann sich die Kunden wenigstens aussuchen. Ist doch so?

Elvira bestätigt, daß es so ist.

Aristoteles grinst vergnügt: wenn man Linda richtig lenkt, geht die eines Tages Bomben schmeißen. Gefällt ihm. Ich soll nur aufpassen, daß sie nicht abrutscht und verlottert. Sonst ist es schon sehr gut: durch ihre Wut auf den Steinmeier läßt sie sich richtig drehen. Meistens fallen die Mädchen, die zu Hause abhauen, nachher den Lustmolchen in die Hände, und damit sind die dann wieder, wo sie hergekommen sind. Dagegen ist ihre Wut auf den gerade richtig.

Die Sache mit den Waffen muß er mit seinen Freunden besprechen. Wagen können die besorgen. Aber wenn es eine so große Sache ist, sollen wir es lieber denen überlassen. Unser Geld kriegen wir trotzdem. Wenn ich es mit Fredy allein mache, geht es vielleicht schief, oder wir können nicht genug herausholen, und es wäre schade, die Gelegenheit nicht richtig auszunutzen.

Ich will wissen, wann er mit seinen Freunden reden kann. Uns eilt es. Weil wir keine Kohlen mehr haben.

Er kann jetzt noch hinfahren. Dann ist er um acht, halb neun wieder da. Wir können solange bei Elvira warten und eine Flasche Wein trinken. Mit Geld kann er mir aushelfen, falls ich nicht zuviel brauche.

Er gibt mir zwei Scheine, holt eine Flasche Wein aus der Küche und fährt los.

Linda hört unterdessen Elviras Lebenslauf und findet ihn rasend interessant. Ich auch: er ist die dritte Version, die ich kennenlerne. Der totgeschossene Ritterkreuzträger hat sich inzwischen in einen hingerichteten Kommunisten verwandelt. Der zudem ein Bruder von Aristoteles gewesen sein muß. Zumindest sind die Gespräche und die Gedanken, die sie von ihm zitiert, genau dieselben wie die von Aristoteles. Immerhin gelingt es ihr durch dieses Umfrisieren ihres Lebenslaufes, sich selbst als eingefleischte Kommunistin und Aristoteles als den idealen, ihr längst vorbestimmten Mann anzusehen. Und diese positive Wirkung wiegt, wenn man unsere Oberlehrer mal beim Wort nehmen will, eigentlich den kleinen Schwindel, der dabei ist, völlig auf.

Linda auf jeden Fall ist begeistert. Daß Elvira für ihren Kommunisten nachts, wenn er Plakate kleben ging, Schmiere gestanden hat, schafft sie einfach. Und wenn wir das Ding mit den Waffen drehen, muß sie natürlich auch dabeisein. Sie stellt schon einen Schmierestehdress zusammen: schwarze lange Hosen und schwarzen Pullover, schwarze Baskenmütze und flache Laufschuhe. Und ein rotes Tuch um den Hals. Da ich selber von Kommunisten im Moment auch noch nicht mehr weiß, scheint mir das rote Tuch schon voll ausreichend. Später muß sie dann noch die Milch anbrennen lassen und Karl Marx lesen. So hat es mit meiner Mama auch angefangen. Wie es weitergeht, kann Aristoteles uns dann sagen.

Ich bin Aristoteles wirklich sehr dankbar, daß er mich darauf gebracht hat. Und Linda ist dankbar für die kommunistische Brautschule, die Elvira jetzt abhält. Das hat allerdings den Nachteil, daß sie auf einmal störrisch wird und mich überholt: ohne daß ein Wort über Fredy fällt, kommt sie plötzlich darauf, daß der nicht der richtige Freund für mich sei. Was aber wiederum damit zusammenhängt, daß ihre Stiefmutti ihr nicht die richtige Freundin für sie selbst zu sein scheint. Nicht wegen dem, was sie jetzt zusammen angestellt haben! Sondern, weil sie bei der Sache mit Steinmeier nichts findet. Sie lacht bloß darüber und hilft ihr nicht. Fredy würde ihr auch nicht helfen. Und sie sucht einen, der ihr hilft. Ob ich das nicht verstehe?

Doch, verstehe ich. Ich verspreche, Steinmeier den Krieg zu erklären.

Bliebe Fredy. Jetzt kann der sich verraten fühlen. Aber einer wird zum Schluß immer übrigbleiben. Sogar Steinmeier: hat er ihr nicht so viel schöne Wäsche geschenkt? Und ziehen sich hübsche Mädchen nicht gerne aus und lassen sich bewundern? Und nun auf einmal hat sie was gegen ihn. Das ist nicht schön von ihr.

Und die Tante wird finden, es sei nicht schön von mir, daß ich mich nicht mal sehen lasse. Wo ich Ika auf dem Gewissen habe und Kläuschen sicherlich auch. Und Gumbel wird finden, es sei nicht schön von mir gewesen, seine Gutmütigkeit auszunutzen, und Gretchen wird auch finden, es sei nicht schön: ihr nicht nur die Komplizin, sondern auch die Stieftochter zu entführen. Für die sie doch verantwortlich ist.

Aristoteles schleust mich langsam wieder in die Welt ein: die Russen sind schon in Ostpreußen, stehen vor Warschau und haben Rumänien erobert, Bulgarien hat Frieden geschlossen und Finnland auch.

Ach nee? Sieh mal einer an: habe ich alles gar nicht mitgekriegt.

Ja, und im Westen haben die Amerikaner Paris genommen, als nächstes kommen Brüssel und Amsterdam, und Weihnachten ist der Krieg aus.

Na, hoffentlich! Knappes Vierteljahr – müßte ich schaffen. Fredy hält sich schon vier Monate und Aristoteles schon über ein Jahr, und für den ist es viel schwieriger, weil er Ausländer ist. Also mit einem bißchen Glück müßte ich mich halten können, bis die Russen da sind, und dann kann ich den Gestellungsbefehl in kleine Fetzen reißen und wegschmeißen. Aber ich werde ihn nicht in kleine Fetzen reißen und wegschmeißen. Ich werde ihn schön nach Tegel zurückbringen, werde ihn dem Herrn Inspektor geben, dem mit dem Kostentzug, und werde ihm auch mal einen kleinen Kostentzug verordnen, diesem dummen Schwein, und dem Herrn Sanitätsrat werde ich mit einem Hämmerchen vor den Kopf klopfen, und wenn es weh tut, dann weiß er wenigstens, daß es eine richtige Krankheit ist, in seinem Kopf, und den Herrn Hauptwachtmeister werde ich die Scheißkübel scheuern lassen und ihm sagen, daß Arbeit adelt und daß sie gesund ist, und dann werde ich einen namens Mikorey treffen, aus dem Wehrmachtsgefängnis, den sie erst zum Tode verurteilt und dann auf fünfzehn Jahre begnadigt haben, weil sie es ihm nicht richtig nachweisen konnten, und der Mikorey wird Kommissar sein, und dann werde ich den Löwenfeld treffen, aus der Polizeikiste, und der wird mit der Maschinenpistole sortieren gehen, hat er versprochen, und den alten Oranienburger werde ich treffen, der braucht keine Maschinenpistole, der macht das mit dem Messer, hat er angekündigt, und zu Olle Sawitzky werde ich gehen und es mir noch einmal genau erklären lassen, wie das ist mit dem Rotfrontkämpferbund, und Ika werde ich treffen und – ja, und dann weiß ich nicht: dann habe ich Linda und muß mit der erst den Onkel Steinmeier besuchen, und mit Ika muß ich auch welche besuchen, den Zaremba und einen Polizisten namens Herbert und dessen Kollegen, und dann muß ich wieder mit Linda, muß dem Zahlmops die neue Lage erklären, und dann muß ich Ika erklären, was mit Linda ist, und Linda, was mit Ika ist, und selbst wenn sie es beide verstehen, weiß ich nicht, wie es weitergeht, vielleicht geht es überhaupt nicht weiter, oder es geht ganz einfach weiter, ich sehe nicht ein, warum es nicht gehen sollte, und überdies sehe ich vorerst noch nicht einmal, wie es jetzt weitergehen wird. Und das möchte ich erst sehen.

Es geht nur noch fünf Tage weiter. Am sechsten falle ich in die Hände einer Streife des Soldatenklau. Die Herren möchten meinen Wehrpaß sehen. Da sind sie bei mir natürlich ganz falsch. Mein Wehrpaß liegt auf dem Wehrbezirkskommando, in Lichterfelde. Aber ich habe einen Stellungsbefehl, bitte sehr, muß mich morgen dort melden.

Der Hauptmann, der die Streife anführt, dreht den Stellungsbefehl hin und her. Er möchte wissen, was morgen heißt.

Morgen heißt morgen.

Morgen ist kein Datum.

Freilich nicht. Als Datum gilt das Datum des Poststempels. Steht doch drauf.

Aber es ist kein Poststempel drauf.

Eben. Das ist ja das Gute: ich habe die Karte heute erst bekommen.

Glaubt er nicht. Die habe ich schon vier Wochen in der Tasche.

Stimmt nicht. Wenn er schon verdächtigt, dann soll er auch richtig verdächtigen. Ich habe sie schon sechs Wochen in der Tasche. Aber das sage ich nicht. Wenn er schon Detektiv spielt, soll er das gefälligst selber herauskriegen.

Er kriegt es heraus. Ruft das Wehrbezirkskommando Reinickendorf an, von dem die Karte stammt, und nimmt mich dann mit. Ein Feldwebel mit Stahlhelm bringt mich nach Reinickendorf. Es scheint kriegsgerichtlich zu werden.

Meint der Wehrbezirkskommandeur auch. Glatte Fahnenflucht, meint er. Vielmehr Wehrdienstentziehung. So genau kennt er sich da nicht aus. Beruhigend.

Er hat ein Ritterkreuz und ein Holzbein und ist Oberstleutnant.

Ich fange an zu erklären. Also das ist nämlich so: weil ich doch nach Lichterfelde gehöre, da liegt ja auch mein Wehrpaß, und mit Reinickendorf habe ich gar nichts zu tun, die müssen mir die Karte in Tegel aus Versehen gegeben haben, doch, bestimmt, die bringen noch die ganze Wehrverwaltung durcheinander, wenn die immer solchen Quatsch machen, weil ich mich doch freiwillig gemeldet habe, bei Fackelmann damals noch, vielmehr: ich wollte, bestimmt, ich hätte mich auch, Marineoffizierslaufbahn, ja, Ingenieurslaufbahn sogar, wie mein Freund Fritz, das gehört jetzt nicht hierher, gewiß, aber ich meine bloß: ich melde mich doch nicht freiwillig, beinahe, und dann will ich Wehrkraft entziehen, oder wie das heißt, mache ich doch nicht, wäre ja paradox, aber andererseits habe ich mir gedacht, daß die Karte bestimmt ein Versehen ist, vielleicht haben die sich gar nichts gedacht dabei und wissen gar nicht, daß sie die Wehrverwaltung durcheinanderbringen damit, aber ich weiß es doch, ich fühle mich da immer gleich mitverantwortlich, wie unser

Führer gesagt hat, daß wir sollen, da habe ich mir einfach gedacht, das repariere ich stillschweigend und mache da gar kein großes Theater erst drum, ich kriege ja meine Einberufung aus Zehlendorf, oder Lichterfelde, jetzt weiß ich selber nicht mehr, also jedenfalls von da, nicht aus Reinickendorf, ich bin hier ganz falsch, doch, kann er mir glauben, ich muß es doch wissen, ich werde ihm das doch nicht erzählen, wenn es nachher nicht stimmt.

Jetzt habe ich ihn durcheinander gebracht. Tut mir leid. Er schaut mich ganz groß an und plinkt mit den Augendeckeln und dann möchte er gerne wissen, ob ich Schauspieler oder ob ich wirklich so blöd bin.

Ich bin wirklich so blöd. Aber das kann man nicht sagen, sonst glaubt es keiner. Man muß es vorspielen, mit blödem großen Blick und einem Lächeln, das die oberen Schneidezähne vorstehen läßt. Vor allem muß man sehr aufmerksam lauschen, was der andere nun erklärt.

Der erklärt, es sei Fahnenflucht, vielmehr Wehrkraftentziehung, darauf steht die Todesstrafe, er müßte mich von Rechts wegen gleich abführen lassen.

Ich mache: Ach!? Sehr erstaunt.

Er schließt daraus, daß er meine Wißbegierde geweckt hat und ein gutes Lehrtalent besitzt. Und das muß er nun gleich ausbauen und pflegen. Er hält mir einen Vortrag, wie das alles ist und daß ich auf jeden Fall dem Stellungsbefehl hätte Folge leisten müssen, auch wenn ich der Meinung sei, daß ein Irrtum vorliege, im übrigen seien Irrtümer völlig ausgeschlossen, aber ich bin womöglich noch zu naiv und unerfahren, um das schon zu wissen, aber nun weiß ich es, nicht wahr, und ich werde in Zukunft so was nicht mehr machen.

Nein, in Zukunft werde ich so was natürlich nicht mehr machen, versichere ich, das ist ja ganz klar, jetzt weiß ich ja, wie das alles ist, und daß die Irrtümer bei der Wehrverwaltung in höherem Sinne gar keine sind, sondern Fügung, hat die Vorsehung irgendwie so arrangiert, das ist klar, das weiß ich jetzt, da bin ich aber sehr dankbar, daß er mir das mal erklärt hat, wie das alles ist, wenn mir das schon früher jemand erklärt hätte, mein Gott, da wäre mir ja ein Haufen Ärger erspart geblieben, und ich hätte mir nicht die ganze Zeit Sorgen machen müssen, wegen dem Irrtum, also weil ich immer Angst gehabt habe, jetzt ist die ganze Wehrverwaltung durcheinandergekommen, aber jetzt bin ich endlich befreit von diesem Alpdruck, das verdanke ich dem Aufklärungskurs durch den Herrn Oberstleutnant, das hätte mir schon längst mal jemand erklären können.

Ja – ja! Natürlich!, findet der Oberstleutnant und linst mich mißtrauisch an. Gleich wird er mir in die Tasche fassen, ob ich nicht doch eine kleine Bombe einstecken habe. Doch dann interessiert ihn mehr, ob uns denn das auf der Schule niemand erklärt habe.

Nein, nie hat uns das jemand erklärt. Wir haben kaum gewußt, daß überhaupt Krieg ist.

Findet er einfach unverständlich.

Finde ich auch.

Und in Tegel, als sie mir die Karte gegeben haben, da ist mir auch nichts erklärt worden?

Nichts. Der Herr Inspektor hat doch genug mit seinem Kostentzug zu tun.

Kostentzug?

Ja, der hat immer Kostentzug verhängt.

Was hat denn das jetzt mit uns hier zu tun?

Ich meine nur: weil der damit die Wehrkraft aushöhlen will, oder wie das heißt.

Wehrkraft aushöhlen?

Freilich! Der hungert doch die Leute aus, daß die nachher umkippen und kein Gewehr mehr halten können. Und dann hat er auch immer so geredet.

Wie hat er geredet?

Na ja, ich kann es natürlich nicht beweisen. Der wird das ja abstreiten, aber er hat immer so geredet. Daß wir den Krieg doch nicht gewinnen, und wir sind alle so verdorben worden, daß wir in den Knast gekommen sind, und wir kriegen die Räuberei ja von oben beigebracht und so was alles.

So! So! Na, das ist ja sehr interessant. Und da hat er uns also geraten, dem Stellungsbefehl nicht Folge zu leisten? Wie – dem Stellungsbefehl nicht Folge zu leisten? Wie kommt der jetzt darauf? Ach so, ich weiß schon, wie er drauf kommt. Ja ja, natürlich, wenn er sowieso schon von selber drauf kommt, wird es sicher stimmen: der hat uns irgendwie direkt abgehalten. Also nicht, daß er es direkt gesagt hat, aber man hat es doch gemerkt, nicht wahr?

Das ist ja sehr interessant! Und wie heißt der Mann? Das werden wir uns mal notieren, da werden wir gleich mal die Staatspolizeistelle anrufen, damit die sich um den Herrn ein wenig kümmern.

Ja, das würde ich auch sehr empfehlen. Weil der die ganze Wehrkraft untergräbt, mit seinem Kostentzug. Und auch so. Der macht die Leute da extra sauer, damit sie nachher die Nase ganz voll haben, vom Vaterland, und keiner es mehr verteidigen will.

Das ist ja wirklich unerhört.

Nicht wahr? Habe ich mir auch schon gedacht.

Na, gut, das wird er gleich mal untersuchen lassen, der Herr Wehrbezirkskommandeur, und mich wird er nun aber sofort zur Truppe schicken, damit das in Ordnung kommt.

Ach ja, da wäre ich sehr dankbar. Ich bin mir die ganze Zeit schon so unordentlich vorgekommen. Gut, daß das jetzt ein Ende hat und ich wieder in Ordnung komme.

Er geht eine Liste durch, dann entscheidet er: Panzeraufklärung Stahnsdorf. Da sind allerdings die letzten Rekruten gerade vor vierzehn Tagen eingerückt. Er wird mir ein Schreiben mitgeben, daß ich da noch mit reinkomme. Außer dem Schreiben wird er mir noch einen Feldwebel mitgeben. Damit ich nicht unterwegs wieder verlorengehe.

Offenbar traut er mir nicht.

Die Idee mit dem Schreiben, merke ich in Stahnsdorf, ist gut gewesen. Ich werde zum Abteilungsstab gebracht, dort empfängt mich der Adjutant und begehrt zu wissen, welcherart mein Verhältnis zu dem Wehrbezirkskommandeur sei. Ich wehre bescheiden ab: das tut ja nichts zur Sache, ich bin ein ganz gewöhnlicher Rekrut, wie jeder andere auch. Das findet der Adjutant sehr anständig von mir.

Er läßt mich durch einen Unteroffizier in den Block der Spähkompanie rüberbringen und mich dem Spieß empfehlen. Der Spieß wiederum läßt mir ein Bett in einer Bude zuweisen und sagt, ich solle mich erst mal ausruhen. Stünde mir zu nach den Strapazen.

Offenbar scheint hier bereits eine Legende über mich im Umlauf zu sein. Möchte bloß wissen, woher. Der Wehrbezirkskommandeur kann nicht dran schuld sein, der hat nur fünf Zeilen geschrieben.

In der Bude stehen vierzehn Betten, zwei sind frei. Ich belege eines in der zweiten Etage. Die Herren Rekruten sind draußen, im Wald und auf der Heide, üben mit dem Schießgewehr. Ich haue mich aufs Bett und kann nicht schlafen. Obwohl ich ganz kaputt bin. Von dem Duett mit dem Wehrbezirkskommandeur. Oder war es ein Duell? Ist egal. Hauptsache, ich habe gewonnen. Kann ich mir noch gar nicht glauben. Wäre ja zum Piepen. Und noch mehr zum Piepen wäre es, wenn der dem Inspektor in Tegel jetzt die Polente auf den Hals schickt. Der verschluckt vor Schreck seinen Kneifer und denkt, es ist Kostentzug.

Ganz nebenbei fällt mir ein, daß ich jetzt beim Kommiß bin. Und daß Linda auf mich warten wird heute abend. Wenn sie aus dem Kadewe kommt. Fredy wird auch warten. Und Aristoteles auch. Hoffentlich denken sie nicht, ich sei verschüttgegangen und hätte das Ding mit den Waffen platzen lassen. Dann trauen sie sich am Ende nicht mehr hin. Müßte ihnen wenigstens Bescheid sagen, was los ist. Weiß aber nicht, wie. Hier wieder abzuhauen, ist mir nun doch ein bißchen zu heiß. Wenn sie mich dann wieder schnappen, stellen sie mich doch noch an die Wand. Und auf einmal glaube ich auch nicht mehr dran, daß der Krieg bloß noch drei Monate dauern wird. Auf einmal glaube ich nicht einmal mehr, daß er verloren ist. Das ist sehr komisch. Aber wenn man so sieht, wie die Maschine läuft, als ob sie noch zehn Jahre so weiterlaufen wollte, kann man sich eben schwer vorstellen, daß sie morgen schon kaputt sein soll.

Nein, ganz unvorstellbar! Die Maschine läuft auf vollen Touren. Ich werde eingekleidet, kriege Stahlhelm, Gasmaske, Karabiner und Blechmarke mit einer Nummer drauf, damit sie nachher beim Leichensortieren wissen, wo meine hingehört, und dann darf ich mitspielen: morgens Marschieren, nachher Löcher buddeln, dann Geschützexerzieren, mittags Blutwurst mit Pellkartoffeln und Sauerkraut, nachmittags Kompanieunterricht, mit dem Thermophylen natürlich, ohne die geht es hier nicht, dann Rekrutenunterricht: wer ist Friedrich der Große? Friedrich der Große ist der größte Deutsche, obwohl Bismarck natürlich auch der größte Deutsche ist und der Führer auch und Hermann Göring auch und Goethe auch, das sind alles die größten Deutschen, das kommt daher, daß wir eben nur die Größten gehabt haben, die Deutschen sind nämlich an sich schon die Größten, das muß man wissen, wenn man das weiß, ist das andere alles gar nicht mehr wichtig. Und dann kommt Benehmen gegenüber Vorgesetzten, das kenne ich auch schon, aus der Hausordnung im Knast: der Gefangene hat dem Beamten mit Achtung, Ehrfurcht und so weiter, aufzustehen und Haltung anzunehmen und Name und Straftat zu nennen, nur das letzte fällt hier weg, weil die Straftat, für die wir hier bestraft werden, nicht genannt werden darf; das ist nämlich die Hauptsache am ganzen Krieg, das Benehmen gegenüber Vorgesetzten, nur für das Benehmen gegenüber Nachgesetzten gibt es keine Regeln, wo kämen wir da hin, mit den Nachgesetzten kann jeder verfahren, wie er Lust hat; und dann ist Dienstschluß, damit ist aber noch lange nicht Schluß, sondern jetzt kommt Waffenreinigen, das ist Freizeitgestaltung, weil es solchen Spaß macht, und dann kommt Putz- und Flickstunde, auch Freizeit, weil es auch Spaß macht, und dann gibt es Abendbrot: meistens Sülze, dazu Margarine, Brot und eine rote Suppe, die der Fourier für Marmelade hält, und nach dem Abendbrot macht Micky noch ein bißchen weiter, weil's so schön ist und weil er so klein ist. Micky ist unser Stubenältester, Unteroffizier mit EK I und Glasauge und stolz auf beides, nur anderthalb Meter groß, das sind immer die Schärfsten, sagt Rolf Buchholz, Bettnachbar, Micky fragt nach dem Abendbrot ab, in wie viele Teile der Karabiner 98 zerfällt, und setzt seinen besonderen Ehrgeiz darein, den Oberschülern nachzuweisen, daß sie doof sind.

Außer Buchholz und mir ist noch ein Doofer bei uns auf der Bude: Horst Nydegger. Die beiden sehen jetzt zu ihrer größten Verblüffung die Welt auf den Kopf gestellt und sich selbst bei den Unterdrückten. Hätten sie sich auf der Oberschule niemals träumen lassen, daß es auch so herum geht. Ich kenne das schon. Brauche mein Spiel nur umgekehrt weiterzuspielen und mich wieder zur Elite zu gesellen, um auch hier bei den Unterdrückten zu sein.

Buchholz und Nydegger sind nicht ganz so doof, wie Micky sich's vorstellt und gewünscht hat, und daß er ständig an den Rand eines Nervenzusammenbruchs gedrängt wird, ist seine eigene Schuld: wenn einer schon Dumme sucht, muß er sich dazu wenigstens auch Dumme suchen. Aber da er selbst dumm ist, kommt er darauf nicht. Er rührt immer wieder Kakao an, um uns durchzuziehen, und am Ende bekleckert er sich selber. Vor allem wurmt es ihn mächtig, daß wir nicht einsehen wollen, wieso sein EK I und sein Glasauge viel mehr wert sind als unsere ganze Schulbildung und unsere ganze Schlauheit. Bis Nydegger es ihm erklärt: wer schlau ist, braucht kein EK I – aber auch kein Glasauge. Daraufhin schreit Micky: das gibt einen Tatbericht! und fegt an seinen Spind, reißt Papier raus und setzt ihn auf, den Tatbericht. Nachdem er dreimal angefangen und das Gekritzel dreimal wieder zerrissen hat, läßt er noch einmal Gnade vor Recht ergehen und hält Nydegger seine jugendliche Dummheit zugute.

Nydegger sagt: eins zu null! und grinst sich was.

Aber wenn wir auch nicht in Kriegsstimmung kommen, in der Maschine laufen wir dennoch mit. Daran ändern auch die dummen Witze nichts. Und wenn einer den Hoheitsadler einen Pleitegeier nennt, so ist das eher eine freundschaftliche Neckerei und meint keineswegs, daß die Pleite schon vor der Tür steht. Dazu läuft der Betrieb viel zu behäbig-solide. Wo der Spieß noch jeden Morgen Appell abhält und der Oberleutnant von den Thermophylen schwätzt und es Spindordnung und geputzte Koppel gibt, da kann der Krieg noch nicht verloren sein.

Ich mache mich insgeheim sogar schon auf den Endsieg gefaßt, und beim ersten Urlaub, nach vier Wochen, fahre ich zwar zuerst in Richtung Elsässer Straße, aber unterwegs steige ich aus und weiß nicht mehr, was ich da will. Auf einmal kommt mir Aristoteles mit seinen Ideen so weit weg vor wie damals in der Elsässer Straße, als der Krieg weit weg schien, die anderen. Das ist in der Tat sehr merkwürdig, muß ich sagen.

Nachdem ich ein Stündchen auf dem Bahnhof Friedrichstraße herumgestanden und an den Knöpfen abgezählt habe, wohin ich gehen soll, fahre ich nach Grünau raus. In Grünau ist aber niemand. Die Läden des Wochenendhäuschens sind fest verrammelt, und auf den Wegen liegt trockenes Laub. Es ist inzwischen Herbst geworden.

Ins Kadewe zu fahren, hat keinen Sinn. Bis ich hinkomme, haben die zu.

Allmählich werde ich sauer, und als ich wieder über die Friedrichstraße komme, steige ich doch aus, gehe runter zur U-Bahn und fahre rauf zur Elsässer Straße. Und da treffe ich niemanden. Sawitzkys Haus ist nicht mehr da. Ausgebombt. In der Kneipe höre ich, sie seien evakuiert worden. Wohin, weiß kein Mensch. Gisela ist auch mit. Ich werde noch saurer. Frage nach Elvira. Ist schon lange nicht mehr hier gewesen. Gleich bin ich stocksauer. Der Krieg geht doch verloren, verdammt noch mal!

Jetzt gehe ich zu Elvira nach Hause. Aristoteles ist noch da. Er findet mich sehr komisch: in Uniform. Das erheitert mich auch nicht gerade.

Er will wissen, was eigentlich passiert ist.

Das habe ich ihn gerade fragen wollen.

Hier ist nichts passiert, sagt er. Das Ding mit den Waffen hat nicht geklappt, Fredy hat sich das zu einfach vorgestellt. Wo der jetzt steckt, weiß er nicht. Linda ist auch nur noch zwei- oder dreimal dagewesen, seitdem nicht mehr. Obwohl er ihr angeboten hat, hier zu wohnen. Aber allein wollte sie nicht. Jetzt ist sie wahrscheinlich wieder bei ihrer Mutti. Und weiter im Kadewe. Und ich?

Ich? Zucke die Achseln.

Was ist mit mir los?

Möchte ich auch wissen. Bin sauer.

Ob ich was brauche? Zigaretten?

Klar brauche ich Zigaretten.

Er gibt mir Zigaretten. Hundert Stück. Belgische. Ausgerechnet! Wenn ich die in meinen Spind lege, und der Herr Leutnant findet sie, geht gleich ein neuer Film los.

Aristoteles weiß nicht, was an belgischen Zigaretten sein soll. Sind sie verdächtig?

Und wie die verdächtig sind. Der kennt den Film, den sie mit mir vor dem Reichskriegsgericht gedreht haben, noch gar nicht. Der hat auch mit belgischen Zigaretten angefangen. Wie ich ihm das erzähle, komme ich wieder auf den Kriegsanwalt und auf die antinationalsozialistische Einstellung, die der mir verordnet hat. In Stahnsdorf scheint mir die fast abhanden gekommen zu sein. Obwohl mich der Dienst da ankotzt. Obwohl mich schon die Uniform ankotzt. Und die Thermopylen kotzen mich an, und der Spieß kotzt mich an, und die Bude mit den doppelstöckigen Betten und den Strohsäcken kotzt mich an, und Micky kotzt mich an und die Marmelade und die Blutwurst mit Sauerkraut, alles kotzt mich an. Aber wenn man vier Wochen da mitten drin ist, mitten in allem, was einen ankotzt, dann wird es einfach zu anstrengend, sich dauernd ankotzen zu lassen, und man vergißt es allmählich, und auf einmal trottet man mit.

Da trifft sich's günstig, daß ich als Schriftenmaler entdeckt werde: ich muß auf die Schreibstube kommen und dort Schilder malen. Und wo einmal ein Schriftenmaler ist, da findet sich auch Arbeit für ihn: der Spieß braucht eine neue Belegungstafel, und der Chef muß dem Kommandeur zum Geburtstag etwas schenken, am besten eine schöne Karte, Pergament und mit einer Kordel geheftet und einem Spähwagen drauf. Ob ich das kann?

Natürlich kann ich. Brauche nur Material dazu.

Wo gibt es das Material?

Kann ich besorgen. Brauche ich einen Urlaubsschein dazu.

Ich kriege den Urlaubsschein und melde mich ab. Gleich für immer. Denn von nun an kriege ich fast jeden Tag einen Urlaubsschein, weil jeden Tag ein neuer Auftrag gefunden wird und ich jeden Tag neues Material besorgen muß. Für Zigaretten natürlich. Die Zigaretten stiftet Aristoteles. Er finanziert den plötzlich ausbrechenden Verschönerungsfimmel der Feudalherren bei der Panzeraufklärungsabteilung in Stahnsdorf, bißchen ulkig das Ganze.

Zuerst halte ich sie noch für naiv, daß sie meinen, ich bekäme das Zeichenmaterial irgendwo geschenkt, aber nachdem ich mal eine Flasche Schnaps mitgebracht habe, möchten nun alle Schnaps haben und tun so, als ob ich den ganz normal für drei Mark fünfzig im nächstbesten Laden bekäme. Da geht mir auf, daß diese Naivität eine ganz besonders abgebrühte Masche ist, und da der Herr Leutnant Schönmüller gerade wieder drei Flaschen bestellt, kläre ich den mal ein bißchen über die Preise auf: die Flasche kostet zur Zeit immerhin siebzig Mark.

Das ist ja Schwarzhandel, meint er. Siebzig Mark für eine Flasche Schnaps, das kann er sich nicht leisten.

Dann hat er Pech gehabt.

Nunmehr findet er mich ungehörig. Wenn er könnte, würde er mir gleich den Urlaubsschein abnehmen. Er kann aber nicht. Weil ich einen Auftrag vom Chef habe.

Ich komme ihm aber entgegen und sage, wenn ihm siebzig Mark zu teuer sind, kann er auch in Zigaretten bezahlen oder was anderes eintauschen.

Er hat nichts zum Eintauschen.

Hat er wieder Pech gehabt.

Das heißt: ich soll mal warten! Wieviel bringt denn eine Walther Sieben-Fünfundsechzig? Ist sein Privateigentum, die kann er abgeben.

Ich schätze sie auf fünf bis sechs Flaschen.

In Ordnung: ich soll sie mitnehmen und ihm zehn Flaschen bringen dafür.

Fünf bis sechs, sagte ich!

Nein, nein, zehn! Verfügt er. Ordnet er an. Er ist schließlich Leutnant. Und als Leutnant kann er das natürlich bestimmen. Vielleicht ist er doch nur zur Hälfte abgebrüht und zur anderen Hälfte wirklich naiv.

Ich bringe ihm acht Flaschen mit unter der Bedingung, daß er noch Munition liefert.

Er liefert.

Nach einigen Tagen liefert er eine Null-acht. Mit Munition. Fünfzehn Flaschen.

Und wieder nach einigen Tagen quatscht mich der Waffenbulle an: ich kann doch Schnaps besorgen? Er hat da ein paar Sachen übrig: eine Maschinenpistole, drei Pistolen, ein Dutzend Marschkompässe und weiteres. Die Sache beginnt heiß zu werden. Andererseits bietet sich eine Gelegenheit, mein Defizit zu decken. Denn ins Geschäft gekommen bin ich praktisch nur mit dem Schönmüller, Chef und Spieß lassen sich weiterhin subventionieren. Und beide nicht mal direkt, sondern über den Schreibstubenunteroffizier. Sie selbst machen so was nicht. Sie saufen nur den Schnaps.

Der Waffenbulle packt mir ein schönes Paket, und ich verstaue es in der S-Bahn in dem Gepäcknetz gegenüber. Ich möchte nicht gern für den Besitzer gehalten werden. Zum Glück will der Waffenbulle nicht nur Schnaps, sonst hätte ich drei Koffer voll zu schleppen, sondern auch Zigaretten und Bargeld. Und weil es so gutgegangen ist, macht er gleich noch eine Sendung fertig, und dann eine dritte. Die dritte bringt er mit mir zusammen weg. Weil sie zu groß ist für mich alleine. Nachher lädt er mich ein, in eine Kneipe in der Friedrichstraße: ein Labyrinth von Kellerräumen, das Haus darüber ist ausgebrannt, man muß über den Hof gehen und dann eine Steintreppe runter.

Unten wimmelt es von Landsern und Wehrmachtshelferinnen, es stinkt nach Machorka und Urin und Einheitssuppe und Bier, einer spielt auf einem Akkordeon, in manchen Ecken liegen sie auf Bänken und Tischen und schnarchen, woanders liegen sie unterm Tisch und vögeln, irgendwo brennen ein paar trübe Glühbirnen, ein dikker Matrose schwingt eine Schnapsflasche und fragt dauernd, was der Laden kostet, einer verteilt aus dem Rucksack Zigaretten an alle, die um ihn rumstehen, einer erzählt von der Herbertstraße in Hamburg, und ein anderer findet die Puffs in Neapel viel besser, mein Waffenbulle kämpft sich durchs Gewühl, mich im Schlepp, steuert auf einen Ecktisch mit Damen zu. Die Damen sind Luftwaffenhelferinnen, drei schon ziemlich angeschickerte, die uns mit unfeinen Witzen empfangen und sich einen abkichern dabei, der Waffenbulle stellt sich als Egon vor und mich als Hugo, holt irgendwo blecherne Becher, gießt Schnaps ein, wir bechern einen, die Weiber kippen das Zeug runter wie Himbeersaft und fragen nach mehr, Egon sagt, es ist genug da, er hat fünf Flaschen dabei. Die machen sie leer, schreien die Weiber, ist sowieso alles Scheiße, morgen müssen sie weiter, jetzt wollen sie sich wenigstens mal besaufen und wollen noch mal was erleben, wer weiß, wie lange man noch kann, Egon verspricht, daß sie was Schönes erleben werden, nachher ist sowieso alles vorbei, ein kleiner Obergefreiter mit Bartstoppeln und Arm in der Schlinge setzt sich dazu und erzählt was von Jericho, finden wir lustig, Jericho ist irgendwie gut, der Obergefreite ist beleidigt, weil wir ihn nicht verstehen, eine findet ihn süß und will ihn abknutschen, greift ihm gleich vorne rein, er steht auf und macht eine Geste wie Adam der Zornige und rollt die Augen. Die Weiber prusten, Egon sagt: es ist genug da, sie sollen trinken. Er heißt Egon. Sie sollen Egon zu ihm sagen. Ich heiße Hugo. Die Weiber heißen auch irgendwie. Eine heißt Erika. Egon macht: bumm-bumm-bumm – Eehrika! Gießt Schnaps ein und sagt, sie sollen trinken. Es ist genug da. Sie haben recht, sollen sich ruhig besaufen. Alle haben recht. Sollen ruhig machen. Alles machen. Was sie wollen. Nachher ist es sowieso vorbei, haha, und bei Petrussen oben ärgert man sich dann, daß man eine Nummer versäumt hat. Haha. Alles Scheiße. Hoffentlich kommt Fliegeralarm.

Bei Fliegeralarm drehen sie hier das Licht aus. Erika findet, es sei so schon duster genug. Finden die andern auch. Kreischen, kichern, saufen, prusten, erzählen Witze, fummeln rum, glucksen.

Egon sitzt nicht richtig, muß sich zwischen sie setzen, allgemeiner Stellungswechsel. Erika will wissen, wo wir herkommen. Ich sage: aus Schanghai. Schafft sie, sie kommt aus Honolulu. Honolulu ist gut, findet Egon, Bauchtanz und so, soll sie mal machen. Ist aber kein Platz. Auf dem Tisch ist, sagt er, will abräumen, gibt aber gleich wieder auf, ist zuviel Arbeit. Die Weiber wollen wissen, wo wir hin müssen. Egon sagt: müssen gar nicht! Machen, was wir wollen! Scheiß auf den Krieg, für Krieg ist morgen noch Zeit, jetzt wird gesoffen wird jetzt und gefickt, die Weiber kreischen, eine fragt: wo denn? Na, hier! macht Egon. Oder traut ihr euch nicht? Guckt rum: wäre ja noch schöner, was ist denn das fürn Puff, wenn man hier nicht mal ficken kann? Wird gleich den Geschäftsführer rufen und sich beschweren. So ein Puff! Sie sollen noch einen trinken. Ist genug da. Er bezahlt alles. Er kauft den ganzen Puff auf. Haha! Er hält einen jungen Feldwebel an, der vorbeikommt, und fragt, was der Puff kostet. Der Feldwebel überlegt, ob er Vorgesetzten markieren soll, darf, kann, läßt es dann lieber. Der mit dem Akkordeon walzt vorbei und spielt Lili Marleen, gleich werden sie alle gefühlvoll und anlehnungsbedürftig. Erika findet, ich sei noch so jung. Sie ist aber auch erst dreiundzwanzig. Ob ich mit ihr sterben würde? Weiß nicht. Scharf drauf bin ich nicht, sage aber: ja ja, klar! Mache alles mit. Warum auch nicht? Eben! sagt sie. Findet sie knorke, daß ich alles mitmache. Egon ruft: einer soll mal die Birne von der Lampe rausschießen. Die Dicke neben ihm sagt, man kann sie auch rausdrehen. Ja, kann man. Aber dann kommt gleich einer angelaufen und denkt, es ist Sabotage, oder die Russen sind hier.

Bleib mir mit den Russen wech! schreit Egon, er setzt sich nach Westen ab, Westen ist immer gut, Frankreich und so, war er drei Jahre, hat drei Jahre die Stellung gehalten, Junge, und Weiber! Jede Menge! Er hat eine gehabt, also doll war die! Erzählt, wie doll sie war, findet manchmal, daß sie nicht doll genug war, kurbelt wieder zurück ein Stückchen und dreht dann die Szene noch mal, bis sie richtig doll hinkommt. Für einen Amateurfilmer hat er unheimlich was los.

Erika sagt, sie sollen nach Breslau, morgen früh mit dem Zug, oder mittag, sie wissen selber nicht genau, und dann sehen wir uns nicht mehr, aber ist auch besser so, finde ich auch, habe gar keine Lust, hier was anzufangen, immer wenn ich was anfange, kommt mir was dazwischen, kommt irgendso 'ne Vorsehung mit der großen Schere und schneidet es wieder ab, und dann flattert so 'n loses Ende da in der Gegend rum, mache ich nicht mehr. Habe ich auch recht, sagt sie, hat gar keinen Zweck alles, wo man heute hier ist und morgen da, und man weiß noch gar nicht, wie es mal ausgehen wird, oder man weiß es eigentlich doch schon, aber da darf man gar nicht dran denken, das beste ist, man denkt gar nicht dran und trinkt lieber noch einen, ich soll ihr die Bluse nicht aufmachen, so die Hand halten kann ich, aber nicht die Bluse ganz aufmachen hier drinnen, wo sind denn die anderen, fragt sie, die Vera und der Egon, sind mal raus, sagt die dritte, aber der Schnaps ist noch hier, trinken wir einen, ist genug da, noch drei Flaschen, was soll man sonst machen, besaufen ist immer noch das beste, ob wir auch rausgehen wollen, ich weiß gar nicht, wo es hier rausgeht, ob es überhaupt noch irgendwo rausgeht, Erika sagt, sie weiß auch nicht, müssen wir fragen, aber nachher finden wir nicht wieder zurück, auch egal, scheißegal alles, gehen wir mal raus und gucken, wo die anderen sind, die anderen sind nicht da, drüben steht so 'n Schuppen, da sind welche, ganze Menge sind da, man sieht es an den glimmenden Zigaretten, Strohsäcke liegen herum, sind aber alle besetzt, und es stinkt, und irgendwo quietschen welche, einer schreit, daß eine 'ne blöde Sau ist, wir gehen ein Stück weiter, da stehen Lastautos, ich finde eines, wo Säcke drauf liegen, da klettern wir rauf, hauen uns auf die Säcke, und sie sagt, morgen müssen sie weiter, ich bin noch so jung, vielleicht komme ich gar nicht mehr an die Front, sie müssen nach Breslau, ist ja egal, mach lieber, nein, ganz ausziehen nicht, geht ja auch so, ja, den Büstenhalter macht sie ab und die Hosen zieht sie aus, klar, sonst geht es ja nicht, scheint eine schöne Rammelei da draußen zu sein, in dem Schuppen, ob ich mich da geniert hätte, sie schon, ein bißchen, oder auch nicht, ist ja schon alles egal jetzt, man muß eben mitnehmen, was man kriegen kann, die Vera ist vorhin schon mit einem raus, bevor wir gekommen sind, die nimmt jeden mit, den sie kriegen kann, hat ja auch recht, was hat man denn sonst, au, sei nicht so grob, tust mir ja weh, nein, so nicht, ja, so ist besser, die Maria tut ihr leid, die dritte, die traut sich nicht richtig, dabei möchte sie auch gerne einen haben, aber die ist irgendwie romantisch und denkt immer gleich, man muß es aus Liebe machen, ist gar nicht nötig, kann man auch gar nicht, wo kommt man da hin, wenn man sich immer gleich verliebt, und nächste Woche ist man schon wieder woanders, ist auch so ganz schön, Hauptsache, einer macht es ein bißchen schön, dann ist das andere alles egal, jetzt kann ich aber allmählich fertig werden, sie war schon dreimal da, ist das der Schnaps, oder quasselt sie zuviel, wir können ja nachher noch mal …

Nachher pennen wir ein. Und wachen erst wieder auf, wie einer die Plane zurückschlägt, und es hell draußen ist.

«Na, nu ma runter!» schreit der draußen. «Der Puff ist geschlossen!»

Wir ziehen uns an und klettern runter. Es ist gleich neun.

Um sechs hätte ich in der Kaserne sein müssen.

Ganz schöne Scheiße.

Sie muß die anderen beiden suchen.

Ich gehe noch einmal mit runter in den Keller. Nachsehen, ob der Waffenbulle auch noch da ist. Unten ist schon wieder Betrieb, oder immer noch. Es stinkt noch genauso wie gestern abend. Der Waffenbulle ist nicht zu sehen. Die beiden Weiber auch nicht.

Ich frage, was sie machen will.

Sie weiß nicht, was sie machen soll.

Ich weiß auch nicht, was ich machen soll. Ich sollte bis um sechs in der Kaserne sein. Aber das ist vorbei.

Sie wird zur Bahnhofswache gehen und sagen, daß sie die anderen beiden heute nacht verloren hat. Dann müssen die ihr sagen, wie es weitergeht.

Na, schön! Mach's gut!

Und ich stehe da und überlege, ob ich nicht gleich hier bleibe und zu Aristoteles gehe. Jetzt kann es wirklich nur noch ein paar Wochen dauern. Habe ich heute nacht gemerkt, in diesem Keller, jetzt sehe ich, daß draußen ein Schild ist: Soldatenheim Friedrichstraße, und wenn dieses vorderorientalische Kintoppbordell ein Soldatenheim ist, dann geht es zu Ende, da ist von den Thermopylen und Sparta und Langemarck nichts mehr, nur die Kehrseite noch, der bemoderte Kiel nach oben gedreht, und an Stelle des hehren Jünglingstodes mit Stahlhelm, Schwert und Feigenblatt nur noch eine fanatische Massenorgelei und Gestank nach Urin und Gekotztem, gleich sackt das ab, schön wie im Kintopp, wenn so 'n Schlachtkreuzer sich langsam auf die Seite neigt und dann über Bug abrutscht, ganz schnell geht es auf einmal, und oben schwimmen bloß noch ein paar Trümmer eine Weile, möchte ich mir direkt mit ansehen, schade nur, daß wieder Tag ist, der Tag hält es wieder ein bißchen auf, sie sitzen bloß unten drin und grölen und klönen, erst abends im Dunkeln läuft es wieder über, schade, daß die Nacht so kurz ist, daß sie nicht ausreicht, alles zu überschwemmen, damit die Scheiße endlich auch in die guten Stuben dringt!

Ich werde mir das mit ansehen!

Nein, nicht jetzt gleich zu Aristoteles, hierbleiben, diesmal baue ich vor, damit mir nichts mehr passieren kann, hole mir noch eine Sendung Waffen aus Stahnsdorf, damit ich für acht Wochen zu leben habe, und eine Pistole für mich, ich habe noch eine im Spind, diesmal stecke ich mir eine in die Tasche und knalle jeden übern Haufen, der mir was will, diesmal kriegen sie mich nicht mehr, das ist jetzt aus, ich mache nicht mehr mit!

Unterwegs überlege ich mir eine Ausrede, weshalb ich vier Stunden zu spät komme. Finde keine. Und sehe aus, als ob sie mich im Schnaps gewälzt und dann mit Sägespänen paniert hätten. Müßte zusehen, daß ich Egon gleich sprechen kann. Der muß dann mit dem UvD reden. Und nachher muß er mir gleich noch eine Sendung fertig machen, und dann setze ich mich ab.

Egon kann aber keine Sendung mehr fertig machen. Weil er nicht da ist. Und mich empfängt Micky, der heute UvD macht. Ausgerechnet! Er springt gleich auf, wie er mich sieht, und tritt in Aktion. Geht richtig darin auf, rast zum Spieß und meldet, kommt in die Bude gefegt und sprudelt Befehle raus: sofort Stahlhelm auf, Koppel um, zum Rapport! Der Chef wartet schon. Es gibt eine größere Sache. Micky ist ganz aufgeregt. Er wird jetzt, ganz allein mit zwei Eierhandgranaten, Moskau im Handstreich nehmen.

Der Chef ist in einem Zustand von Bewußtseinsspaltung: von dem Auftrag für mich weiß er nichts mehr. Von Schnaps weiß er auch nichts. Ihn interessiert im Moment der Unteroffizier Matzke. Ob ich mit dem zusammen weg bin, gestern?

Ja, aber bloß bis Friedrichstraße.

Aha! Und dann?

Dann nichts. Dann wollte ich die Malsachen besorgen, aber unterwegs ist mir schlecht geworden – also, das heißt: ich habe Bekannte getroffen, die haben mich eingeladen, und da ist mir nachher schlecht geworden.

Das interessiert ihn jetzt nicht. Ihn interessiert der Unteroffizier Matzke. Ob ich mit dem Geschäfte gemacht habe.

Geschäfte? Mit dem? Nein! – Was für Geschäfte denn?

Das möchte er von mir wissen.

Aber ich mache doch gar keine Geschäfte! Wie denn? Womit denn?

Na, ist gut! UvD her! Spindkontrolle!

Micky macht: Jawohl, Herr Oberleutnant! und dann eine Kehrtwendung, und marschiert mit mir zur Bude, ich hoffe unterwegs noch, daß ihn vielleicht der Teufel oder die Vorsehung holt, aber wenn man die braucht, ist sie nicht da, oder umgekehrt: die hat mir den Micky geschickt, was will man von der Vorsehung auch anderes erwarten, wo die sowieso mit Adolf unter einer Decke steckt, da ist ihr alles zuzutrauen, bloß nicht, daß sie den

Micky jetzt in einen Mistkäfer verwandelt, damit ich ihn zertreten kann.

Und wenn sie mir doch hilft, so ganz gegen ihren Willen: in seinem blinden Eifer muß Micky natürlich selbst alles durchkramen und paßt nicht auf, was ich in der Zeit hinter seinem Rücken anstelle. Ich schiebe mein Geld bis auf fünfzig Mark bei Buchholz unter den Kopfkeil.

Er findet unterdessen die Pistole und dazu noch ein Fernglas. Richtig, das habe ich ja auch noch! War nicht abzusetzen.

Er hält mir Pistole und Fernglas hin und fragt: «Was ist denn das?»

«Eine Pistole, Modell P 38, und ein Fernglas, Herr Unteroffizier.»

«Werden Sie nicht noch frech!»

«Sie wollten es doch wissen.»

«Ich will wissen, wo Sie die her haben!»

«Wieso? Sind Sie hier Hausdetektiv?»

Er kneift das Glasauge zu, auf das er so stolz ist. «Mitkommen!»

Unterwegs überlege ich, was ich sagen soll. Egon ist anscheinend nicht wiedergekommen. Dabei fällt mir ein, daß er sich in der Nacht amüsiert hat, weil er die Schlüssel zur Waffenkammer mitgenommen hat und die anderen nun nicht rein können. So ein Idiot! Hätte er mir schließlich sagen können, daß er abhauen will! Dann wäre ich auch nicht mehr hergefahren.

Der Chef betrachtet Pistole und Fernglas, läßt die Nummern feststellen und fragt, ob sie aus der Waffenkammer stammen.

Ich weiß nicht. Ich habe sie gefunden. Lagen unten im Keller herum.

Ach?!

Der Spieß bestätigt, daß die Nummern in der Liste aufgeführt sind.

Soso. Und warum habe ich die Sachen nicht abgegeben?

Wollte ich. War aber niemand da. Und nachher habe ich es vergessen.

Aha. Na ja, das gibt einen Tatbericht. Ist mir doch klar, wie?

Ja, habe ich mir beinahe gedacht.

Ich werde vorläufig festgenommen und zur Wache gebracht. Von der Wache werde ich in eine Arrestzelle gesteckt. Außer einer Holzpritsche ist nichts drin. Ich haue mich hin und penne. Der Tatbericht interessiert mich kaum. Zumindest hat er Zeit. Läuft jetzt erst durch den Apparat, und wenn ich mich in vierzehn Tagen oder drei Wochen mal damit befasse, komme ich immer noch zurecht.

Abends ruft einer. Ich klettere auf die Pritsche und gucke raus. Buchholz will wissen, was los ist. Drüben in der Kompanie erzählen sie die dollsten Geschichten: ich hätte mit Matzke die ganze Waffenkammer verschoben, und den hätten sie gleich erschossen.

Ich sage: na ja, bei mir dauert es ein bißchen länger!

Er sagt: Micky, das Schwein! Ob ich was brauche.

Ja, Zigaretten!

Bringt er, wenn es dunkel ist. Jetzt kann er nicht so nahe an den Bau rangehen, daß er sie mir raufreichen kann. Sonst sehen sie ihn von der Wache aus.

Was ich meine, was mir passiert.

Keine Ahnung. Irgendwas zwischen drei Tagen Arrest und Todesstrafe. So genau weiß man das bei denen nie.

Todesstrafe glaubt er nicht.

Ich auch nicht. Schon deshalb, weil es zu lange dauert. Bis dahin sind die Russen hier.

«Glaubst du?»

«Nee – hoffe ick bloß.»

Er lacht. Ich soll's gut machen. Er kommt nachher noch mal.

Ich haue mich wieder auf die Pritsche. Freut mich, daß einer gekommen ist. Obwohl es mich auch beunruhigt. Möchte auf einmal wieder raus. Vorher ist es mir schnuppe gewesen. Aber kaum kommt einer, von draußen, will man wieder raus.

Scheiße, ich hätte mir die Erika schnappen sollen, heute nacht, und mit der abhauen. Wenn ich sie ein bißchen bearbeitet hätte, wäre sie mitgegangen. Aber ich habe mich nicht dranhängen wollen. Weil ich schon gewußt habe, daß wieder was dazwischenkommt. Ist ja nun auch gekommen. Aber wenn ich mit der weggegangen wäre, dann wäre es eben nicht gekommen. Müßte man vorher riechen können!

Buchholz bringt die Zigaretten. Und einen Hunderter. Wenn ich mal irgendwo flitzen kann, ist ein Hunderter immer gut.

Buchholz fragt, was ich noch brauche. Er wird mich morgen wieder besuchen.

Ich kriege sogar noch mehr Besuch: ein Unteroffizier kommt und fragt, ob ich das Schild für den Chef schon gemalt hätte. Er fragt sehr freundlich und bietet mir eine Zigarette an. Er empfindet sich in keiner Weise als unverschämt.

Ich sage: nein, das Schild für den Chef habe ich noch nicht gemalt.

Ob ich es nicht hier malen kann?

Hier? Wo?

Na, in der Zelle. Das geht doch.

Mir bleibt die Spucke weg. Ich brauche eine ganze Weile, um auf die Ebene zu kommen, von der ich mit gleicher Unverfrorenheit antworten kann. Ich sage: nein, das geht hier nicht.

Wieso nicht?

Weil ich keine Blumen in der Zelle habe, verstehen Sie? Ich bin nämlich ein großer Künstler, verstehen Sie? Und als großer Künstler brauche ich das: immer Blumen um mich herum. Am besten Orchideen. Vielleicht kann der Chef welche besorgen.

Der Unteroffizier lacht. Denkt, ich habe einen Witz gemacht. Aber nun soll ich doch mal vernünftig sein. Ich bin doch sonst ein ganz vernünftiger Mensch, und so was kann jedem mal passieren, deswegen braucht einer nicht gleich ein schlechter Mensch zu sein, aber auch nicht bockig, das geht ja alles vorbei, und er wird ein gutes Wort einlegen, und der Chef wird auch ein gutes Wort einlegen und der Spieß auch, alle werden sie gute Wörter einlegen, aber andererseits muß der Chef ja auch durchgreifen, Pflicht tun, muß ich einsehen, macht ja keiner aus bösem Willen, ich auch nicht, freilich, sagt auch keiner, ich bin da so reingeschlittert, aber da muß ich nun doch vernünftig sein und darf mir nicht gleich alles verscherzen, sonst verscherze ich mir ja alles, das wäre sehr unvernünftig, wo sie es alle so gut mit mir meinen, doch, das haben sie selber gesagt, alle, und er wird mich tagsüber rausholen, weil auf die neuen Fahrzeuge noch die taktischen Zeichen draufgemalt werden müssen, das kann ich doch machen, und nicht den Chef jetzt noch vor den Kopf stoßen, wo der Oberleutnant ist und Ritterkreuzträger und alles, und das macht man doch nicht, richtig trotzig ist das irgendwie und ganz unvernünftig von mir, wo sie es alle so gut meinen.

Ich glaube allmählich, die wollen mich gar nicht mal zum Narren halten. Da stelle ich mich drauf ein, sage dem Unteroffizier: er soll mich morgen abholen, taktische Zeichen auf die Autos malen, dann werde ich mal sehen, was sich mit dem Schild für den Chef machen läßt.

Am nächsten Morgen holt er mich. Zuerst gehen wir in die Kantine, trinken ein Bier, ich kaufe mir bei dem Büfettmädchen eine Packung Zigaretten schwarz und frage, ob sie Schnaps besorgen kann. Soll sie Buchholz heute abend für mich geben. Dann gehen wir gemütlich zu den Fahrzeughallen rüber, ich setze mich in einen Spähwagen, lasse den Motor laufen, damit es schön warm wird, und drehe das Radio an. Der Unteroffizier sagt, ich solle es nicht zu laut drehen, sei nämlich verboten: über Funkgerät Radio hören, und setzt sich in eine Ecke und beginnt, in einem Schmöker zu lesen. Bis nachmittag um vier male ich ein taktisches Zeichen an ein Fahrzeug. Er sagt: das macht nichts, wir haben Zeit genug, Hauptsache, es wird recht schön. Ja, das finde ich auch. Wenn der Krieg schon verloren ist, sollen wenigstens die taktischen Zeichen recht schön aussehen. Nachdem der Unteroffizier ein bißchen warm geworden ist und einen Schnaps mit mir getrunken hat, gehe ich an das Schild für den Chef. Das kann ich natürlich nicht in der Fahrzeughalle malen. Er überlegt. Wir können hinten in die Werkstatt gehen, da ist so 'n leeres Büro, können wir uns reinsetzen.

Na, siehste! so habe ich mir das gleich gedacht.

Die taktischen Zeichen verlieren nunmehr an Interesse für ihn. In dem Büro sitzt es sich wesentlich angenehmer. Vor allem kommt niemand hin, und wir brauchen nicht aufzupassen. Er wird nunmehr als Akquisiteur tätig und besorgt eifrig Aufträge für Schilder, außerdem bringt er sein Schachspiel mit. Ab und zu über Mittag kommt Buchholz mal vorbei, dann tut der Unteroffizier so, als ob wir gerade Pause machen, und setzt sich vom Tisch weg, an dem mit mir zusammen zu sitzen ihm seine Unteroffiziersehre strikte verbietet. Manchmal kommt er mir vor wie ein Mensch. Doch das beruht auf einer optischen Täuschung: er möchte nur den feinen Druckposten behalten und nicht auffallen. Und da, ob er auffällt, auch von mir und meiner guten Laune abhängt, sucht er mich bei möglichst guter zu halten. Er ist nur pfiffig und weiter nichts. Wenn er morgen den Befehl bekäme, mich zu erschießen, würde er auch nicht nein sagen. Es würde ihm allenfalls um den schönen Posten leid tun.

Immerhin wird er zutraulich, und das ist günstig, weil er mich drei Wochen später zum Gericht bringen muß. Wenn es schlimm wird, steige ich auf der Rückfahrt aus. Habe mir von Buchholz schon drei Scheine geben lassen und nehme noch eine halbe Flasche Schnaps mit. Mehr geht nicht, sonst fällt es auf.

Die Gerichtsverhandlung ist ziemlich überflüssig. Sie fragen mir meine Personalien und meine Vorstrafen ab und stellen bekümmert fest, daß es mit mir schlimm enden werde, daß ich die Sachen gefunden habe, glauben sie nicht, folglich habe ich sie gestohlen, und das ist militärischer Diebstahl, wobei sie noch einmal annehmen wollen, das Motiv sei meine Liebe zu Waffen gewesen, was im militärjuristischen Sinne beinahe für mich sprechen könnte, aber ein Jahr müssen sie mir geben, doch das wandeln sie gleich um in vier Wochen Arrest und Frontbewährung, die dreieinhalb Wochen Haft werden angerechnet, also komme ich in drei Tagen wieder raus, damit ich noch zum Endsieg zurechtkomme, denn es ist ziemlich spät geworden, wir haben inzwischen Januar.

1945.

Nach drei Tagen komme ich raus und werde sogleich zur Marschkompanie versetzt. Die Marschkompanie liegt in Baracken außerhalb der Kaserne, über einen Kilometer weg, zwischen Wald und Wiesen. Buchholz ist auch da, der letzte von unserer Bude, die anderen sind schon vor vierzehn Tagen zur Front abgestellt worden, zur Infanterie, Panzervernichtungstrupp.

«Große Scheiße», findet Buchholz. «Die gehen alle drauf. Du weißt gar nicht, was du fürn Glück gehabt hast, daß du eingesperrt warst! Sonst wärst du auch dabei.»

«Und warum bist du nicht?»

Er grinst. «Hatte noch fünfmal Scheißhausreinigen gut, vom Spieß aus, als die anderen abgestellt wurden. Und weil das Scheißhausreinigen ihm wichtiger war, hat er mich einfach nicht mit abstellen lassen. Feiner Mann, nicht?»

«Finde ich auch.»

«Aber der erst, den wir jetzt haben! Dolle Nummer! Mußte dir angucken! War drei Monate in Torgau, wegen Schiebungen, und jetzt hat er Frontbewährung.»

«Komplize demnach. Haben sie ihn nicht degradiert?»

«Nee. Bis drei Monate brauchen sie ja nicht. Aber ist dufte, der Mann. Darfst ihm bloß nischt auf den Tisch legen. Zigaretten oder so. Mußte nebenbei in den Papierkorb schmeißen.»

«Und was springt dabei raus?»

«Urlaubsschein natürlich. Ich fahre jeden Tag. Haue mittags ab, nächsten Morgen komm ich mal gucken, ob sie noch da sind, dann penne ich mich aus, und mittags ziehe ich wieder los.»

«Und Dienst?»

«Ist nicht.» Er zeigt mir die Bude: ganz hinten in der Baracke, nur vier Einzelbetten drin, Schlüssel hat er einstecken. «Urjemütlich hier. Bloß manchmal Appell. Da mußte da sein. Weil er nach außen hin einen auf scharf macht. Aber wenn du ihn einlädst, kommt er mit auf die Bude, saufen und Siebzehn-und-Vier spielen.»

Er hilft mir mein Bett bauen, räumt mir den Spind ein, besorgt Essen und nachher den Urlaubsschein für mich mit, borgt mir eine schwarze Uniform, die er hintenrum organisiert hat, denn von der Kammer werden nur noch gewöhnliche graue Infanterieklamotten ausgegeben, und ich komme nicht ganz klar, weshalb er sich so um mich bemüht. Immerhin: andere haben auch Zigaretten bei mir abgestaubt, aber gar nicht daran gedacht, sich um mich zu kümmern.

Unterwegs in der S-Bahn erzählt er mir einige Stückchen von Micky, dann fragt er mich, ob wir abhauen wollen.

«Wie kommst du denn darauf?»

«Weeß nich. Bin so in der Stimmung dazu.»

«Ich auch. Aber heute nicht. Ich muß erst mal wieder zu mir kommen.»

«Wo gehen wir denn hin?»

«Mir egal. Wohin willst du?»

Ihm ist es auch egal. Er macht alles mit. Und dann erzählt er, was er alles mitmachen würde.

Ich stelle fest: Oberschüler Rolf Buchholz, Sohn von Professor Doktor Buchholz, ist unter die Asozialen gegangen. Mickys Werk: der hat ihn überzeugt, daß Oberschüler Abschaum sind. Und verkommen. Parasiten. Lebensunwert. Querulanten. Tangobubis. Drohnen. Entartet. Poussierstengel, Lustknaben und sonst noch einiges aus dem Genre. Und so gebärdet Buchholz sich nun.

Wir landen in dem Soldatenheim am Bahnhof Friedrichstraße, wo der Film neulich gerissen ist. Es ist inzwischen noch ein bißchen mehr abgesackt. In der Nacht gibt es Alarm: alles dunkel, alles brüllt und quietscht und jubelt, draußen knallt es, erst Flak, nachher Bomben, in einer Ecke singen welche, vierstimmig, gegen das Krachen, Weiber kreischen, eine schreit, sie sollen sie loslassen, einer schreit: Zigaretten aus! welche lachen, die Wände wackeln, einer schreit: scheißegal, wie man verreckt, dann lieber auf einer Alten, nachher gibt's eine Prügelei, sie schlagen sich die Nasen blutig, Feldgendarmerie kommt, welche pfeifen, welche johlen, eine Alte sucht ihren Rock, hat ihr einer ausgezogen und mitgenommen, die anderen jubeln, es stinkt, knallt, bebt, in der Nähe orgelt ein ganz schwerer Koffer runter, ein Tisch kippt um, auf einen drauf, der schreit, Flaschen kollern, an einem Durchgang entsteht ein furchtbares Geschiebe, ich kriege meine Hand irgendwo an nacktes Fleisch, auf der anderen Seite bufft mich einer, eine schreit, sie will nicht mehr leben, draußen rumst es wieder, wir gehen trotzdem, lieber draußen krepieren als mit diesem Müllkahn hier absakken!

Wir gehen die Friedrichstraße runter in Richtung Linden. Über der Stadt hängt roter Feuerschein. Räumkommandos auf Lastwagen kommen angefahren. In der Wilhelmstraße vor der Reichskanzlei stehen zwei Posten, SS-Männer mit Stahlhelm und geschultertem Gewehr. Stehen da wie seit zehn Jahren. Anscheinend hat die einer vergessen. Und allein können sie nicht laufen. Muß erst einer dran drehen. Ulkige Vorstellung.

Buchholz fängt auf einmal an zu pfeifen. Saint-Louis-Blues. Mit viel Synkopen und ganz langgezogen. Kann gut pfeifen.

Er lacht. Ja, seine Mama hat immer gesagt, er werde mal ein großer Pianist werden. Auch ulkig, was? Ob mir nichts einfällt, was man hierzu spielen könnte. Hierzu: macht eine Geste, so um die halbe Stadt herum. Zu den Trümmern und zur Feuersbrunst.

«Goody-Goody vielleicht», sage ich.

Er lacht. «Nee! Dann lieber einen Rag-time! Und nachher wieder 'n Übergang zum Blues. Flügel da oben drauf stellen!» Er zeigt auf eine Ecke der Reichskanzlei. «Und dann anstrahlen, Zigarette in der Schnauze, so runterhängen, und dann einen ganz müden Blues. Müßte ulkig aussehen, nicht?»

Am Potsdamer Platz will uns einer anhalten. Hat einen Luftschutzstahlhelm auf und sagt, er ist bevollmächtigt.

Buchholz hält sich die Hand ans Ohr und macht: «Hä? Wat will der?»

Der Luftschutzbevollmächtigte wird dienstlich.

Buchholz schiebt ihn mit der Hand beiseite und sagt: «Verdufte!»

Der Bevollmächtigte nestelt am Koppel herum.

Buchholz sagt: «Laß das Ding stecken. Sonst knallt's! Ich bin nämlich schneller als du. Hab 'ne V-zwei im Ärmel!»

Der Bevollmächtigte glaubt es nicht und muß handgreiflich überzeugt werden. Dabei fällt er um.

Buchholz nimmt ihm die Pistole ab, steckt sie ein und sagt: «Komm, laß ihn liegen! Kann er mal ausschlafen!»

Ich gucke ihn groß an.

Er lacht. «Wat kieckstens? Hat mir Micky beigebracht. Früher habe ich mir mal eingebildet, daß man mit den Leuten höflich reden muß. Ist Quatsch. Verstehen die nicht. Verstehen bloß rechten Haken. Komm weiter!»

Wir gehen zum Bahnhof.

Im Zug sagt er: «Schade, daß wir uns nicht früher mal getroffen haben. Das heißt: nee! Wäre ja Quatsch gewesen. Da habe ich Micky noch nicht gekannt.» Er lacht wieder. «Weißte, was ich mir eben gedacht habe? Ob der Micky nicht 'ne Geheimwaffe von Olle Stalin ist.» Findet er sehr ulkig, kann sich gar nicht mehr beruhigen.

Nachher fängt er wieder an zu pfeifen: Bei mir bist du schön! trommelt auf der Bank herum, einer weiter vorn steckt den Kopf vor und guckt zu uns rüber, Buchholz ruft: «Nimm den Pickel weg! Sonst schieß ich ihn dir ab!» Der andere zieht schnell den Kopf zurück und steigt an der nächsten Station aus. Buchholz freut sich. Singt jetzt: Schönes Wetter heute und so nette Leute! Fragt mich, ob wir nicht noch was anstellen können.

«Was denn? Jetzt sind wir gleich in Stahnsdorf.»

«Panzer klauen! Und dann durch die Stadt fahren und rumknallen! Oder ein paar Luftschutzwarte plattwalzen. Können sie dann als Sondermarken rausbringen.» Die Vorstellung erheitert ihn sehr.

In Stahnsdorf draußen hängen wir Gartentüren aus, bis wir zu unseren Baracken kommen. In der Baracke rennt er durch alle Buden und fragt, ob noch jemand Schnaps zu verkaufen hat. Hat aber keiner. Sind alle arme brave Schweine, die so was nicht machen. Nachher will er den Spieß wecken und ihm die Schulterklappen wegnehmen. Dann ist der degradiert.

Er schmeißt sich aufs Bett, und auf einmal pennt er. Ich nehme ihm die Zigarette aus der Hand und drehe das Licht aus. Er fängt an, ein bißchen zu schnaufen, und stöhnt leise im Schlaf. Schade drum. Hätte mal ein großer Pianist werden sollen. Jetzt kann er Staatsanwalt werden. Wenn die Russen da sind.

Am nächsten Morgen, beim Appell, kippe ich um.

Nachher liege ich in der Koje, und der Spieß steht davor und beguckt mich. Buchholz steht daneben und sagt: «Frag doch nicht so dämlich! Meinste, der ist zur Kur gewesen?»

Der Spieß ist gekränkt. Buchholz soll mal vernünftig sein.

«Wozu denn? Um mich einwickeln zu lassen?»

«Über mich kann sich doch wirklich keiner beschweren.»

«Doch. Kieckste, wat? Hast ooch Pickel uff der Schulter.»

«Kann mich doch nicht selber degradieren jetzt!»

Er sollte doch Staatsanwalt werden. Wäre besser als Pianist. Pianisten ändern nichts.

Der Spieß merkt, daß ich wach bin, und fragt, wie ich mich fühle; er war auch im Knast, drei Monate Torgau.

Buchholz sagt, er soll sich nicht anschmieren. Soll lieber die Urlaubsscheine bringen. Und was Anständiges zu essen. Der Spieß nickt. Wird den Arzt anrufen, dann kriege ich mittags Wunschkost.

Ich kriege dienstfrei und einen Urlaubsschein. Brauche nur morgens zu kommen und mich zu melden. Weil jeden Tag mit dem Marschbefehl zu rechnen ist. Wenn ich Essenzulage brauche, soll ich es sagen.

«Wir kriegen überhaupt keinen Marschbefehl mehr», sagt Buchholz nachher. «Wenn Spieße menschlich werden, ist der Krieg aus.» Immerhin würde er ihm mildernde Umstände zubilligen, glaube ich.

Nach dem Essen fahren wir wieder in die Stadt. Gehen in die Kantstraße diesmal, in eine Kellerkneipe, die für Wehrmacht verboten ist. Stört uns nicht. Im Gegenteil: weil die Kneipe verboten ist, gehen wir ja hin. Neben der Theke steht ein verstimmtes Klavier. Buchholz spielt. So wie er gestern auf der Reichskanzlei wollte: Zigarette im Mundwinkel und ganz müden Blues. In einer Ecke klatschen welche. Die Kneipe ist noch ziemlich leer. Der Betrieb fängt erst später an. Ein paar Mädchen sitzen herum und auch ein paar Jungens, hauptsächlich Mädchen.

Der Wirt findet, Buchholz sei eine Wucht.

Buchholz steht nicht auf Honig. Will lieber einen Schnaps.

Wir kriegen jeder einen Schnaps.

Der Wirt kriegt einen Kreislaufkollaps: Buchholz spielt jetzt den Yankee-Doodle, anschließend die Internationale.

Der Wirt kommt angerannt und reißt ihm die Hand von den Tasten: «Hör uff, Mensch! Biste denn varickt? Wenn det eener heert, hängen se uns alle uff. So nervös, wie die jetzt sind – da beißen se.»

Buchholz fragt, ob er das Horst-Wessel-Lied darf. Und das Deutschlandlied.

Das darf er. Aber das findet der Wirt nicht sehr originell. Bevor Buchholz spielt. Nachdem er angefangen hat zu spielen, findet der Wirt es wiederum zu originell: so was zu verjazzen! Ist ja beinahe noch schlimmer als die Internationale.

Buchholz freut sich. Aber wir gehen trotzdem. Kommen später noch mal. Wenn was los ist. Fragen den Wirt, ob er Schnaps verkaufen kann, ganze Flasche. Sonst bringen wir uns welchen mit. Er hat welchen. Hundert Eier die Pulle. Gut, soll er eine kaltstellen.

Wir gehen zum Kudamm und pflaumen die Leute an. Die sind nicht aufgelegt für solche Scherze, und wir segeln immer haarscharf am Rande einer Prügelei vorbei. Buchholz schaut sich ausgebrannte Häuser an. Findet er schön. Hoffentlich machen sie den Rest auch noch. Bis nichts mehr übrig ist. Buchholz hält eine elegante Dame mittleren Alters an und fragt, ob sie an den Führer glaube.

Die Dame stottert verwirrt: «Ja ja, natürlich!»

Er fragt weiter, ob sie glaubt, daß die Russen alle Weiber vergewaltigen.

Die Dame sagt: «Ja ja, natürlich! Da werden ja schreckliche Dinge erzählt.»

Buchholz fragt, ob sie sich freue.

Die Dame weiß nicht, was er meint.

Buchholz: na, ob sie sich freut, daß sie bald was Schönes erleben wird.

Die Dame erblaßt und weiß nun gar nichts mehr.

Buchholz wünscht ihr viel Vergnügen.

Ich finde, die Witze rentieren sich nicht.

Er nickt. Außerdem hat es keinen Zweck: er sucht Streit, und niemand will streiten.

In der Kneipe wird es nachher auch langweilig. Die klatschen alle bloß, wenn er spielt: Für Klatschen spielt er nicht.

Wir versacken irgendwo die Nacht mit zwei Weibern, fahren morgens raus nach Stahnsdorf und mittags wieder rein, und es geht so ähnlich wie gestern.

Am dritten Tag sind wir beinahe froh, daß es losgeht. Wir kommen gerade zurecht, wie der Spieß die Besatzungen für die einzelnen Panzer einteilt. Buchholz soll in meinen Zug, aber in einen anderen Wagen. Ändert er gleich. Kommt in meinen Wagen als Rückwärtsfahrer, ich Schütze, Vorwärtsfahrer ist ein alter Obergefreiter, Kommandant der Zugführer, frisch ausgebrüteter Leutnant. Der Leutnant möchte gern das Kommando übernehmen, aber Buchholz sagt, er macht das schon. Wir ziehen los, Waffen empfangen, Gerät empfangen, Munition empfangen, Verpflegung empfangen, Schnaps und Zigaretten empfangen. Buchholz droht überall, wo es sich lohnt, mit dem Spieß. Danach klappt alles.

Abends werden wir verladen, am Bahnhof Wannsee, am nächsten Morgen kriegen wir eine Lok, mittags fahren wir los, Richtung Innenstadt. Angeblich geht es nach Osten. Die Russen stehen schon vor Frankfurt an der Oder. Irgendwo bei Lichterfelde hält der Zug wieder. Eine Stunde später fahren wir zurück, dann wieder vor. Müssen offenbar eine andere Strecke benutzen. Am nächsten Morgen sind wir in Tempelhof.

Einer findet: «Wenn ick jeloofen wäre, wäre ick schon jestern anjekommen.»

Ein anderer sagt: «Vastehste nich. Is 'ne Springprozession. Machen se wejn 'n Lieben Jott: damit der Olle Jesus runterschickt. Mit Jeheimwaffen.»

Mittags kommt ein Fliegerangriff, und die Lok dampft hastig davon. Muß in ihren Luftschutzkeller. Nach dem Angriff kommt sie nicht mehr. Der Spieß läßt Schnaps ausgeben. Am Bahndamm kommen zwei Mädchen vorbei, vier Mann stürzen runter und wollen sie mitnehmen. Sie sagen, sie gehen noch in die Schule. Macht nichts, sagt einer, wird alles mitgenommen. Der Leutnant wetzt runter und spielt Autorität. Was beinahe ins Auge geht. Der Spieß muß eingreifen und den Leutnant retten. Die Mädchen bedanken sich schön. Der Leutnant sitzt pikiert bei uns auf dem Turm und möchte gern einen Tatbericht schreiben. Buchholz redet ihm solche Torheiten aus. Der Leutnant fragt, ob er dann nicht seine Autorität verliere.

Buchholz sagt: «Sie ham doch jah keene!»

Das verwundet den Leutnant tief. Er hält Buchholz nunmehr für einen Anarchisten.

Abends kommt wieder eine Lok. Sie kuppelt aber nur an. Fahren tut sie nicht. Erst in der Nacht geht es wieder ein Stück weiter. Morgens stehen wir bei Ostkreuz und erleben den nächsten Fliegerangriff. Allmählich wird die Sache lustig, und es werden Wetten abgeschlossen: an welcher Stelle wir mit den Russen zusammentreffen.

«Gar nicht», sagt einer. «Wenn die sehen, was hier los ist, denken sie, es ist ein Irrenhaus, und hauen ab.»

Zwei Tage später sind wir doch in Frankfurt, werden auf dem Güterbahnhof ausgeladen, fahren durch die Stadt bis zu einem Villenviertel, dort wird Quartier gemacht. Das bereitet keine große Mühe: die Häuser stehen, bis auf zwei oder drei, allesamt leer. Bei manchen stehen sogar die Türen sperrangelweit offen, in manchen ist noch der Tisch gedeckt.

Buchholz nimmt eine halbe Wurst, die auf dem Küchentisch liegt, beißt rein und findet: «Die müssen es ganz schön eilig gehabt haben.»

Der Leutnant ist im oberen Stockwerk gewesen, kommt zurück und fragt Buchholz, ob wir in dem Haus bleiben wollen.

Buchholz hätte lieber eines mit Familienanschluß. «Kann so schlecht schlafen – alleine.»

Der Leutnant findet, das geht aber nicht.

Buchholz verzieht den Mund und macht: «Knietschke.»

Der Leutnant erkundigt sich, was das heißen soll.

Buchholz: «So hieß 'n Pauker von uns. Bei dem ging ooch nie was.»

Der Leutnant versucht wiederum, Autorität zu spielen. Was wiederum mißlingt. Daraufhin dampft er ab. Zum Kompaniegefechtsstand. Der ist mit Familienanschluß.

Unser Obergefreiter kommt. Hat ein Haus entdeckt, wo noch das Dienstmädchen da ist. «Die kann uns wenigstens was kochen», verheißt er.

«Daß ihr immer ans Fressen denken müßt!» mault Buchholz.

«Zu saufen ist auch da. Ganzer Keller voll.»

«Hörst sich schon besser an.»

«Und ein großes Radio. Kriegt man alles drauf.»

«Von mir aus. Gehen wir!»

Wir ziehen ein. Buchholz will sich einen Witz machen und dem Leutnant die Mädchenkammer anweisen. Der versteht es miß, weil das Mädchen noch drin ist, und wehrt geschmeichelt ab.

«Schlafzimmer kriegen Sie aber auch nicht», bestimmt Buchholz. «Brauchen wir. Wegen Orgien und so.»

Der Leutnant bittet inständigst, wir möchten bitte so gut sein und ihm keine Scherereien machen.

Buchholz sagt: «Nee, nee, brauchen Sie keine Angst zu haben. Alimente zahlen wir selber.»

Der Leutnant gibt zu bedenken, daß wir doch immerhin im Krieg seien.

Buchholz macht wieder: «Knietschke!»

Der Leutnant fragt wieder, was das heißen soll.

Buchholz betrachtet den Leutnant einen Moment: «Sagen Sie mal, Sie sind doch unser Jahrgang?»

«Fünfundzwanzig.»

«Also fast.» Er schüttelt den Kopf. «Ulkig.»

«Was ist ulkig?»

«Daß eener mit zwanzig schon senil ist.»

Der Leutnant verbittet sich Frechheiten.

Am nächsten Morgen ist er wieder sehr nett und liebebedürftig: wir werden um drei Uhr geweckt, sollen sofort zum Korpskommando kommen, Spähtrupp fahren. Wir fahren zum Korpskommando, und ich merke, daß wir auf einmal zur SS gehören. Zu einem SS-Gebirgsjäger-Korps.

Das Korpskommando liegt im Hotel Prinz von Preußen. Da liegt es richtig. Es liegt in tiefem Schlaf. In der Halle steht ein Posten. Maschinenpistole quer vor der Brust, und will uns nicht einlassen.

Schließlich werden wir zu einem Sturmbannführer geführt, der im Bett liegt und schläft und uns rausschmeißen will. Vor allem mich. Ein Nichtführer hat einen Führer nicht im Bett liegen zu sehen. Ich gehe raus, der Leutnant bleibt drin und entschuldigt sich. Nachher kommt er mit einem Zettel, der ein Befehl sein soll.

Wir fahren los, irgendwo aus der Stadt raus, es fängt langsam an zu bummern und zu knattern, irgendwo muß hier der Krieg stattfinden. Ich frage, was wir hier sollen. Der Leutnant versteht nicht. Wir haben doch einen Befehl. Was für einen Befehl, kann er selber nicht genau erklären. Wir sollen irgendwohin fahren, irgendwas feststellen und dann melden. Ich frage: was? Was sollen wir feststellen? Das ist geheim.

Wir fahren eine Weile, bis der Obergefreite durch Sprechfunk ruft, vorne seien russische Panzer. Der Leutnant kann keine sehen und fragt, ob das ganz sicher sei. Es ist ganz sicher. Neben uns knallt es schon. Der Obergefreite schaltet auf Rückwärtsfahrer um, und wir rauschen zurück. Im nächsten Dorf wird gehalten, der

Leutnant steigt auf den Funkwagen um und meldet, dann fahren wir nach Hause, tanken und nehmen neue Verpflegung auf, anschließend ist Feierabend. Wir gucken uns ein bißchen blöd an: war das alles?

«Wartet man ab!» sagt der Obergefreite. «Das kommt noch.»

Vier Tage später kommt es: eingeschlossenen Regimentsstab aus einem Kessel rausholen.

«Warum bloß den Stab?» fragt Buchholz. «Die anderen können wohl verrecken?»

«Wir können ja nur ein paar Mann in die Wagen nehmen», sagt der Leutnant.

«Warum dann nicht Verwundete?»

Der Leutnant schüttelt den Kopf. Solche Fragen liebt er nicht.

Wir fahren wieder irgendwo raus, irgendwo durch Wald, kommen raus aus dem Wald, vorn liegt ein Dorf, der Obergefreite will mit hundert durchrauschen, der Leutnant weiß es besser: wir sollen lieber langsam ranfahren. Man weiß nicht, ob hier schon Russen sind. Der Obergefreite sagt, deswegen will er schnell durchrauschen, der Leutnant fragt den Kommandanten des zweiten Wagens um Rat, bis der Rat kommt, brauchen wir ihn nicht mehr: es gibt einen Knall, unser Turm fliegt hoch, ich sitze unten drin, in der Wanne, der Obergefreite schmeißt auf Rückwärtsfahrer um und schreit, Buchholz soll abrauschen, Buchholz rauscht nicht ab, der Obergefreite schaltet wieder auf Vorwärtsfahrer und rast mit Rückwärtsgang los, draußen prasselt MG-Feuer an die Panzerung, ich kriege die rechte Hand nicht vom Abzug weg, der Arm zuckt, der Leutnant fragt, ob mir was fehlt, ob er was machen soll, ich sage, er soll mir die Hand losmachen, ich kriege die Wut und mit der Wut noch was, was ganz Komisches: möchte auf einmal schießen, frage, weshalb wir zurückfahren, ich will jetzt schießen, den ganzen Krieg alleine gewinnen, verflucht noch mal, durchrauschen bis zum Ural, wir fahren in der ganz falschen Richtung, zum Hauptverbandsplatz fahren wir, da laden sie mich aus, und Buchholz laden sie auch aus, schleppen mich rein, ihn schleppen sie nicht rein, hat einen Splitter abgekriegt, und der hat ihm genügt, ganz winziger Splitter, und mir wird schwarz vor Augen.

Ich wache in einem Bett auf, in einem Bett zwischen zehn oder zwölf anderen, an einer Wand hängt eine Schultafel, eine Schwester fragt, ob ich wieder da bin. Ja, so halb. Mein Arm liegt in Gips auf einem blödsinnigen Gestell, kann mich nicht bewegen. Die Schwester streichelt meinen Kopf und hängt mir ein Lächeln als Plakette an, will mich in Micky verwandeln, in einen Bewährten, ich falle beinahe drauf rein und sehe mich schon von den Oberlehrern besungen, als Bewährter, und davon wird mir gleich wieder schwarz vor Augen.

Wir werden am nächsten Morgen verladen, in einen Zug aus zwei Dutzend Viehwaggons, in die sie ein bißchen Stroh geschmissen haben. Irgendein Hochstapler mit dicken Schulterstücken spricht von Lazarettzug. Marschverpflegung wird ausgegeben: eine halbe Leberwurst, bestehend aus Mehl, Wasser und Pfeffer, ein Stück Brot und ein Klecks Margarine. Dazu die tröstliche Versicherung, abends bekämen wir im Heimatlazarett warmes Essen. Ebenfalls glatte Hochstapelei. Abends stehen wir auf einem Abstellgleis in der Nähe von Cottbus, am nächsten Abend wieder irgendwo anders und am übernächsten halten wir irgendwo zwischen Wald und Wiese, stehen wieder, fahren zurück, fahren wieder herum und wieder vor, stehen, werden rangiert, fahren wieder, quer durch Europa anscheinend, sehen kann man es nicht, denn sie haben die Türen verrammelt, und wir halten immer irgendwo auf freier Strecke, vielleicht fahren wir so lange, bis der Krieg aus ist, bis kein Platz mehr ist zum Fahren, weil Deutschland bloß noch aus einem Schrebergarten besteht, haha, fällt mir der Witz ein, den wir bei Fackelberg erzählt haben: Kommt einer nach dem Krieg und fragt einen anderen: was machst du denn heute? sagt der andere: wandere mal quer durch Deutschland, und der erste: ja, und nachmittag? haha!

Nach acht Tagen werden wir in Erlangen ausgeladen, in eine Schule gebracht, die sich Lazarett nennt, weil in den Klassenzimmern Betten stehen. Drei Dutzend BDM-Mädchen spielen Schwestern, ein alter Opa stellt sich als Professor für Kiefernchirurgie vor und kann uns leider nicht helfen. Besorgt aber Zigaretten und sitzt bis nachts an den Betten, um sich, wenn er schon nichts tun kann, wenigstens nicht zu drücken. Ein Verdienstkreuz ist ihm, soweit bekannt, nicht verliehen worden.

Nach drei Tagen treiben sie irgendwo einen Studenten auf, der, so unversehens zum Chefarzt eines Lazaretts avenciert, total überschnappt, ich spiele mit einem Feldwebel und einem Obergefreiten Groschenskat und Siebzehn-und-Vier, tagsüber zwischen zwei Betten, nachts im Luftschutzkeller, denn es gibt dauernd Alarm.

Zwanzig Mann werden nach Herzogenaurach verlegt, zwanzig Kilometer entfernt, ich mit. Dort ist das Lazarett ein Kloster. Ich suche mir ein Mädchen, finde eines namens Inge und zieh mir das Unwohlwollen des Sanitätsunteroffiziers dadurch zu. Der Unteroffizier ist mit der Therese von Konnersreuth verwandt und wirkt Wunder: läßt mich innerhalb von drei Wochen genesen und, mit steifem Arm noch in der Schlinge, schon wieder kavau schreiben. Händigt mir gleich einen Marschbefehl aus: zur Panzerabteilung Bamberg. Finde ich witzig.

Mache mir auch einen Witz: schmeiße den Marschbefehl weg und quartiere mich bei Inges Schwester Evi ein, die eigene Wohnung, vermißten Oberleutnant als Gatten und Bootsmannsmaat Krischan als Stellvertreter engagiert hat. Wir machen die Gegend unsicher, plündern einen in der Nähe gelegenen Weinkeller des Herrn Reichsaußenministers, stehen mehrere Tage unter Wermutrausch und fallen auf, ich muß türmen und mich in einer Scheune verstekken, weil der Herr Assistenzarzt, der mich kavau geschrieben hat, schnell noch die letzte Gelegenheit ausnützen will, durch Vorsitz bei einem Standgerichtsverfahren seinen Namen in der Geschichte zu verewigen. Auf der Straße nach Nürnberg, hört man, seien die Bäume mit Landsern geschmückt. Die SS hängt jeden auf, der nach Vernunft vor dem Feinde aussieht. Ein Dorf in der Nähe, in welchem Bewohner weiße Fahnen gehißt hatten, haben sie eigens noch einmal zurückerobert, um die Verräter bestrafen zu können. Die Leute wundern sich darüber sehr, nachdem sie sich zwölf Jahre lang über nichts gewundert haben.

Eines Abends findet Feuerwerk statt: die Brücke über die Aurach wird gesprengt. Sie führt zwar nirgends hin als zum Bahnhof der Kleinbahn und dann in eine Sackgasse, aber Brücke ist Brücke. Einige Häuser in der Umgebung kommen zu Schaden, und die Leute bemerken, was sie sechs Jahre lang hier in Herzogenaurach nicht bemerkt haben: daß Krieg direkt gefährlich ist.

Auf dem Marktplatz tagt Volkssturm. Irgendwer schreit, wir wollen siegen oder untergehen. Die anderen wissen nicht genau, was sie wollen. Murmeln sich was. Aber nachher singen sie alle ein schönes Lied.

Am nächsten Morgen entdeckt der Mann, der nur Sieg oder Untergang sah, eine dritte Möglichkeit: er sitzt auf dem ersten Jeep der Amerikaner und schwenkt eine weiße Fahne und beschwört seine Mitbürger, endlich Vernunft anzunehmen und weiteres Blutvergießen zu vermeiden. Die Mitbürger wissen immer noch nicht recht. Die SS kämpft neuerdings nicht mehr gegen die Amerikaner, sondern gegen Defätisten und Überläufer und verfolgt eine entsprechende Taktik: überläßt den Amis den Ort und kehrt dann im Gegenangriff zurück, um die Verräter zu bestrafen.

Ich stelle mich nunmehr dem Herrn Unterarzt zur Verfügung. Er bekommt hohen Blutdruck, als er mich im Lazarett auftauchen sieht und weiß nicht, daß mein umsichtiges Verhalten in den letzten Tagen ihn davor bewahrt hat, einen Mord zu begehen. Er sieht das ganz anders und fängt gleich an zu brüllen, und der Sergeant, der gummikauend am Lazaretteingang steht, möchte wissen, was los ist. Ich dolmetsche: der Herr Assistenzarzt sei Nazi und wolle uns verbieten, mit Amis zu sprechen. Daraufhin brüllt der Sergeant und fuchtelt dem Assistenzarzt mit der Pistole vor der Nase herum. Der Assistenzarzt bekommt nunmehr zu niedrigen Blutdruck. Ich werde aufpassen müssen, daß er mir nicht aus Versehen eine falsche Spritze gibt. Pfiffig, wie studierte Leute sind, findet er aber eine bessere Methode, mich loszuwerden: meldet mich dem Ami-Arzt einfach als genesen, und ich komme ins Gefangenenlager.

Jetzt geht derselbe Blödsinn, den wir gerade hinter uns glaubten, andersrum los: demokratisch und hygienisch. Wir werden nach Langenzenn bei Fürth auf ein freies Feld gefahren, müssen Taschen entleeren, alles abgeben, alles auf einen Haufen werfen, der Haufen wird mit Benzin übergossen und angesteckt. Wegen Hygiene. Armbanduhren sind auch unhygienisch. Toll!

Da Häuser, Baracken oder Zelte ebenfalls unhygienisch wären, dürfen wir auf dem freien Felde übernachten. Und damit wir nachts nicht heimtückisch von Bazillen überfallen werden, ist ein doppelter Stacheldraht um das Feld gezogen worden. Haben wir kaum bemerkt, so schnell ging es. Die Amis haben was los, findet einer anerkennend. Was sie nicht so loshaben, ist das Heranschaffen von Verpflegung: es gibt keine. Dafür gibt es dreimal täglich Abzählen, wie im Knast, und MP-Leute hauen mit Knüppeln dazwischen. Überdies erfahre ich, daß wir alle SS seien.

An Stelle von Verpflegung gibt es Toilettenpapier, Seife und Pillen, die, wenn man sie ins Wasser tut, kann man es nicht mehr trinken. Man muß sie aber ins Wasser tun. Wegen Hygiene.

Nach drei Tagen kommt ein Hochstapler und sagt, es gäbe Marschverpflegung: für jeden sechs Kekse, einen Riegel Schokolade, ein Briefchen Limonadepulver, sehr viel Toilettenpapier, sehr viel Seife und eine Handvoll rohe Erbsen. Dazu hält der Empfangschef, der uns bei Ankunft schon im Namen der democracy begrüßt hat, wieder eine Rede: wir kämen nun in ein richtiges Gefangenenlager, dort gäbe es alles, dort bekämen wir zu essen und zu rauchen und könnten lernen, was democracy sei. Einer will wissen, ob es da auch Seife und Toilettenpapier gibt. Wir hören, o ja, dort gäbe es noch viel mehr Seife und Toilettenpapier, und darüber freuen wir uns riesig und klatschen und jubeln, und der Empfangschef freut sich, daß wir uns auf seine democracy freuen. Die MP-Leute übersehen die neue Lage noch nicht und treiben uns mit Knüppeln zu unserem Glück, auf zwei Dutzend Trucks, die rasen, mit besoffenen Yankees am Steuer, los wie eine Herde Wildschweine; umfallen kann niemand; ist zu voll.

Das Lager ist ein umzäunter Weinberg, den sie mit Schmierseife bestrichen haben. Morgens merke ich, daß es nasser Lehm ist. Hat natürlich auch seine Vorteile: man liegt weich und wird nicht staubig.

Daß dieses Lager nun, wie versprochen, ein richtiges Gefangenenlager ist, merkt man daran, daß die Menschheit nun wieder in zwei Teile zerfällt und die Offiziere in einem besonderen Cage liegen und Zelte haben. Steht ihnen laut internationalem Kriegsrecht zu, lasse ich mich belehren. Mit dem internationalen Kriegsrecht scheint es ebenso zu sein wie mit anderen Rechten: es ist von den Krähen entworfen, die einander kein Auge aushacken. Die Landser können unter freiem Himmel verrecken, es gibt genug davon. Die Unteroffiziere nehmen eine Zwischenstellung ein und üben Funktionen aus, deswegen kriegen sie auch Zelte. Endlich haben wir unsere deutsche Ordnung wieder.

Und Appelle gibt es auch. Damit wir uns nicht so langweilen, müssen wir morgens um neun antreten und uns abzählen lassen. Das dauert so bis zwei Uhr mittags, und dann gibt es Verpflegung: einen Löffel rohe Erbsen, einen Löffel Spinat aus Büchsen, drei Kekse, manchmal auch sechs, und auf je hundert Mann eine Büchse Käse. Brot ist nicht. Ab und zu wird einer totgeschlagen, dessen Stück Käse ein bißchen größer war als das der anderen. Das ist auch richtig so, finden die Leute, denn wenn es ums Fressen geht, kennen sie nichts. Da haben sie einen ganz ausgeprägten Gerechtigkeitssinn. Ab und zu fällt auch einer in die Scheißgruben, die drei Meter tief und von glitschigem Lehm umgeben sind. Da die Leichen von der Jauche gleich konserviert werden, ist die Hygiene nicht in Gefahr.

In jedem Cage gibt es ein Revierzelt mit Ärzten und Sanis und einem Zaun herum. Damit niemand in das siedende Fett fällt, in dem die Sanis Krapfen backen. Als medizinisch versierte Leute wissen sie, daß sie sich nur durch beste Verpflegung bei Kräften halten können. Und die Kräfte brauchen sie, um den Verhungernden Trost zusprechen zu können. Auch das fügt sich mühelos in das gültige Ordnungssystem ein.

Mein Arm, der in Tegel darauf gekommen ist, wie er mir helfen kann, wird wieder dick, hat es aber hier mit noch viel abgebrühteren Sanitätsräten zu tun: sie finden es nicht so schlimm und ihre Krapfen viel wichtiger.

Außerhalb des Reviers stehen Landser und schauen zu, wie die Helfer der Menschheit Krapfen fressen. Auf die Idee, die Krapfenbraterei zu stürmen, kommt niemand. Es wäre gegen die Ordnung. Sie warten auf ein Gottesgericht und darauf, daß die Krapfenfresser auch sterben müssen, der landesübliche Trost. Aber sie ahnen nicht, daß die Krapfenfresser sogar in der Hölle sich gleich wieder eine lukrative Funktion angeln werden.

Von Tröstungen wird man nicht satt, und ich beschließe, unter die Räuber zu gehen und plane die Gründung einer Selbstversorgerorganisation in meinem von Delikateßgeschäften und Verpflegungsdepots träumenden Kopf. Da man, wie schon früher erfahren, beim Träumen keinerlei äußeren Beschränkungen unterworfen ist, gestalte ich den Traum sehr dekorativ und überaus üppig: Ich kaufe mir ein U-Boot, klaue es vielmehr, und tauche mit diesem und zwanzig Leuten mit Maschinenpistolen vor der Küste Floridas auf, stürme ein Luxushotel und veranstalte dort ein Wettfressen, bade in Schlagsahne und schiebe Kegel mit Käsekugeln, anschließend schlafe ich auf einem Lager aus Marzipan und knutsche mit knusprig gebratenen Spanferkeln und Gänsen.

An einem Tag läuft mir ein Ami-Major über den Weg, der sich als Arzt erweist und, obwohl er wie unsere Stabsärzte in Heidelberg studiert hat, etwas von Medizin versteht. Er betrachtet meinen Arm und macht die Krapfenfresser zur Schnecke. Der Oberkrapfenfresser fühlt sich gekränkt und findet es ungerecht, daß ein Simulant wie ich durch den Ami Gelegenheit erhält, gegen die Obrigkeit zu intrigieren.

Mein Arm intrigiert weiter und simuliert Knochenmarkvereiterung, deretwegen ich ins Lazarett nach Bad Schwalbach zur Operation komme. Dort fallen sie auf meine Show herein und kratzen mir einen Topf voll Eiter aus dem Knochen, dann werde ich weitergeschickt und lande in einem Lazarett in Gotha, wo zu dieser Zeit noch die Amerikaner stehen.

Dort gibt es eine süß-brünette Krankenschwester namens Bruni, der ich bei ihren Nachtwachen Gesellschaft leiste. Daß es nicht gutgehen wird, weiß ich im voraus. Bei mir geht so was nie gut. Überdies sind nicht mehr sehr viele Schwestern da, und die wenigen, die da sind, stehen unter Eigentumsvorbehalt der gewesenen Elite, die sich noch immer als solche fühlt.

Durch Vermittlung Brunis, die stets appetitliche Wurstbrote mitbringt, gelange ich an ihren Onkel, der Fleischer ist und gehört hat, daß in dem stillgelegten Teil des Lazaretts unbenutzte Möbel herumstehen: gut erhaltene Hotelbetten mitsamt Zubehör, Nachttische und Schränke. Eine Schmalseite des stillgelegten Flügels stößt an das Grundstück eines Bekannten des Fleischers, der Wechsel kann von dem Posten auf der Straße nicht eingesehen werden. Die Sache ist also klar. Die Sache geht auch klar: während Brunis nächster Nachtwache findet eine größere Transaktion statt, und im Labor, in dem mich der Lazarettapotheker gegen entsprechende Beteiligung beschäftigt, finden Freßorgien statt.

Als Generalanwalt der geschädigten Elite taucht der Chefarzt auf und stellt fest, Bruni habe bei der letzten Nachtwache herumgehurt. Das Liebesleben der unteren Dienstgrade ist nach immer noch geltender Ordnung als Herumhuren zu bezeichnen. Der schwerverwundete Herr Major oben im Zimmer dreiundzwanzig hat nach ihr gerufen, und sie ist nicht hingegangen.

Sie wäre auch nicht, wenn sie es gehört hätte, entgegnet Bruni pampig. Weil der Herr Major sie jedesmal den Puls und dann auch noch gleich was anderes fühlen lassen möchte.

Das, findet der Chefarzt, sei aber nun glatte Heuchelei, so moralisch sei sie ja gar nicht, erwiesenermaßen. Darauf wird sie noch pampiger, was aber in mein Auge geht: als drei Tage drauf die Amis ab- und die Russen einziehen, plaudert mir der Chefarzt von Sibirien. Auf unseren Universitäten, schwant mir, muß es Kurse in Niedertracht geben. Ich ziehe, wenn auch nur autodidaktisch, gleich: behaupte, der Herr Chefarzt habe in Charkow russische Gefangene abgemurkst. Zuerst wird er bleich, danach stammelt er, nie in Charkow gewesen zu sein, und schließlich schreit er, er lasse sich nicht erpressen. Wer so schreit, hat sich schon erpressen lassen: ich kriege einen Entlassungsschein und Anweisung auf sieben Tage Marschverpflegung.

Bruni sagt: «Was willst du in Berlin? Bleib hier!» Ihr Fleischer-Onkel meint das gleiche. Ich bin blöd und bleibe nicht. Trete eine Reise durch Katastrophengebiete an. Die Gegend sieht aus, als ob jemand vom vollgedeckten Tisch die Decke weggezogen hätte. Ohne den Trick zu beherrschen.

In der Heimat fängt ein neues Leben an: die Leute haben ihre braunen Tarnkappen abgelegt und entpuppen sich allesamt als geheime Widerstandskämpfer, die schon immer dagegen gewesen sind und genau Buch geführt haben, wie oft sie beim Milchmann nicht Heil Hitler gesagt und auch sonst tollkühne Widerstandsakte gewagt haben. Von KZs haben sie alle nichts gewußt, i wo, und eigentlich erfahren sie erst jetzt, daß überhaupt Krieg gewesen ist, und fragen sich gegenseitig sehr erstaunt, wer eigentlich dieser Hitler gewesen sei und dieser Himmler und der Göring, von denen jetzt so viel geredet wird. Sie haben alle nichts gewußt. Aber sie sind alle schon immer dagegen gewesen. Gegen das, was sie nicht gewußt haben. Tun alle so unschuldig wie Leute, die das erste Mal in den Knast kommen.

Endlich zu Hause, Berlin:

Meine Eltern haben im Haus einen Shop für Amis eingerichtet, ich wohne ein paar Tage im Gartenhäuschen, durchstreife die Stadt und finde sie nicht mehr, nur Trümmer, am Kudamm stehen noch ein paar Reste, in der Elsässer Straße gibt es die Kneipe nicht mehr, die Stadt ist nicht mehr da und gibt mir das ausdrücklich zu verstehen, indem sie mir keine Aufenthaltserlaubnis erteilt.

Ich habe sowieso noch was vergessen, in Herzogenaurach. Inge muß ich Dankeschön sagen. Vielleicht gibt es auch in Herzogenaurach immer noch Wurst, hier gibt es keine, hier gibt es bloß Marmeladenstullen, trotz amerikanischer Kundschaft, und Zigaretten kosten fünfzehn Mark das Stück, Pfund Butter achthundert, ein Anzug zwischen sechs- und zehntausend, einen besorgt mir der Papa, mehr kann er selber nicht, muß zur Beerdigung von Tante Grete in braunen Knickerbockern gehen, die Tante Grete ist jetzt gestorben, aber das fällt mir kaum auf, ich bin ganz down und sehe bloß noch Nebel, finde die Verpflegungsdepots nicht und die Delikateßgeschäfte nicht, die ich ausräubern wollte, wo sind die geblieben, wo ist überhaupt alles geblieben, was hier früher war, alles weg, Elsässer Straße und Bayrischer Platz, an den Ruinen Tafeln, wo wer zu finden sein könnte, vielleicht, wenn man Glück hat, von Gisela ist keine Tafel da und von Ika auch nicht, von niemandem, den ich kenne, einen aus der Polizeikiste treffe ich am Kudamm, arbeitet bei den Tommies jetzt und steckt mir Navy-Cut zu, eine Packung, einen aus dem Wehrmachtsgefängnis treffe ich, der Kommunist gewesen ist, jetzt ist er umgestiegen auf Schieber, bietet Butter an, das Pfund zu achthundert, Kaffee zu zwölfhundert, ich glaube, die sind total übergeschnappt, möchte Fredy jetzt treffen und mit dem nochmal Butter-Beck ausräumen, treffe ihn aber nicht, und Butter-Beck gibt's nicht mehr, und wenn es Läden gibt, dann haben sie nichts, alles leer, ich suche mein Delikateßgeschäft, das ich leerfressen wollte –: gibt's nicht, hier gibt's überhaupt nichts mehr.

Vielleicht gibt es in Herzogenaurach was. Ich fahre los. Hänge mir einen Rucksack auf den Buckel, marschiere zum Überrest eines Bahnhofs, setze mich zwischen hunderttausend Menschen und warte mit denen auf einen Zug. Ob einer kommt, weiß niemand.

Eine alte Frau sitzt auf einem alten Koffer und sagt immer: «Ja, ja, ja, wo wird das noch enden?» Sie merkt gar nicht, daß es längst geendet hat. Niemand merkt es. Sie wollen alle hinter etwas herfahren, was es nicht mehr gibt. Die meisten wissen nicht einmal, wohin sie wollen, und ich komme mir privilegiert vor, daß ich ein Ziel habe. Im Zug erst geht mir langsam auf, daß Herzogenaurach auch kein Ziel ist.

Wie der Zug kommt, machen sie so was wie Geisterbahn auf dem Rummelplatz draus, prügeln sich rein, andere raus, manche kippen um, Babies schreien, Opas sitzen auf Trittbrettern und Puffern, ganz Schlaue erfinden Liegewagen: hauen sich ins Gepäcknetz, unterwegs werden ab und zu Ohnmächtige ausgeladen, Platz entsteht dadurch trotzdem nicht, weil unendlich, wenn man was von abzieht, immer noch unendlich bleibt.

Am nächsten Abend kommen wir in Halle an. Der Anschlußzug geht am nächsten Morgen, weiß ein Gerücht. Übernachtung in einer Schule, die sich Rotes-Kreuz-Heim nennt. Der Puff in der Friedrichstraße ist ein feudales Etablissement dagegen gewesen. Einer bietet eine Pistole an, verkauft sie für tausend Mark, verliert die beim Siebzehn-und-Vier, und dann fehlt ihm die Pistole, um sich zu erschießen. Ein alter Mann krächzt, er will schlafen. Einer in KZ-Kluft rennt durch die Buden und sucht SS. Niemand weiß, was SS überhaupt gewesen ist. Der Bettnachbar hat Läuse, kratzt sich überall und sucht Nähte ab. Aus einem Bündel Wäsche schreit ein Baby nach der Mami. Die Mami wird gerade vernascht. Oder vergewaltigt. Man weiß nicht genau, ob sie stöhnt, weil es ihr wohl- oder weil es ihr weh tut. Ein paar Landser spielen Reporter und knobeln aus, wer als nächster darf. Einer gibt dem Baby Wodka, damit es aufhört zu schreien. Ein älterer Herr beklagt den Verfall der Sitten. Das Wimmern der Frau interessiert ihn dagegen nicht so sehr. Er findet einen Gleichgesinnten, der klagt, welche Schande die Nazis über uns gebracht hätten. Die ermordeten Juden interessieren ihn dagegen nicht so sehr. Das Wimmern der Frau wird vielmehr als ausgesprochen obszön und die stinkenden Leichen der Juden werden als peinlich empfunden. Ein bißchen weiter, dann sind wir wieder da, wo wir schon immer waren: die Opfer sind schuldig, nicht die Täter.

Am nächsten Morgen ist ein Zug abgefahren, um halb fünf, soll fast leer gewesen sein, weil ja bis sechs Uhr Sperrstunde ist und niemand auf dem Bahnhof sein konnte. Kleiner Scherz der Vorsehung, die auch nach dem Tod ihres Generalstatthalters auf Erden noch weiterwirkt.

Um zwei Uhr nachmittags fährt der nächste Zug. Güterwagen. Sind gestürmt, bevor der Zug steht. Ich erobere ein Bremserhäuschen, in das sich kein anderer hineingetraut hat: man weiß immer noch, was der Obrigkeit vorbehalten ist. In Hildburghausen zwei Tage später werde ich wegen Ortskenntnis zum Führer ernannt, bringe zwanzig Leutchen bei Haubinda über die Zonengrenze, drüben sagen sie danke schön und zerstreuen sich. Ein Ami nimmt mich im Jeep mit nach Bamberg. Dafür muß ich ihm bestätigen, die Amis seien besser als die Russen. Mache ich.

Herzogenaurach ist zum US-Stützpunkt avanciert. Inge hat einen Neger gehabt, höre ich. Und jetzt geht sie mit jedem. Man erwartet einen Ausbruch patriotischer Entrüstung. Gelingt mir aber nicht: Neid in Moral umzusetzen. Ich bin abartig.

Dafür ziehe ich wieder zu Evi, bei der immer noch Krischan aus Kiel vor Anker liegt, und Inge bringt Zigaretten und fragt, wie es mit mir steht. Ich weiß nicht, ich gucke erst mal rum und möchte wissen, wie man leben kann.

Sie haben bereits eine Auslegung des Morgenthauplanes gefunden, bei der sie selbst unbetroffen bleiben. Inge schleppt genügend Amis her, und wenn sie keine mehr herschleppt, dann statten wir ihnen Besuche ab, im Red-Cross-Club im Café Moser, wo der Keller voll Kisten gestapelt ist, und nachher feiern wir unsere Amnestie, wühlen in Jam und Ham and Eggs und Ice-Cream-Pulver und Plumpudding und Zigaretten und Kaffee, riechen und schmecken und schlecken, daß wir noch einmal davongekommen sind, beschmieren uns mit Schokolade und lecken uns ab und merken, wie gut wir schmecken, und anschließend steigen wir in den Keller des Stadtbaurats, der einen Stock höher wohnt, entnehmen zwei Flaschen Mosel, eine Martell, mehrere Bocksbeutel und eine Kirschwasser und fischen uns zwei Dutzend Eier aus einem großen Steintopf, das fällt bei Stadtbaurats gar nicht auf, die sind eingedeckt so für zwei bis drei Jahrhunderte, und dann gibt es Eierlikör à la Inge: sie taucht ihre Brustspitzen ein, und wir dürfen abschlecken, schmeckt ausgezeichnet, nach Amnestie und nach Elitekrapfen und Überlebensheroin, und je mehr wir so leben, desto mehr leben wir, und so leben wir alle Tage, und daher klingelt eines Abends der Herr Stadtbaurat, zwei Minuten nach zehn, und bittet um Nachtruhe und findet, Evi solle sich schämen: halbnackt dazustehen!

Inge, ganz nackt: wozu schämen? Was zahlt der dafür?

Krischan gönnerhaft: kann ja mitmachen, der Knabe! Davon gehen die Pickel weg!

Der Stadtbaurat schüttelt bekümmert sein Haupt und sieht das Vaterland in tiefster Schmach daniederliegen. Wo das Weib nur noch der schnöden Sinnenlust frönt, und mit Farbigen lassen sie sich jetzt ein! Das ist besonders schlimm, denn es verletzt aufs gröblichste die Monopolrechte, für die der Fimmel mit der Arterhaltung und lauter solche Tricks extra erfunden worden sind.

Und nun denken die sich mit dem Krischan einen besonders feinen Trick aus: da Ehebruch mit einem Kriegerweibchen nicht mehr von Olle Freisler abgeurteilt werden kann, macht man den Fall den Besatzern schmackhaft: Krischan hat sich ums Gefangenenlager gedrückt und besitzt keine Entlassungspapiere. Womöglich gehört er dem Werwolf an, bedeutet man hübsch schizophren den Herren Feinden, die nur als Feinde geführt werden, sofern die Damen sich ihnen hingeben, jedoch legitime Obrigkeit sind, sofern es Untertanen zu verfolgen gilt. So ist das alles geregelt bei uns, immer alles schön in der Ordnung.

Krischan steigt aber unterwegs wieder aus dem Jeep und klopft nachts ans Fenster, doch morgens um fünf klingelt es schon wieder, und weil er diesmal aus dem Fenster springt, nehmen sie der Einfachheit halber mich mit.

Verhör: woher und wohin, warum lebe ich und wovon, wieso bin ich nicht polizeilich gemeldet, habe ich Zuzug?

Melde gehorsamst, daß nein. Indem daß ich keinen Zuzug habe, kann ich mich auch nicht anmelden.

Da haben wir es! Ich lebe schwarz! Ohne Lebensmittelmarken und ohne Meldung beim Arbeitsamt, auch ohne Arbeit, kurzum: lebe illegal, widerrechtlich.

Melde gehorsamst, daß ja, Herr Klein-Quitzow!

Da haben wir es! Ich bestreite meinen Lebensunterhalt also aus strafbaren Handlungen. Da fangen wir gleich mal an: wo sind die Schuhe und die drei Ballen Rohleder?

Melde gehorsamst, wie bitte?

Na, aus dem Einbruch in die Schuhfabrik Kampfmeyer.

Kenne keine Schuhfabrik Kampfmeyer.

Na, da schau her! Der hält uns ja für ganz deppert, wie? Halten Sie uns für ganz deppert? Was haben Sie denn sonst noch alles ausgefressen? Können Sie ruhig erzählen, wir wissen mehr als Sie!

Habe ich mir fast gedacht.

Also, dann werden sie mal eine Haussuchung machen. Wo ich wohne?

Nirgends.

Was heißt nirgends? Ich muß doch wo wohnen.

Melde gehorsamst, daß die Herren ins Protokoll geschrieben haben: ohne Wohnsitz.

Ja ja, im Protokoll! Aber in Wirklichkeit ... In Wirklichkeit habe ich doch bei der Evi gewohnt! Ob ich mich nicht schäme?

Nein, warum?

Wo deren Mann in Rußland ist, in Gefangenschaft.

Ich habe ihn nicht hingeschickt.

Na, so ein Ausgschamter!

Evi ist noch ausgschamter. Öffnet im Morgenrock und fragt, was es gibt. Ich gebe ihr einen Kuß. Die Ordnungshüter schreiten sofort ein. Küssen ist ordnungswidrig.

Evi entgegnet, Haussuchung sei auch ordnungswidrig. Wer das angeordnet habe.

Die beiden schauen sich an und fragen einander, wer es angeordnet hat. Auf einmal wollen sie beide nichts angeordnet haben. Weil Evi andeutet, sie werde gleich ihren Freund von der MP rufen. Ich sitze solang in der Küche und frühstücke. Die beiden beraten und entschließen sich zum Rückzug, wollen mich aber wieder mitnehmen. Da sie sowieso einmal auf dem Rückzug sind, stoße ich gleich nach und frage, ob sie vielleicht nicht ganz dicht sind.

Sie schauen sich an und wissen nicht, ob sie zu Gewaltanwendung schreiten sollen.

Um ihnen den Rückzug zu erleichtern, sage ich zu Evi, sie solle am besten doch ihren Freund von der MP rufen. Und dem sagen, daß wir hier belästigt werden, weil wir mit Amis Verkehr haben.

Die beiden beteuern sogleich, so sei es nicht gemeint gewesen, sie hätten nur ihre Pflicht getan.

Nachdem sie weg sind, kommt Christian aus der Toilette. Ich erzähle ihm die Sache mit der Schuhfabrik. Er findet, das könne sich lohnen, werden wir bei Gelegenheit machen.

Am nächsten Morgen holen sie ihn wieder. Nachts ist er wieder da. Dann holen sie mich wieder. Die Sache wird aufregend. Christian schmeißt ihnen einen Stein durchs Fenster, und an dem Stein ist ein Zettel, und auf dem Zettel steht, er werde demnächst die ganze Polizeiwache in die Luft sprengen. Daraufhin rasen sie wie angestochen los, um den Attentäter zu fangen. Vor Aufregung lassen sie alle Türen offen. Ich drehe das Protokoll, das sie über mich aufgenommen haben, aus der Schreibmaschine und nehme es sicherheitshalber mit.

Wir treffen uns bei einer anderen Freundin Christians, und bei der treffen wir Lucky. Lucky heißt Ludwig und war früher Stammführer hier bei der HJ, und sein Papa war Parteibonze. Sie wohnen jetzt sicherheitshalber woanders, in Bad Wiesenhofen.

Bei Wiesenhofen fällt mir ein, daß meine Eltern da Bekannte haben. Einige kenne ich auch. Wiesenhofen wird interessant, und nach dem, was Lucky erzählt, wird es noch interessanter. Fahren wir hin. Holen uns im Red-Cross-Club Reiseproviant, geben Evi und Inge Küßchen und einem Autoinhaber einen Kanister Benzin, den wir von einem Jeep abgeschnallt haben, dafür fährt der Autobesitzer uns nach Nürnberg, und von Nürnberg aus fahren wir mit der Bahn weiter.

Wiesenhofen, erster Eindruck: Kaff. Zweiter Eindruck: US-Stützpunkt, dritter Eindruck verworren: Gruppen von Letten und Litauer stehen herum, Hotels von Amis belegt, im Kneipp-Sanatorium UNRRA, dazwischen Bauernfuhrwerke und wieder Damen, die nach Kur riechen, ein Lette fragt, ob wir Schnaps haben, einer fragt, ob wir was anderes haben, sein Kollege fragt, ob wir was brauchen, Mädchen stehen bei Amis und lachen, in einem Café ist ein Club, in einer Wirtschaft tagen welche in alten Wehrmachtsuniformen, Lucky erzählt uns, wie schlimm das sei: daß sie jetzt die ganze Intelligenzschicht ausrotten und uns unserer Elite berauben, sie jedenfalls zum Straßenkehren schicken, obwohl Arbeit natürlich auch adelt, aber die Elite fühlt sich verfolgt, machen die Amis extra, der Morgenthau macht das, damit Deutschland nicht wieder hochkommt, die an dem runden Tisch tagen, sind welche, die sich zusammentun wollen, zwei sind Ritterkreuzträger gewesen, wollen hier was gründen, wissen aber noch nicht genau, was.

Der Gasthof hat zuerst kein Zimmer. Lucky muß uns als verfolgte Nazis ausgeben, daraufhin kriegen wir eins. Aber auch gleich Gesellschaft. Einer der Ritterkreuzträger kommt und will ein Interview. Christian gibt ihm eines: er ist in Norwegen beim SD gewesen, mein Vater war Standartenführer.

Der andere ist platt und stellt uns gleich vor. Einer an seinem Tisch ist ein Freiherr von Boddien, er plinkt dauernd mit dem linken Auge und hat die Hand vorn im Rock zwischen zwei Knöpfen, weil sie sonst anfängt zu flattern.

Der Freiherr findet, man müsse da also einen gewissen Unterschied machen. Natürlich müssen welche kollaborieren, schon wegen der Grundlagen, die Grundlagen braucht man, er für seine Person stehe natürlich voll und ganz zur Verfügung, Güter in Pommern, er hat nichts mehr zu verlieren, nur noch zu gewinnen, haben wir alle, nicht wahr, er blickt zwinkernd im Kreise, alle nicken und wollen mit ihm gewinnen, er läßt sich eine Zigarette von seinem Kamerad Bodo anstecken, und beim Rauchen klappert sie zwischen seinen Lippen auf und ab, dann fängt er wieder von den Gütern seiner Ahnen an, um elf Uhr ist Sperrstunde, die Wirtin kommt und sagt, die Herren müssen jetzt aufhören, daraufhin ziehen die nach oben in den Untergrund und tagen da weiter.

Wir gehen in unser Zimmer, Christian und ich, Lucky kommt auch noch mit rauf und tut, als hätte er uns mit der künftigen deutschen Reichsregierung bekannt gemacht.

Christian fragt: «Sag mal, sind die hier alle so?»

«Wie?»

«So: bißchen duhn! Wo kriegen die den Schnaps her?»

Bei Schnaps fällt Lucky ein, daß wir welchen holen könnten. Schnaps läßt sich gut umsetzen, die Amis sind hinter Schnaps her wie nichts, und er weiß, wo es welchen zu holen gibt: bei Heilbronn. Da könnten wir hinfahren und welchen holen.

Am nächsten Tag probiere ich es erst mal bei einem Bekannten meines Papas. Der ist Zahnarzt hier, ich kenne ihn vom Wintersport. Gehe hin und klingle und werde gleich behandelt: er will mir den Zahn ziehen, mich in Wiesenhofen niederzulassen. Sie haben schon genug mit den Juden und den Polacken und den Letten und den Litauern und den Amis und den Flüchtlingen zu tun, wo soll das hinführen, bitte sehr, der ganze Kurort überfüllt, sie haben schon im Gemeinderat beschlossen, daß niemand Zuzug kriegt, aber auch gar niemand, von Härtefällen abgesehen, Härtefälle sind die Komplizen, die man decken muß, damit nicht noch mehr herauskommt, denn das ist ja furchtbar heutzutage: einer denunziert den anderen, typisch deutsch ist das, da haben sie einen KZler, der hat schon über zwanzig Leute bei den Amis denunziert, und typisch deutsch ist es, und Verrat ist es, das könnte man doch unter sich ausmachen, jedenfalls mit Zuzug ist hier gar nichts, im Gemeinderat haben sie gerade beschlossen, daß Deutschland wieder in die Höhe kommen muß, und deshalb muß Wiesenhofen wieder ein Weltbad werden, das hängt nämlich alles zusammen, das sind diese höheren, größeren, diese übergeordneten Belange, wenn ich das recht verstehe ...

Ich verstehe recht und renne los. Der hat mir sämtliche Zähne auf einmal gezogen, und alle ohne Betäubung.

Christian haben sie inzwischen auch in der Mache gehabt: sie wollen ihn in der Kreisstadt bei der Polizei unterbringen, als früherer SD-Mann gehört er da einfach hin, da gehören ein paar vertrauenswürdige Leute hin, damit die das Ärgste verhindern, sie werden das mit dem CIC-Offizier regeln, beim CIC-Offizier ist der Becker, früherer Oberleutnant, als Dolmetscher, und der macht das bißchen schon, kann er, die Amis sind nämlich andererseits nun wieder ganz vernünftig, also was die richtigen Soldaten sind, nicht die Ersatzheinis oder die Juden, sondern die richtigen Soldaten, mit denen kann man sich verstehen, Soldat und Soldat versteht sich ja immer, ein richtiger Soldat weiß eben, wie das laufen muß, mit denen kommen sie prima aus, obwohl es andererseits natürlich wieder eine Schweinerei ist, daß die Mädchen mit den Amis gehen und ihre schönen deutschen Ritterkreuzträger hier sitzenlassen, auf dem trockenen, welche sollen sogar mit Juden gehen, soweit ist es gekommen, aber wie gesagt: Christian muß in die Polizei eingeschleust werden, da sitzt sowieso schon einer drin, der Polizeichef ist auch bei der Gestapo gewesen, haben sie fein reingeschaukelt, und der hat auch schon manches abgedeckt, diesen KZler hier, der die Leute alle denunziert, hat er schon zweimal verhaften lassen, mußte ihn immer wieder laufen lassen, weil nichts nachzuweisen war, aber einmal werden wir ihn schon kriegen, und dann geht er ab!

Wir gehen auch ab. Wir gehen zum Bahnhof, Lucky bringt drei große Wehrmachtsrucksäcke mit, und dann fahren wir los, Richtung Schnapsparadies. Fahren bis Heilbronn, pennen die Nacht im Zug, auf dem Bahnhof, am nächsten Morgen fahren wir raus aufs Land, steigen in Öhringen aus und klappern die Dörfer ab. Schnaps ist natürlich nicht zu kriegen.

Christian fragt Lucky, ob er geträumt hat.

Lucky gekränkt: nein, er weiß es ganz bestimmt, hier gibt es Schnaps.

Wir kriegen auch welchen, in einer Kneipe, voll von besoffenen Negern, die uns ihre Buddel hinhalten. Als Krischan anfängt, mit der Bedienung zu poussieren, um wenigstens die Übernachtung zu arrangieren, werden die Neger ungemütlich. Die Bedienung gehört ihnen. Es gibt Krawall, die Glastür geht in Scherben, und wir finden uns irgendwo auf dem Hof wieder. Es ist stockduster, kalt und gleich Sperrstunde.

Lucky hat den Einfall, in eine Backhütte, die mitten im Dorf steht, einzusteigen. Feuer zu machen und darin zu nächtigen. Wir finden in einem Regal Brote und Gläser mit Eingemachtem. Krischan probiert ein Glas: Leberwurst!

Nachdem wir gefrühstückt haben, entdecken wir ein Faß, und in dem Faß ist ein halbes Schwein eingepökelt. Das geht mit. Und da wir einmal dabei sind, untersuchen wir nachher auch andere Hütten, finden in einer zwei Korbflaschen mit Obstschnaps und lassen die auch mitgehen, dann hauen wir uns in eine Scheune, um das Ende der Sperrstunde abzuwarten, verschlafen natürlich.

Morgens fallen wir auf, und sie erwischen uns. Zwei Mann auf Motorrad mit weißen Armbinden, Hilfspolizei, halten an und nehmen uns mit. Unterwegs überlegen wir, ob wir sie einfach umhauen sollen. Und dann ihr Motorrad auch noch mitnehmen. Waffen haben sie ja keine.

Sie sagen, wir sollen nichts reden.

Christian sagt: «Halt's Maul!»

Daraufhin sagen sie nichts mehr.

Aber zum Abhauen ist es zu spät, wir sind schon in den ersten Straßen eines Städtchens. Obendrein kennen wir uns nicht aus hier.

Sie nehmen uns mit ins Rathaus und dort ins Polizeibüro. Wir müssen unsere Taschen entleeren, Personalien angeben, dann fangen sie an, ein Protokoll aufzunehmen. Um zwölf machen sie Pause und bringen uns in einen Raum im Erdgeschoß. In dem Raum stehen zwei Doppelbetten und ein Tisch. Auf den Betten liegen Feuerwehrhelme, Koppel, Äxte, Seile und stählerne Steigeisen, wie man sie hat, um an Masten hinaufzuklettern.

Lucky horcht an der Tür. «Die machen jetzt Mittag!»

Krischan stemmt mit einem Steigeisen die Tür auf. Der Flur ist leer, alles still. Haustür abgeschlossen, und alle Fenster im Erdgeschoß vergittert.

Wir schauen uns oben um, nehmen erst mal die Protokolle und unsere Sachen wieder an uns, dann entdecke ich, daß ein Fenster der Toilette auf einen schmalen Feuergang geht, der nicht eingesehen werden kann. Wir schlingen ein Seil um die Klosettschüssel, werfen es raus, ich gehe als erster, rutsche ab und verbrenne mir die Pfoten an dem Seil, Lucky reißt sich die ganzen Innenflächen der Hände auf, pustet und klemmt sie zwischen die Knie. Krischan kommt heil runter und schüttelt den Kopf: ollem Seemann kann so was nicht passieren. Fragt, wo der Schnaps ist.

Lucky hat gedacht, wir hätten ihn schon unten.

Was nun?

Nichts wie weg!

Wir schleichen durch ein paar Gäßchen, dann aus der Stadt heraus und an der Bahn entlang bis zur nächsten Station. Steigen dort ein und zuckeln heimwärts.

Gelohnt hat sich die Sache dennoch: Krischan hat im Vorbeigehen schnell in die Lebensmittelkartenstelle reingeschaut und einen Stoß Marken mitgenommen. Sind bedeutend mehr wert als der Schnaps.

Baron von Flatterhand ist uns behilflich und bestellt seinen Hofjuden her. Der heißt Jussuf und beliefert den Freiherrn, der ihn dafür mit gutmütiger Verachtung belohnt. Kennen wir schon. Die Quitzows können, wenn es um ihr leibliches Wohl geht, sehr tolerant sein. Und außerdem sind sie jetzt selber Unterdrückte und finden, daß Jussuf sich mit ihnen solidarisch zu fühlen hat. Der fühlt sich wirklich. Sagt: ja ja, das sei schlimm, so unterdrückt, habe er auch erlebt, in Polen damals, waren sehr schlimme Zeiten, kann er den Herren nachfühlen, wie schwer es die nun ankommt, plötzlich auch unterdrückt zu sein. Ich werde mich als Gestapobonze vorstellen müssen, um Jussufs Sympathie zu erwerben.

Nebenbei lerne ich Ilona kennen. Wohnt auch hier und sitzt abends manchmal bei den Elitemenschen, hat Beziehungen zum Boss der Militärregierung und ist dadurch staatspolitisch wertvoll.

Wird später mal einen Orden dafür kriegen. Oder auch nicht. Weiß man ja, wie gesagt, nie vorher, ob man am Ende ein feiner Kerl oder ein toter Mann ist.

Wir sitzen an einem Tisch abseits. Sie raucht nervös und fragt, ob ich ein Ei zum Frühstück möchte.

Ich möchte gern. Nicht wegen des Eies, sondern weil sie fragt und weil Krischan abgereist ist. Und weil ich mit Lucky nichts anfangen kann.

Die Wirtin bringt zwei weichgekochte Eier und eine Kanne Kaffee. Ilona schenkt ein, lächelt ein bißchen, aber unsicher. «Ist Ami-Kaffee.»

«Kann ich mir denken.»

Sie lacht kurz auf, deutet zu den verarmten Quitzows rüber: «Bisher haben die ihn immer gesoffen.»

Abends landen wir mit einer Flasche Obstschnaps, übles Gesöff, in ihrem Zimmer. Und da geraten wir in Selbstmordstimmung statt ins Bett. Ihr Vater ist bei der SS gewesen, sie stammt aus Szegedin, Bruder ist totgeschlagen, Mutter weg. Sie selber weiß nicht, wo sie hingehört: zu den Quitzows oder zu den Juden oder zu den Amis oder zu wem. Ich weiß auch nicht, wo ich hingehöre.

Am nächsten Morgen finden wir uns beide dumm: daß wir allein geschlafen haben. Hätten wir zusammen, dann wären wir jetzt schon zusammen. So sitzen wir uns immer noch gegenüber.

Sie fragt, was ich machen will.

Weiß nicht. Frage, was sie machen will.

Weiß auch nicht. Fragt, ob ich Zuzug bekomme.

Weiß nicht. Frage, ob sie.

Weiß auch nicht.

Wir wissen beide nichts.

Die Pseudowerwölfe trudeln langsam ein, grüßen zu uns herüber. Wir grüßen zurück und sehen uns an. Ilona erzählt, daß sie einer die Haare abgeschnitten haben, weil die mit Amis gegangen ist, während ihr Mann in Gefangenschaft sitzt. Aber von ihr haben sie sich gern Zigaretten schenken lassen. Sie fangen wieder an zu diskutieren: was aus Deutschland wird, wenn die Intelligenz Straßen kehren muß. Sie machen sich große Sorgen. Um Deutschland.

Ich sage: «Die reden wohl jeden Tag dasselbe?»

Sie lacht: «Schmollclub!»

Damit sind wir sie los. Um uns richtig abzugrenzen, erzählen wir uns, was wir so erlebt haben. Sie hat mit dem Militärregierungsboss Schluß gemacht. War ihr zu schweinisch. Jetzt sind die Deutschherren ihr böse: sie hätte das eben in Kauf nehmen müssen, findet der Freiherr. Für Deutschland. «Sind alles dieselben Schweine!» Sie schaut mich an. Auf welcher Seite ich bin. «Die Einheimischen auch. Solange man Zigaretten und Kaffee anschleppt, ist es gut, und wenn man nichts mehr hat, ist man gleich eine Hure.» Schaut mich an. Lacht hilflos. Ob ich kapiere.

Ich kapiere. Hängt mit der Reichsabgabenordnung zusammen: gibst du ab, bist du gut, gibst du nicht, bist du schlecht. Ganz einfach.

Wir stehen auf und gehen. Die Elitemannschaft blickt uns mißtrauisch nach. Werden uns jetzt auf die schwarze Liste setzen, fürs nächste großdeutsche Schlachtfest.

Draußen fällt der erste Schnee. Wir schlendern langsam durch den Kurpark.

Um es nicht später sagen zu müssen, sagt sie alles gleich vorher. Was sie getrieben hat. Ist sogar mit einem Neger gegangen. Aber der war sehr nett. Netter als die ganze Ritterkreuzbande. Und anständiger. Wieso soll es mit dem dann unanständig sein?

Keine Ahnung.

Wir gehen ins Zimmer, schließen uns ein und spielen Ahnungslose. Ahnungslos ist fast so schön wie zu Eis gefroren.

Abends kommt Lucky und stört uns. Bringt seinen Bruder Herbert mit. Sie haben zusammen was ausgeknobelt. Herbert kennt einen Metzger, der braucht Benzin, zahlt Fett und Fleisch dafür. Benzin haben die Amis im Motorpool. Aber einer muß den Posten vorn festhalten, damit der nicht zu dem Schuppen hinten kommt.

Ilona spielt mit, läßt sich von dem Posten anquatschen, und wir schleppen Kanister durch die Gärten. Bis es mir zu ungemütlich wird und der Ami Ilona in eine Garage ziehen will. Lucky wirft einen Stein auf das Dach der Garage, der Ami schrickt zusammen und greift hastig nach seinem Gewehr, läßt Ilona ziehen und ruft ihr nach, wann er frei hat.

Nachher will sie wissen, ob sie richtig gespielt hat. Und wie sie weiter spielen soll. Der Ami hat ihr zwei Kartons Zigaretten angeboten, wenn sie mitgeht. Sie möchte am liebsten. Nur so: um auch was in die Büchse zu werfen.

Die Verteilung findet am nächsten Tag in Fräulein Seegers vegetarischem Speisehaus statt, wo Herbert und Lucky zu essen und ihre Geschäfte abzuwickeln pflegen.

Fräulein Seeger ist so um sechzig, wiegt zwei Zentner ohne Knochen, spricht Stuttgarterisch und ordinär und erklärt ungefragt, daß sie Jungfrau sei. Hat zuerst große Sängerin werden wollen, dann ein Gelübde abgelegt und allem entsagt. Aber nicht dem Essen offenbar. Sie frißt alles und in jeder Menge.

Wir werden zu Abonnenten ihres vegetarischen Mittagstisches, der allerdings so streng vegetarisch nicht ist, sie scheint die Begriffe zu verwechseln und was anderes zu meinen: daß man bei ihr nur markenfrei und dafür zu Schwarzmarktpreisen essen kann. Dafür allerdings sehr gut. Die Seegerschen Omeletts sind Markenartikel, bekannt in ganz Wiesenhofen, vor allem bei Amimädchen, die zur Seegern essen kommen und mit Zigaretten und Kaffee zahlen. Solchen Erlös der Hurerei streicht Fräulein Seeger ohne Gewissensnot ein, obwohl sie sonst sehr sittenstreng ist. Aber sie besitzt ein feines Unterscheidungsvermögen. Merken wir, als Herbert uns bei ihr einquartieren will: sie schaut uns über die Brille hinweg an, verspricht uns ein Zimmer, aber die Betten werden auseinandergestellt, und wir müssen ihr versprechen, daß wir nichts Unkeusches machen. Sie labt sich daran, Ilona wüscht zu finden, besonders die roten Haare, und dann hat sie vor den Augen einen dunklen Vorhang. Dahinter verbirgt sich das Wüschte.

Anderntags lernen wir einen kennen: Erwin Höcker und Frau. Wohnen zwei Häuser weiter, sind Berliner und haben hier die kommunistische Ortsgruppe aufgezogen. Erklärt Lucky, der uns anwirbt, und Höcker nickt grimmig dazu. Er trägt einen Schnauzbart wie Olle Stalin, und sie trägt eine Brille. Und sammelt Kippen. Er blickt dabei weg und erklärt, was Agitprop ist. Ich soll Agitprop übernehmen. Bin schon drin in dem Verein. Hat Lucky arrangiert: KPD ist nämlich die Partei mit Zukunft. Höcker hat ihm versprochen, daß durch die KPD die Intelligenz wieder in ihre Funktionen eingesetzt wird. Und das ist sehr wichtig, findet Lucky. Da müssen wir mitmachen, die nächste Versammlung ist morgen abend im Bräustüberl, da nehmen sie immer das Hinterzimmer.

Bei der Versammlung stellt sich heraus, daß es Höckers Hinterzimmerpartei um Deutschland geht, und Heinz Vorpahl, gewesener Obergefreiter, doppelamputiert und Berliner aus Pommern, jubelt: «Allet vöjelt für Deutschland!» Damit sind die drei Töchter des Genossen Schubarth gemeint, die furchtbar sächsisch sprechen, aber ganz hübsch aussehen und zehn Kartons Zigaretten anbieten. Schubarth wird mit Vorpahl nicht über den Preis einig. Vorpahl schreit: «Bin ick hier der Schwarzhändler oder Sie? Na, denn bestimm ich ooch die Preise!»

Höcker sagt: «Also, wir schreiten nunmehr zur Tagesordnung!» Er sagt es sehr imponierend.

Frau Höcker bittet mich, die Zigaretten nicht auf dem Fußboden auszutreten. Ilona gibt ihr eine Packung. Die Genossin Höcker ist gerührt über soviel Solidarität, holt aber weiterhin Kippen aus dem Aschenbecher, Heinz Vorpahl wirft seine ins Bierglas. Und feixt sich eins über das Gesicht der Genossin Höcker.

Genosse Schubarth erinnert: «Wie ist denn das nun mit dem Aktionskomitee? Wir wollten doch ein Aktionskomitee gründen?»

Vorpahl fragt: «Warum denn? Ihr seid doch schon in Aktion!»

Er meint die kichernden Schubarth-Töchter. «Habt doch schon die janze US-Army unterwandert!»

Schubarth findet solche Scherze unpassend.

Heinz Vorpahl sagt: «Siehste! So sind die! Ick kenne in Stettin 'ne Puffmutter, die reecht sich immer uff, wenn se Weiber halbnackig am Strand liejen sieht!»

Genosse Höcker bittet um mehr Ernst und betraut den Genossen Schubarth mit der Gründung des Aktionskomitees.

Der KZler, der auch dabeisitzt, in abgeschabter Lederjacke und mit einem Schlagring in der Tasche, brummelt.

Genossin Höcker beugt sich zu ihm rüber und fragt süß: «Was meinst du, Genosse?»

«An Schmarrn alls!» brummelt der Ehrengenosse.

Genosse Höcker teilt weitere Posten aus. Den des Kassenwarts muß seine Frau übernehmen. Agitprop erhält Lucky diesmal.

«Jeht imma die Reihe rum», sagt Heinz Vorpahl. «Damit keener zu kurz kommt.» Und nachher trinken wir noch ein Bier mit ihm, und er jubelt: «So ha'ick ma Partei imma vorjestellt!»

Lucky sagt, man sei ja erst im Aufbau, und fühlt sich als Aufbaufachmann und schon engagiert. Entwickelt eine Theorie, die er irgendwo aufgeschnappt hat: die Amerikaner proletarisieren nämlich jetzt die ganze Elite, und wenn nun das Proletariat an die Macht kommt, muß also auch die Elite, die zum Proletariat gemacht worden ist – ob wir verstehen?

«Ja ja – nich janz, aber wird schon stimmen!» macht Heinz. «Janz schön besoffen, wa?»

Lucky bedauert, daß eben nicht jeder den nötigen Ernst und die nötige Reife für Politik besitze. Und das nötige Verantwortungsgefühl. Es geht nämlich um Deutschland.

«Ja ja, ich weeß!» Vorpahl schiebt die aufgekauften Zigarettenkartons in seinen Rucksack und steht auf. «Brauchst ma nischt zu erzähln, kenn jenuch von die Sorte!»

Einen von der Sorte lernte ich auch gleich kennen: Kurt Schmalstich, 32, gewesener Fliegerhauptmann aus Breslau, fußamputiert und fett wie ein Eunuch, wohnt mit Frau im gleichen Hause wie Höcker, handelt mit Zigaretten und Schokolade, spielt nächtelang Skat, geht jeden Morgen zur Post und schickt mehrere Päckchen nach Berlin, an Tante Else, in jedem Päckchen einen Karton Zigaretten, die kosten in Berlin etwa das Zwanzigfache wie hier.

Mehr über Schmalstich erfahre ich bei Adam, dem ich Fett und Fleisch liefere: Elfie Schmalstich liegt bei ihm im Bett und zahlt gerade die letzte Wochenrechnung für Lebensmittel. Sie geht zwar jede Nacht zu den Amis in den Officers Club, aber die Zigaretten braucht Schmalstich für Berlin, also muß Essen anders besorgt werden. Sie weiß nicht, ob sie aufstehen soll. Adam sagt, ich hätte schon mehr nackte Mädchen gesehen. Daraufhin zeigt sie sich auch. Zierliche Figur, kleine steife Brüste und langes Haar, schlanke Beine und ein Puppengesicht, Anfang Zwanzig, lacht wurschtig. Kriegt Hunger, wie sie die Lebensmittel sieht. Adam packt ihr ein Stück Schinken ein und schickt sie zur Seegern: soll da ein paar Omeletts auf seine Rechnung bestellen. Unterwegs höre ich, daß sie wegen Schmalstichs Fuß auf den Strich gehen muß. Er prophezeit dauernd, sie werde ihn im Stich lassen, und dann müsse er sich aufhängen. Deswegen kann sie ihn nicht im Stich lassen, sondern muß für ihn auf den Strich gehen. Gehört sich so.

Eines Tages lande ich im Gerichtsgefängnis Mindenstein. Werde von der Straße weg in einen Jeep gehievt und eingeliefert. Anklage: Besitz von US-Eigentum. Habe 1 Stück Offiziershosen getragen sowie 1 Garnitur Unterwäsche.

Im Knast treffe ich die Wiesenhofener Elite, nach der ich bis dahin gesucht habe: den Cafetier Hambacher und den Doktor Bergholtz, Fabrikant, der in Berlin ein paar Häuser neben uns gewohnt und sich rechtzeitig in seine alte Heimat abgesetzt hat. Seine Fabrik in Berlin ist sowieso zerstört, er muß jetzt das Stammwerk in Mindenheim ausbauen. Allerdings: die Amis lassen ihn nicht, haben den Laden unter Property Control gestellt, und deswegen sitzt er. Das heißt: er sitzt, weil der Boss der Militärregierung und der CIC-Boss eifersüchtig sind. Also sitzt er unschuldig. Klar. Es ist nämlich so: seine Nichte Carola führt die Fabrik treuhänderisch, und da kann er natürlich alles machen, wie er es will, zumal Carola den Boss der Militärregierung in der Tasche hat, aber nun, wie gesagt, ist der CIC-Boss eifersüchtig geworden und hat seinem Kollegen eins auswischen wollen. Deswegen muß Bergholtz nun sitzen. Na, und dann haben sie noch versucht, ihn zu erpressen! Dieser Kommunist da, der Höcker! Jetzt rechnen sie ihm vor, daß er zwei Millionen für den Freundeskreis des Reichsheinis gestiftet hat. Stimmt gar nicht! Natürlich: auf dem Papier! Aber er ist doch nicht blöd, mein Gott! Wird doch dem Reichsheini keine zwei Millionen in die Taschen gestopft haben! Sieht er so blöd aus? So blöd sieht er nicht aus. Es war eine halbe, höchstens, und die halbe hat er geschickt hochfrisiert, so daß sie wie zwei aussah, und auf die Weise konnte er die halbe voll absetzen, so daß er praktisch gar nichts gezahlt hat. Klar?

Vollkommen klar.

Er lacht stolz und gutgelaunt. Ich bewundere sein Geschick, und sein Stolz und seine gute Laune steigen. Er schlägt Hambacher vor, daß ich zu ihnen in die Zelle komme. Momentan sitzen wir auf dem Hof, in der Sonne, und drüben an der Mauer läuft einer hin und her, der ist ein bißchen bekloppt: rennt immer hin und her und sagt vor sich hin: «Ein Hut – ein Stock – ein Schirm – und: Himmelarschundzwirn!» Ist der Sohn vom Streicher, erfahre ich. Ja, eben von dem! Der war doch Lehrer früher, in Türkheim. Und der Sohn will zu ihnen auf die Zelle. Sie wollen aber nicht. Weil er einen Stich hat. Der denkt, sie seien Nazis. Sind sie nie gewesen. Natürlich haben sie mitgemacht, was bleibt einem denn anderes übrig, fragt Hambacher gekränkt, wenn man das erste Café am Ort hat und ist eine Repräsentationsperson, da muß man halt mitmachen, aber daß es Quatsch war, hat er schon lange gewußt. Und dieser Höcker will ihn jetzt auch erpressen. Sein Laden steht auch unter Property Control. Ja. Das ist ja die Schweinerei. Er hat zwar auch jemanden drin, die Lizzi, die das alles für ihn macht, Freundin von ihm, gibt natürlich wieder Reibereien mit seiner Frau, Herrgott, es ist schrecklich, Frauen übersehen das einfach nicht, was da alles auf dem Spiel steht, und da hat sie dem Höcker gegenüber geplappert. Vermutlich. Woher weiß der das sonst? Obwohl natürlich alles vollkommen verdreht ist. Das nebenbei.

Ich erzähle, von der KP wiederum auf die Partei der neuen Verfolgten umsteigend, einiges von Höcker, besonders, daß seine Frau Kippen sammelt, und erwerbe damit Aufnahme in den Kreis der zur Zeit suspendierten Elite. Sie sprechen von meinem Papa, der auch immer auf die Beine fällt, mit warmer Bewunderung, und heutzutage, das steht fest, muß man einfach schieben, wenn man überleben will, und überleben müssen wir schließlich. Für Deutschland, setze ich leise hinzu, denn das versteht sich von selbst.

Am nächsten Morgen kommt Schorsch rauf, einer der Beamten, und bringt frische Brötchen, Kaffee und Marmelade, Honig, weichgekochte Eier. Bringt Carola jeden Morgen mit. Und mittags kommt Hambachers Freundin und bringt Mittagessen. Zigaretten besorgt Schorsch. Dessen Schwester arbeitet bei den Amis. Er holt auch Bier und spielt abends mit uns Skat in der Wachstube, und dabei trinken wir ein Fläschchen aus Hambachers Keller, und die Beamten werden, was aber überflüssig ist, belehrt, daß die normale Gefängnisordnung mit der sonstigen normalen Ordnung selbstverständlich außer Kraft gesetzt worden ist, und wieso und inwieweit und in welcher Weise sie sich nun auf die Ausnahmesituation einzustellen haben, auf daß es ihnen auch später wohl ergehe und sie lange leben im schönen Vaterlande, denn daß die Verhältnisse sich mal wieder ändern, liegt schließlich auf der Hand, und sie werden ja nicht so dumm sein und sich da selber unglücklich machen wollen.

Das wollen die Beamten keinesfalls, versichern sie einhellig, sie wissen ja auch, daß die Herren hier gar nicht hereingehören tun, daß sie nur verfolgt sind von unseren Feinden, den Amerikanern und Polacken und Juden …

«Und den Kommunisten!» setzt Bergholtz hinzu.

«Ja, freilich, von denen!» sagt Schorsch, die Kommunisten sind die Schlimmsten, hat der Pfarrer auch gesagt, und sein Kollege wundert sich, daß die das überhaupt dürfen: die Herren hier einsperren, aber die machen das ja nicht selbst, erklärt Hambacher, die stecken sich hinter die Amerikaner, und die Amerikaner sind so dumm und fallen drauf rein, aber später werden sie mal merken, auf was sie reingefallen sind, und dann wird es ihnen leid tun.

Jedenfalls sind wir uns alle einig, wir sitzen zu Unrecht, müssen daher entsprechend bevorzugt werden, und schuld sind, weil man mit den Amerikanern noch nicht recht weiß, wie man dran ist, am besten mal die Kommunisten. Das ist am praktischsten und verdirbt nichts.

Zwei Tage später gelingt es mir, mit Ilona zu telefonieren. Übers Café Hambacher. Sie will wissen, wo ich bin, ist ganz durcheinander, die Seegern hat sie rausgeschmissen, jetzt wohnt sie bei Wanda, ob sie was tun kann, der Militärregierungsboss fällt ihr ein, mit dem sie Schluß gemacht hat damals, aber sie kann Adam mal fragen, der kennt da welche, und ob sie mir was bringen soll.

Sie bringt zwei Flaschen Cognac und Kuchen und Schinken und erzählt, daß Adam sie hergefahren hat und gleich mit dem Boss der Militärregierung sprechen wird. Morgen sagt sie mir Bescheid. Und dann geht das alles sehr schnell und unkompliziert: ich krieg einfach die Zeit, die ich gesessen habe, als Strafe aufgebrummt, ohne daß groß diskutiert wird, was ich eigentlich verbrochen habe. Insofern unterscheidet sich die neue Justiz also nicht sehr von der gehabten. Aber vielleicht liegt das im Wesen von Justiz überhaupt.

Immerhin komme ich raus und kann Weihnachten und Silvester im Kreise der Wiesenhofener Hottwollee feiern, in die ich durch den Knast geraten bin. Dies immerhin ist neu: sozialer Aufstieg durch Knast!

1946

werde ich dann richtig in die feinen Kreise eingeführt. Die haben donnerstags ihren Jour fixe im Hotel Meurer, und da lerne ich denn auch die Bergholtz-Nichte Carola kennen und Meurer-Schwiegersohn Mario del Wasweißich, alter italienischer Adel auf jeden Fall, einen Herrn von Fritzen, der zugleich in Baden-Baden und Düsseldorf wohnt und ein Zimmer in Wiesenhofen nebst Sportwagen hat und mit diesem umfangreiche Schiebungen veranstaltet, Interzonenschieber sozusagen, trägt die Tausender gebündelt in der Hosentasche und wird Großabnehmer von Lebens- und Genußmitteln und Großlieferant von Stoffen und Lederwaren. Dann haben wir einen Herrn Schrumpert, der einen Vierkaräter unter den Hammer bringen will, für den Wanda sich sehr interessiert, und dann gibt es einen Obersten a. D., der den Familiengütern in Schlesien nachtrauert und immerzu Papiere sortiert, Wertpapiere, versteht sich, und immerzu ankündigt, daß da mit ihm ein glänzendes Geschäft zu machen sei. Es ist allerdings nicht zu machen, weil er es immerzu bloß ankündigt, um sich in Kredit zu halten.

Fahre mit Carola zum Weekend an den Ammersee, wo der Onkel ein Blockhaus am Wasser und Segelboot besitzt, treffen Hautevolée aus Augsburg und München und umliegenden Dörfern, lauter Elitemenschen, die sich schon wieder hochgerappelt und überall Beziehungen haben, Spezis nennt man das hier, und der ganze Ringelpietz ist eine Spezi-Tauschbörse, für einen guten kriege ich zwei halbsogute, die tausche in wieder in zwei gute, und da Spezis ideelle Werte sind, kann man sie auch mehrmals tauschen, immer dieselben immer wieder, und kriegt auf diese Weise bald eine ganz hübsche Sammlung beisammen. Allmählich setze ich Prestigespeck an. Denn hier wird der Mensch nach dem Gewicht seiner Beziehungen gewogen, und Dame Carola zählt eifrig mit und sortiert zusammen mit mir meine Sammlung, die auch ihre ist, und freut sich mit mir über jede Neuerwerbung, und wenn jemand was braucht und nicht hat, bietet sie mich sofort an: «Er kann alles besorgen!»

Die Leute halten mich für den Weihnachtsmann. Dabei verteile ich nur, was sie selber mir liefern. Was ja auch die Funktion des Weihnachtsmannes ist, und wie beim Weihnachtsmann möchten sie selbst nicht immer als Lieferanten in Erscheinung treten, deswegen drükken sie es dem Weihnachtsmann in die Hand, damit er es, anonymer Herkunft, auf dem Gabentisch plaziert. Auch für den eigenen Tisch dürsten sie nach manchem Wasser, dessen Quelle ihnen zu arg im Sumpf liegt. Sie möchten dort selbst nicht hingehen, sondern lieber frei Haus geliefert haben. Wofür sie nicht nur gut zahlen, sondern taktvoll den Lieferanten für den Prestigeverlust entschädigen, indem sie ihn zu einem tollen Kerl ernennen, quasi als Leistungsprämie.

Zum Beispiel Frau Oberlandesgerichtspräsident Hundsberger, die mit Töchterchen Marianne und Helga, einem Schäferhund und Sohn Hilmar die Wochenenden in unserer Nähe am See verbringt: sie findet die ganzen Verhältnisse ausgesprochen ungesund und meint, es stehe zu befürchten, daß jetzt alle möglichen unqualifizierten Elemente nach oben geschwemmt würden, was weder im Sinne des Oberlandesgerichts noch zum Frommen des Ganzen sei. Und wie immer in solchen Zeiten müsse dem Gesunden, das eine gewisse gesunde Kraft aus sich selbst heraus entwickelt, zum Durchbruch verholfen werden, was soviel heißt wie: sie hält mich für einen derer von Quitzow, was sie mir mit einem mütterlichen Klaps auf die Wange bestätigt. Marianne und Helga bringen andere Quitzows mit: einen abgebrochenen Mediziner namens Charlie, der erfolgreich auf Kosmetika umgestiegen ist und in einer alten Garage alle möglichen Wässerchen und Salben fabriziert, die zwei Unterquitzows auf dem Land gegen Fettigkeiten für ihn verhökern, während er die Parfüms, die er aus Essenzen und Sprit mixt, innerhalb der Elite und an US-Offiziere selbst absetzt. Charlie fährt einen alten DKW, zugelassen von der US-Militärregierung, und besitzt einen dunkel behaarten Brustkorb, der nicht nur Marianne imponiert, sondern auch für die Mama eine Art heraldisches Zeichen derer von Quitzow darstellt. Helga kommt abwechselnd mit einem US-Colonel, dem Herrn von Fritzen und einem verflossenen Leinwandhelden, der hier sein Comeback erwartet. Sie weiß noch nicht recht, auf welche Nummer sie endgültig setzen soll. Vorerst ist der US-Colonel am sichersten und der Filmheld am interessantesten, der von Fritzen jedoch mit seiner Vetternschaft im Ruhrpott könnte zukunftsträchtig sein. Man weiß noch nicht recht, auch die Mama weiß in diesen ungesunden Zeiten nicht recht, wie sie dem Töchterlein raten soll, und rät ihr daher, es mit keinem zu verderben und sich somit vorerst auch für keinen zu entscheiden. Der Papa läßt sich nicht blicken. Als Oberlandesgerichtssenatspräsident scheint ihm weise Zurückhaltung geboten, zumal für das Verhalten in solchen unübersichtlichen Zeiten noch keine verbindlichen Grundsatzentscheidungen vorliegen.

Das Fehlen von Grundsatzentscheidungen entbindet jedoch, zur allgemeinen Erleichterung, auch davon, sie zu beachten. Carola übersetzt das ins Konkrete: «Hier vögelt alles quer durcheinander!» Mit dem Jargon weist sie sich als zur Familie der Quitzows gehörig aus, und Herr Doktor Loebenstein erklärt, die Lebensformen des Feudalen berührten sich in mehr als einer Hinsicht mit denen des Proletariats, Moral und Sitte würden normaliter nur vom Mittel- und Kleinbürgertum streng beachtet und ernst genommen. Doktor Loebenstein, als Sohn eines Studienrates dem Kleinbürgertum entstammend, hofft, durch solche Weisheit sich als Feudalgesinnter zu erweisen. Er weiß darüber hinaus von Nietzsche, daß Moral nur eine Waffe der Zurückgebliebenen sei, ein Trick sozusagen, mit dem die Zurückgebliebenen die Vorausgeeilten bremsen wollen.

Carola gähnt und folgert, den Doktor Loebenstein plage offenbar ein schlechtes Gewissen. Was der heftig bestreitet. «Sehen Sie, was heißt Gewissen? Das ist ja alles – also relativ zumindest! Sehen Sie, genaugenommen bezeichnet man als schlechtes Gewissen ein Unlustgefühl – solche Unlustgefühle können aber auch gerade dadurch entstehen, daß Sie – nun sagen wir: zu gewissenhaft im üblichen Sinne sind! Ja?!»

«Ja», lächelt sie hold. «Mir wären ein paar nette Lustgefühle jetzt lieber!»

Er: «Natürlich! Natürlich! Da haben Sie es ja! Denn – äh – die Lustgefühle lassen Unlustgefühle neben sich sowieso nicht aufkommen – oder nicht durchbrechen – und dann haben Sie keine – das heißt: Sie haben auch kein schlechtes Gewissen – das ist ganz selbstverständlich.»

Sie nickt gelangweilt und möchte wissen, wieso er es dann erst erklärt, wenn es sowieso selbstverständlich ist. Er findet, man müsse sich das bewußt machen, weil einem sonst kein konsequentes Bekenntnis zu sich selbst gelinge. Und dieses Bekenntnis müsse eben rückhaltlos offen sein und müsse den naturgegebenen Gegebenheiten Rechnung tragen. Also etwa den Kräften des Blutes. Dabei greift er sich an die Denkerstirn und zitiert aus seinen früheren, jetzt leider verbotenen Werken, in denen er sich mit den Kräften des Blutes eingehend beschäftigt hat. Man wirft ihm deswegen nun vor, er sei Nazi gewesen. Das stimme gar nicht. Seinen SS-Rang habe er automatisch als Mitarbeiter des Rasse- und Siedlungshauptamtes erhalten, und die Kräfte des Blutes seien schon vor Hitler dagewesen, und im übrigen bewahrheiteten sich solche Dinge immer wieder, ohne sich um parteipolitisches Gezänk zu kümmern – jawohl.

Er blickt umher, im Kreise der Damen, um festzustellen, welche sich zu den Kräften seines Blutes hingezogen fühlt. Er trägt Lederhosen, Kneippsandalen und bloße Beine und einen Strohhut und möchte auch sonst in jeder Hinsicht das Gesunde verkörpern.

Leider sehen die Damen im Moment nicht das Gesunde in solcher Verpackung. Sie haben erfahren, daß die Amis trotz Lucky Strike und Chewing Gum auch ganz gesunde Leistungen zustande bringen. Dagegen ist übrigens nichts einzuwenden, erklärt Loebenstein: die Oberschicht, und nur von dieser kann hier die Rede sein, ist natürlich auch in Amerika das Gesündere, Kräftigere – jawohl.

Der Blut-und-Boden-Doktor wohnt in einem tristen Bauernzimmer mit wackeligen Möbeln und drei Paar alten Schuhen, ein paar Schwarten, Nietzsche natürlich und Goethe natürlich und Spengler natürlich und Moeller van den Bruck natürlich, leidet an Keuchhusten und kaßwoassen Haxn, wie das hier heißt, und trompetet Oden auf jene hinaus, die ihn allenfalls als Trompeter bei sich dulden. Natürlich geht es der Oberlandesgerichtssenatspräsidentin nicht anders: sie meint, indem das Oberlandesgericht der herrschenden Clique dient, gehöre sie auch selbst schon dazu, und die Familie Hundsberger habe durch solche treuen Dienste das Anrecht erworben, in den Feudalhimmel aufzusteigen. Vor diesem steht sie nun mit beiden Töchtern und paßt scharf auf, damit die Kinder den Einlaß nicht versäumen.

Ich finde das alles sehr lustig, und Carola findet, wenn wir zusammen am Ammersee sind, genau dasselbe. Zu Hause jedoch besinnt sie sich auf die dort geltenden Phrasen und bemerkt die Komik nicht mehr und entwickelt Thesen, das Regime der Zuhälter zu rechtfertigen. Mein Hinweis, daß Onkel Bergholtz ein Zuhälter sei, prallt daher ab, surrt wie ein Querschläger durch die Gegend und zerreißt alle bisher gepflogenen freundschaftlichen Bande. Herr Doktor Bergholtz ist natürlich kein Zuhälter, denn er schickt Carola nicht auf den Strich und läßt sich von ihr nicht aushalten, sondern hat lediglich die Geschäftsführung der eigenen Fabrik ihr übertragen, und sie revanchiert sich, indem sie Beziehungen zum Militärregierungsboss und neuerdings auch zum CIC-Chef unterhält. Sie braucht nicht einmal mehr selbst mit den Herren ins Bett zu gehen, sondern hat in ihrer Friseuse und einer Angestellten zwei Vertreterinnen gefunden, die den Herren noch ausschließlicher zu Diensten sind. Der Tatbestand der Zuhälterei nach § 181 StGB ist damit in keiner Weise erfüllt, und auch § 180 StGB, Kuppelei, kommt hier nicht in Frage, denn wenn Carola durch Einladungen der Herren und Damen der Unzucht Vorschub leistet, so meint der Gesetzgeber mit dem Paragraphen 180 StGB dennoch etwas ganz anderes und hat überdies bei Schaffung des Gesetzes nicht voraussehen können, in welcher prekären Situation die Elite sich eines Tages befinden könnte. Eine solche außergewöhnliche Situation erfordert auch außergewöhnliches Handeln und außergewöhnliche Maßstäbe.

Obwohl ich dem Bergholtz seine Zuhälterei gar nicht vorwerfen und Carola die Kuppelei nicht einmal übelnehmen will, möchte ich doch gern in einer Welt leben, wo schwarz schwarz und weiß weiß bleibt, ungeachtet der jeweils wechselnden Situation.

Ich lande aufs neue bei Fräulein Seeger, sitze mit ihr und Sophie nach dem Essen beim Kaffee, und höre, KPD-Chef Höcker sei mit Kasse und Gattin durchgebrannt und habe nichts weiter als Schulden und wilde Gerüchte zurückgelassen. Die einen wissen, daß Höcker ein ehemaliger Scharfrichter gewesen sei, in anderer Version auch Gestapobonze, der sich hier zur Tarnung als Bolschewik etabliert habe, die anderen munkeln, er sei von der KP-Leitung nach Berlin zurückbeordert worden, die dritten wiederum beschwören, er sei ein entsprungener Sträfling gewesen, krimineller KZler, der sich hier als politisch Verfolgter ausgegeben habe, um ehemalige Nazis erpressen zu können.

Welche dieser Versionen nun stimmt, erfährt man nicht, und es ist auch gleichgültig, als wichtigstes Resultat kann jedenfalls die Tatsache gefeiert werden, daß die Kommunisten nun als üble Schurken entlarvt sind, was die meisten Leute sowieso schon immer gewußt haben.

Fräulein Seeger erinnert sich, daß sie in Höcker schon immer den Antichristen erkannt habe, an dem wüschten Schnurrbart und den stechenden Augen und überhaupt, und außerdem ist er nicht katholisch gewesen und nicht in die Kirche gegangen, und dafür hat ihn unser Herr nun bestraft, das geschieht dem wüschten Kerle ganz recht. Sie hingegen, die jeden Morgen in die Kirche geht, wird vom Herrn sichtbarlich belohnt: sie schleppt aus dem Kloster Honig und Käse und Eier und feines Leinen an, das der Herr durch Noah über die Sintflut hat retten lassen, und das alles zu Vorzugspreisen für Gläubige, die um fünfzig Prozent unter den üblichen Schwarzmarktpreisen liegen. Ich erfahre durch Fräulein Seeger, daß ich solchem himmlischen Segens ebenfalls teilhaftig werden könne, wenn ich mein Heidentum aufgäbe und meine Seele von ihr retten ließe. Sie zückt insgeheim schon ihr Kontobuch, in dem sie alle guten Werke, die sie tut oder zu tun meint, fein säuberlich aufführt, um dermaleinst ihr Anrecht auf einen Logenplatz im Himmel damit geltend machen zu können.

Immerhin hat Fräulein Seeger den Vorzug, eine harmlose Irre zu sein, die nicht gleich mit Feuer und Schwefel oder mit Gas missioniert, sondern sogar Verständnis für das sündige Treiben ihrer Umwelt aufbringt: die Amimädchen, die bei ihr essen, dürfen ruhig von ihren Erlebnissen schwätzen, man darf sich auch mit einer auf der Couch wälzen und knutschen, und wenn Fräulein Seeger das wüscht findet und wegschaut, ist auch das nicht allzu ernst gemeint, es bereitet ihr sogar eine gewisse Genugtuung, weil durch die Minuskonten der anderen ihr eigenes Pluskonto erheblich an Wert gewinnt.

Aber ich sitze da und gucke und weiß nicht: was mach ich hier? Dieses Kaff beginnt, mir auf den Geist zu gehen.

Da trifft sich's gut, daß Elfie reinschaut, Frau Schmalstich. Sie schleppt einen Koffer und einen Seesack, will nur schnell ein Omelett essen und dann zur Bahn, nach München. Während des Omeletts höre ich eine Ehetragödie: der Schmalstich sitzt nur noch da und zählt Geld und rechnet und plant – sie will da raus, ab nach München!

München hört sich gut an – also ich auch!

Unterwegs im Zug imitieren wir Schmalstich: schmieden Pläne. Nur nicht so konkrete.

Das hat den Vorteil, daß man sie bunter ausgestalten kann.

Aber dann wird's doch noch konkret: Elfie dreht nämlich die ganze Zeit an einem Brillantring, und da ich frage, ob der echt sei, platzt sie mit einer tollen Story raus: der Schmalstich, der Schuft, hat sie nämlich auf einen Arzt aus dem UNRRA-Krankenhaus angesetzt, und der wiederum hat irgendwelche Pülverchen auf die Seite gebracht, Codein, Morphium, alles mögliche, sie versteht davon nichts, hat nur mitgekriegt, daß der Onkel mit dem Erlös seinen Absprung in die Neue Welt finanzieren will. Und was der kann, kann sie schließlich auch: wird den Aufbruch in ein neues Leben damit finanzieren. Sie hat sich die Schätze also unter den Nagel gerissen, und den Brillantring auch gleich bei der Gelegenheit. Auf die Frage: wie? winkt sie ab. Erzählt sie mir später mal, vielleicht. Erst mal werden wir uns in München umsehen. Allerdings gibt's da nicht viel zu sehen. Hauptsächlich Trümmer. Man empfiehlt uns ein Restaurant: Metropol in der Goethestraße. Sieht aus wie ein Trümmerkeller, aber unten laufen Kellner im Frack und übereifrige Piccolos herum, und die Speisenkarte hat vier Seiten. Ein Piccolo legt sie uns vor, schaut uns einen Moment von der Seite an, schaut auf meine Amizigaretten und Elfies Brillanten und fragt dann, ob die Herrschaften genügend Marken haben.

Elfie blickt von der Karte auf. Hat bereits festgestellt, daß man hier nie genügend Marken haben kann. Der Piccolo verspricht, das zu regeln. Wir sollen ruhig bestellen und den Kellner auf ihn verweisen.

Da es so bequem ist, bestellen wir kreuz und quer: Roastbeef, kalt, mit Remoulade, Gemüseplatte, Filetsteak mit Pommes frites. Und es wird auch tatsächlich serviert. Toll! Irrtum ist kaum möglich, denn wir haben es schon im Bauch. Elfie klopft sich auf ihren, genießt die leergegessenen Platten und die Kellner mit Frack und den Piccolo, der dafür ein Candy von ihr bekommt. Dafür empfiehlt der sich als Hoflieferant. Und empfiehlt uns für den Nachmittag das Deutsche-Theater-Café.

Im Deutschen-Theater-Café lernen wir einige Leute kennen, die alles mögliche anbieten und alles mögliche suchen, und durch geschicktes Ausfragen ermittle ich einen Schweizer, der Medikamente sucht. Er bewohnt in Bogenhausen eine halbleere Villa zusammen mit einem jungen Mann, der sich als Detlev vorstellt. Der Schweizer heißt Mühri oder Mühli oder ähnlich. Er bietet einen Wermut an und fragt nach dem Stoff. Er entnimmt jedem Glas eine Probe, läßt uns bei Wermut und Tanzmusik im Gartenzimmer warten, kehrt zurück und nennt einen Preis, bei dem Elfie mir auf den Fuß tritt. Zum Glück fasse ich es falsch auf und lehne ab. Daraufhin geht Herr Mühli bis zum Äußersten und legt noch fünf Mille dazu. Ich werde tollkühn und treibe ihn bis zum Alleräußerten: er legt nochmals drei Mille dazu. Ich will ihn nicht unglücklich machen und schließe ab. Detlev erhält einen Wink und bringt ein kleines Köfferchen, dem Herr Mühli Banknotenbündel entnimmt.

Nachher machen wir Kasse und träumen von Sankt Moritz, Riviera und Miami. Und vom Rio de la Plata, wo der UNRRA-Doktor eigentlich hin wollte. Doch dann holen wir uns von unserem Piccolo im Metropol einen Tip, in welchem Hotel an welchem See sich die letzten Tage des Sommers ebenso angenehm wie standesgemäß und nutzbringend verleben lassen, legen einen Abstecher nach Landsberg ein, wo ich noch immer als Adams Kompagnon geführt werde und wir unsere Garderobe auf den neuesten Stand der Mode bringen.

Einmal dabei, decken wir uns auch gleich mit Schokolade und Getränken ein, so für zwei bis drei Wochen.

Die zwei bis drei Wochen im Hotel zur Post, drei Minuten vom See, mit eigenem Strand, mittwochs und samstags Tanz, sind recht nett und liegen weit abseits von der übrigen Welt und ihrem Morgenthauplan. Da dieser für mich ohnehin nicht bestimmt sein kann, wie ich mir in Bad Kreuznachs Gefangenenlager geschworen habe, habe ich das Gefühl, hier genau richtig zu liegen. Elfie hat dasselbe Gefühl, es kann also nicht nur Einbildung sein. Und auch die anderen Herrschaften, die wir hier treffen, versichern sich mit Tun und Reden, nicht betroffen zu sein. Das Hotel zur Post ist eine Arche Noah des Morgenthauplanes.

Abends ist Tanz, bei dem Elfie ein halbes Dutzend potentielle Spezis kennenlernt und auch mir gleich vorstellt. Wir firmieren, weil das hier gut ankommt, als Verfolgte, denen Entschädigungen zu- und bevorstehen. Darauf hat uns ein Herr Klapka gebracht: Klapka will eine Zeitung gründen. Oder Filme drehen. Genau weiß er noch nicht. Jedenfalls muß es eine Sache sein, in die man größere Mengen Reichsmark investieren kann. Reichsmark besitzen nämlich, legt Klapka dar, an sich keinen realen Wert, man muß sie also realisieren, indem man sie in einen Betrieb steckt, der bei minimalem Rohstoffbedarf durch lohnintensive Produktion ein Maximum an Wert erzeugt und darüber hinaus realwertige Bezugsrechte schafft. Das hat der Stefan Klapka aus Leitmeritz sehr schön gesagt.

Elfie findet ihn hinreißend interessant und hat eine Schauspielschule besucht. Ich bin Journalist und Dramaturg. Damit Herr Klapka sich aussuchen kann. Der findet, das treffe sich ja gut! Finden wir auch. Um ihm darzulegen, wie gut es sich trifft, wiederholen wir, vom Morgenthauplan nicht betroffen zu sein. Denn er möchte auch nicht betroffen sein und gern auf unserem Amnestieticket mitreisen. Wir müssen uns also unbedingt mal unterhalten.

Damit er nicht denkt, daß wir auch müssen, weichen wir ihm am nächsten Tage aus und besuchen im Gasthaus zur Krone eine Parteiversammlung. Ein kleiner dicker Mann im Trachtenanzug beklagt zunächst das Fehlen von Weißwürsten und die schlechte Qualität des Biers und schimpft sodann auf Nazis, Kommunisten, Preußen und Protestanten, was für ihn alles dasselbe ist, und ruft zur Treue gegenüber dem angestammten Fürstenhaus auf. Es gibt viele kernige Zwischenrufe, die den Preußen gelten, und viel Applaus. Ich merke, daß die Preußen die Juden Bayerns sind, und höre, daß in Bayern die Lebensmittel nur rationiert sind, weil alles nach Preußen geschickt werden muß. Zuerst will ich das nicht ganz glauben, aber da ich erfahre, daß Preußen bereits in Nürnberg beginnt, scheint mir auch alles andere gut möglich.

In der Wirtsstube stolpere ich in ein Gesicht, das verbissen, aber mit Haltung ins Leere stiert: der gewesene Leutnant Schönmüller. Er trägt noch seine auf zivil hergerichtete Leutnantsuniform, dazu ein buntes Schihemd und dreckige Fingernägel.

Ich bleibe neben seinem Tisch stehen und frage: «Na, wie geht's denn?»

Er schaut mich groß an, dann springt er auf und strahlt freudig: «Ach, Sie sind's! – Mit Frau?»

«Nein, Freundin! Tochter vom Senator Bocksberger!»

«Oh – sehr angenehm!» Er macht eine zackige Verbeugung. Elfie lächelt hold. Damit sie Bescheid weiß, erkläre ich, Senator Bocksberger sei, wenngleich der Öffentlichkeit kaum bekannt, einer der Mächtigen im Lande.

Schönmüller macht wieder «Oh!» und bietet Platz an. Er würde sich brennend gern unterhalten. Mit den Mächtigen. Für die hat er schon immer was übrig gehabt. Und er hat damals in Stahnsdorf schon gewußt, was in mir steckt. Daß ich es mal weit bringen werde. Er habe auch immer auf meiner Seite gestanden – zumindest innerlich. Das muß ich ja gemerkt haben – nicht wahr? Ihm selber geht es nicht gut. Er arbeitet als Fahrer in einer Kohlenhandlung. Dabei hatte er sich auf den höheren Verwaltungsdienst vorbereitet. Er will natürlich nicht klagen, im Gegenteil: er sieht das als eine Bewährungsprobe an, jetzt diese schwere Zeit. Vielleicht sei es sogar gut, meint er, wenn jeder, der später in gehobener Position sitzen wolle, sich zuerst einmal bei einer Handarbeit bewähren müsse. Wie es schon bei den Soldaten hieß: nur wer gehorchen gelernt habe, dürfe auch kommandieren. Nicht wahr? Er schaut uns an und hätte gern eine Bestätigung.

Ich sage leutselig: «Na, Sie werden es schon schaffen!»

Darauf nickt er. Beflissen und erfreut, daß er richtig eingeschätzt worden ist. Natürlich wird er es schaffen. Er will auch nicht klagen. Er erträgt das jetzt eben, mit zusammengebissenen Zähnen. Die liegen ihm sowieso, und er wird sie auch im höheren Verwaltungsdienst später beibehalten. Schon, um zu zeigen, daß er es auch schwer gehabt hat. Und noch hat. Im Moment muß er erst den Spruchkammerbescheid abwarten, erzählt er. Und wer weiß, wie der ausfällt.

Elfie spielt Tante Grete und sagt streng: «Sehen Sie! Das kommt davon!»

Daraufhin verteidigt er sich mit großem Eifer: er sei ja auch immer dagegen gewesen – zumindest innerlich. Mehr konnte man ja nicht tun. Natürlich ist das alles falsch gewesen, der ganze Krieg und alles, davon ist er jetzt felsenfest überzeugt.

«Zumindest äußerlich!» ergänzt Elfie boshaft und verwirrt den armen Mann damit vollends. Er versichert eifrig: nein, er habe das schon längst begriffen, habe er damals schon gewußt, aber jedem sei es nicht gegeben, aktiv dagegen aufzustehen und zu rebellieren. Zum Schluß tut er mir beinahe leid, und ich schenke ihm ein Päckchen Zigaretten und ein paar Marken.

Er dankt überschwenglich und verspricht, die Zigaretten nicht zu rauchen, sondern zu verkaufen, da das Päckchen hundert Mark kostet, wäre es Verschwendung, sie zu rauchen.

Der Almosenempfänger ist hierzulande gehalten, durch den Nachweis, kein Verschwender zu sein, sich als des Almosens würdig zu erweisen. Kenne ich. Gehen wir lieber und lassen ihn in seinem Wahn! Vielleicht braucht er den.

Elfie möchte wissen, wer das gewesen ist. Ich erzähle es ihr. Sie resümiert: «Also ein Schmalstich!»

«Ja – auch einer.»

«Und wofür hast du ihm jetzt noch Zigaretten gegeben?»

«Möchte ich selber gern wissen.» Er hat mich so hoffnungsvoll, verzweifelt, reumütig, bittend, unschuldig, zutraulich, verlassen angeschaut. Als ob ich ihn, wenn ich ihn nur schon für bewährt genug hielte, durch meinen Senator in den höheren Verwaltungsdienst einschleusen könnte.

«Und wenn er da drin sitzt», prognostiziert sie lebenserfahren, «und du willst was von ihm, dann läßt er dich abblitzen.»

«Aber er wäre mir sicher sehr dankbar.»

«Ja – innerlich!»

Wir wenden uns wieder dem Klapka Stefan zu, der größere Mengen Reichsmark wertbeständig und wertvermehrend anlegen möchte. Elfie bringt ihn, ohne es zu merken, auf die Idee, Kunsthändler zu werden, indem sie einen Van Gogh, den irgendwer unter den Hammer gebracht hat, als jüngste eigene Erwerbung ausgibt. Klapka bekommt einen schwärmerischen Fernblick und sieht verborgene Schätze. Er ist nämlich bei Kriegsschluß in Österreich gewesen und hat dort allerlei munkeln hören. Nach zwei Minuten genügt das Gemunkel ihm nicht mehr, und er ist nun selbst dabeigewesen: wie sie Kunstschätze in stillgelegte Bergwerke gebracht haben. Ob sich da nichts machen läßt?

Wir wissen nicht, was sich da machen läßt. Wir wissen nicht einmal, was sich mit dem Klapka machen läßt. Wir merken, daß Phantasten schlecht aufs Kreuz zu legen sind. Man kann sich höchstens eine Kollektion Phantastika von ihnen geben lassen und sie darum prellen.

Indessen horcht Klapka herum und bringt ein erstes Kunstwerk angeschleppt: einen echten Corinth. Was der wert sei. Ich weiß nicht, was echte Korinten wert sind, und muß nach München fahren, meinen Schweizer Verbindungsmann fragen. Der wäre bereit, einige Fränkli anzulegen, aber er muß das Stück natürlich vorher sehen und einen Fachmann beiziehen. Wie ich das dem Klapka berichte, muß der auch jemanden beiziehen, und vor allem muß man sich sichern, höre ich. Höre dann wieder von dem Schweizer, wie der sich sichern muß.

Während sie sichern, kommt das Überfallkommando. Das bringt Elfie und mich zum Hotel am Dom, auch als Polizeigefängnis in der Ettstraße bekannt.

Ich möchte Elfie noch kurz sprechen und verabreden, wie wir uns wieder treffen, doch das wird von einem sittenstrengen Polizeimeister mit ungeheurem Stimmaufwand verhindert. Seine Ansicht: wenn wir zusammengehören, treffen wir uns nachher sowieso wieder, und wenn wir uns nachher nicht treffen, dann gehören wir auch nicht zusammen. Und was nicht zusammengehört, muß getrennt werden. Ich komme in ein Kabuff, das sich Warteraum nennt.

Zwanzig wartende Gestalten geben mir Tips, wie ich was verstekken muß. Einer will wissen, was ich ausgefressen habe. Das möchte ich auch wissen. Ich habe mit Elfie in einem Zimmer gesessen, in der Villa des Schweizers, wo in anderen Zimmern Verkäufer, Vermittler, Käufer und Experten saßen, und auf einmal gab es Geschrei und Gerenne, auf dem Flur sah ich noch, wie Detlev von einem in den Magen gebufft wurde und zusammenknickte, der Schweizer raste ans Telefon und kreischte, anschließend kam die Polizei, stellte treffend fest, der Herr Mühli sei offenbar Räubern zum Opfer gefallen, kontrollierte allerseits Papiere, bemängelte meine Nichtpapiere, und da die Räuber nicht mehr greifbar waren, das Überfallkommando aber eine Jagdtrophäe mitzubringen verpflichtet war, nahmen sie mich. Dadurch fühlte Elfie sich wiederum geschädigt und fing ihrerseits an zu kreischen, worauf der Polizeihauptmann fand, dann sei sie sicher auch so eine. So eine, die vom Gesundheitsamt kontrolliert werden muß. Also durfte sie mitfahren. Herr Mühli fand das nur recht und billig: war er geschädigt, mußten auch andere geschädigt werden. Er übersetzte es ins Hochdeutsch der Anklageschriften und fand uns hinreichend verdächtig, mit den Räubern unter einer Decke gesteckt und für diese den Coup ausbaldowert zu haben. Es geschah uns folglich ganz recht.

Uns geschieht nunmehr weiter recht, erfahre ich von einem Kripo, indem daß wir getrennt werden. Er wiederholt im übrigen die Trennungstheorie des Polizeimeisters, sodann kommt er auf die Kriegsschuldfrage und spricht sein Urteil über Preußen und findet mich hinreichend verdächtig, mich dem seiner Ansicht nach nur für Preußen gedachten Morgenthauplan entzogen und das Land Bayern durch unbefugten Verzehr von hierorts dringend benötigten Lebensmitteln aufs schwerste geschädigt zu haben. Wenn er die Anklage zu vertreten hätte, könnte ich damit rechnen, als Volksschädling zum Tode verurteilt zu werden.

Ich werde aber vom amerikanischen Schnellrichter nur zu 14 Tagen verurteilt, werde nach Stadelheim gefahren und dort eingeliefert. Es gelingt mir, von Experten beraten, zwanzig Zigaretten, etwa dreitausend Mark und meine zweite Uhr miteinzuschmuggeln. Die hätten sie mir sowieso abgenommen: wer mehr als eine Uhr hat, ist automatisch Schwarzhändler. Mein nicht verstecktes Geld haben sie mir auch abgenommen.

In Stadelheim werde ich in eine Zelle gesteckt, zweieinhalb mal drei Meter, fünf Mann drin, schlafen auf dem Fußboden, stinken, haben Hunger und nichts zu rauchen. Ich stecke eine Zigarette an und lasse die rundgehen. Werde für einen Großfürsten gehalten. Einer von minderem Adel, weil er immerhin wohnt und Papiere besitzt, heißt Rudi Sommer, hat noch fünf Tage, zehn gehabt, weil er bei den Amis, wo er arbeitet, ein Stück Seife hat mitgehen lassen. Die andern drei erscheinen düsterer. Einer will, was ihm aber niemand glaubt, da er ausgefranste Hosen hat, einen Tankwagen voll Benzin verschoben haben. Einer hat in eine Villa eingebrochen. Einer hat schwarzgehandelt. Alle haben Hunger. Zum Abendbrot gibt es pro Mann drei niedliche Pellkartöffelchen, so groß wie Kirschen und mit einem Geruch nach Misthaufen, und eine Kelle rote Bete, dazu zwei Scheiben Brot.

Ich bin satt.

Die anderen teilen sich meine Kartoffeln, schlucken sie gleich mit Schale. Ich halte mich, um Großfürst zu bleiben, ein bißchen abseits. Möchte mich nicht anstecken lassen.

Nach dem Abendbrot hauen sie sich hin und erzählen Lebensläufe. Kein interessanter dabei. Schuld sind die Amis, die Kommunisten, die Bayern, die Juden. Die deutschen Polizisten sind Verräter, die Franzosen sind Schweine, die Richter schieben auch. Göring hat es ihnen in Nürnberg ganz schön gegeben, die Tschechen sind viel schlimmer, wenn wir den Krieg nicht verloren hätten, hätten wir ihn gewonnen, und dann wäre alles anders. Einer sagt, er war bei den Edelweißpiraten, einer will als blinder Passagier nach Amerika, einer geht zur Fremdenlegion.

Halbwegs normal erscheint nur Rudi Sommer. Wohnt in der Adelheidstraße, arbeitet bei den Amis. Erzählt von der Adelheidstraße, von der Mutti, vom Bruder, von der Schwester. In fünf Tagen kommt er raus. Wenn ich was kaufen will, soll ich bis morgen warten, nicht den Kalfaktor fragen, der nimmt das Geld und spritzt mich. Morgen früh bei der Freistunde auf dem Hof geht das besser.

Bei der Freistunde müssen alle ihre Sachen mitnehmen, weil die Zellen offenbleiben und ausgefegt werden, daher stehen alle mit ihren Sachen auf dem Hof herum, und es geht ein irrsinniges Handeln los. Ich kaufe von einem zwei Brote zu je hundert Mark und ein Pfund Schmalz für fünfhundert. Die Preise liegen hier etwa so wie in Berlin 45. Eine Zigarette kostet fünfundzwanzig, ein Paket Amitabak zweihundert Mark. Ich nehme auch ein Paket Tabak. Damit mir die anderen nicht meine Zigaretten wegrauchen. Gebe ihnen ein Brot und einen Klacks Schmalz. Sie fallen darüber her. Rudi bekommt nichts ab. Das hat für ihn den Vorteil, daß ich nun das andere Brot mit ihm zusammen esse. Auf diese Weise bekommt er ein halbes. Sonst hätte er nur ein Viertel bekommen. Außerdem gebe ich ihm den Tabak zum Verwalten.

In fünf Tagen, verspricht er, wenn er draußen ist, kommt er sofort her und bringt mir was.

Die anderen warnen mich: macht der nie! Ich soll nicht so dumm sein und dem alles in den Rachen stecken. Kümmere mich nicht darum, sondern kaufe weiter jeden Tag zwei Brote, Schmalz nur noch für mich und Rudi, die Tabakration muß ich kürzen. Sonst komme ich mit meinen drei Mille selber nicht hin. Rudi sagt, ich brauche mir keine Sorgen zu machen, er kommt bestimmt. Die anderen warnen wieder. Meinen es gut mit mir. Weiß ich. Rudi sagt, wenn ich rauskäme und wüßte nicht, wohin, sollte ich zu ihm kommen. Nun warnen die anderen noch mehr. Ich glaube, der Fimmel kommt von der Unterernährung.

Am fünften Tag morgens um sieben wird Rudi entlassen. Die anderen bieten Wetten an, finden aber keinen Partner, weil alle auf dasselbe setzen wollen: daß Rudi nichts bringt.

Mittags bringt ein Wachtmeister einen Karton, fünf Brote drin, eine Büchse Corned Beef, eine Büchse Butter, fünf Päckchen Tabak und Zigarettenpapier. Die anderen schlittern zwischen Jubel und Enttäuschung hin und her. Fressen gierig, nehmen es Rudi aber übel, daß er sie widerlegt hat. Finden schließlich den Ausweg aus dem Dilemma, indem sie ihn anklagen, er habe das extra gemacht. Nur damit sie nicht recht behalten.

Nach drei Tagen trudelt abermals ein Karton ein, dazu eine Karte von Rudi mit Gruß und Adresse. Die Karte darf ich aber nicht haben, weil das nicht sein soll: daß sich hier welche kennenlernen und dann draußen treffen. Die Adresse von Rudi habe ich aber trotzdem. Im Kopf. Gut, daß sie da keiner sieht, sonst würden sie mir den Kopf auskratzen lassen.

Bei der Entlassung erfahre ich: mein Geld ist beschlagnahmt.

Ich frage: wie denn das, bitteschön?

Für diese Frage sind sie nicht zuständig. Da muß ich mich an den Sachbearbeiter bei der Kripo wenden.

Und wie komme ich zur Kripo, bitteschön?

Da muß ich in der Ettstraße fragen.

Aber wie komme ich zur Ettstraße, bitteschön? So ganz ohne Geld.

Das ist meine Sache.

Aha! Na schön – das werden wir gleich haben: wir schauen mal drüben bei den Beamtenhäusern nach, wo ein Fahrrad unbewacht steht, und das nehmen wir dann eben.

In der Ettstraße ist zunächst kein Sachbearbeiter zuständig, und ein Unzuständiger erklärt mir dann, mein Geld sei selbstverständlich beschlagnahmt. Das ist immer so.

So? Und wie weiter?

Das ist meine Sache.

Aha! Na schön – das werden wir auch gleich haben! Verkaufen wir das Fahrrad! Doch das läßt sich nicht mehr verkaufen. Es ist nämlich weg, wie ich aus dem Hause komme. Offenbar treiben hier Fahrraddiebe ihr Unwesen.

Ich schlendere zum Bahnhof, komme am Matthäser vorbei, wo sich der Schwarze Markt etabliert hat, biete meine Uhr an. Einer nimmt sie, rast mit mir durch halb München und drückt mir schließlich hundert Mark in die Hand. Es muß sich offenbar um ein Mißverständnis handeln. Ich hatte zwei Mille verlangt, und die schon als Sonderpreis.

«Zwei Mille?» macht der andere empört. «Das ist ja Schwarzhandel! Komm mal her, Richard!»

Richard, der drei Schritte daneben gestanden hat, kommt her, weist sich als Polizeibeamter aus, fragt, um was es sich handele.

Ich könnte ihm sagen, um was es sich handelt. Um Erpressung. Aber als Polizist weiß er das sicherlich selbst. Und außerdem weiß er genau, daß ich nichts machen kann. Immerhin merke ich mir die Gesichter und suche Zuflucht in der Illusion, mich gelegentlich revanchieren zu können.

Nachdem die Illusion sich verflüchtigt hat, fahre ich in die Adelheidstraße. Rudi ist jedoch nicht zu Hause, sondern kommt erst abends. Solange sitze ich auf einer Bank an der Isar und meditiere über die Grundfragen der menschlichen Existenz: wie man an Zuzug und an Papiere kommt. Und wie ich Elfie wieder treffe. Und wo ich heute nacht schlafen kann. Und woher ich was zu essen kriege. Überlege, ob ich zu dem Herrn Mühli gehen soll. Der ist aber sehr kräftig und hat außer Detlev noch einen Hund im Hause. Mache mich wieder auf den Weg zu Rudi, unterwegs zögere ich wieder, denke an Elfie und überlege, ob ich nicht auf der Polizei erfahren kann, was mit ihr geschehen ist. Weiß aber schon, was sie mir antworten werden. Gehe weiter zu Rudi.

Inzwischen ist er zu Hause, stellt mich der Mutti vor und lädt mich zum Abendbrot ein, außerdem kann ich eine Nacht bei ihnen schlafen. Auf einem Liegestuhl, den sie in die Küche stellen. Rudis Bruder erteilt Rechtsberatung: die Kripo kann kein Geld beschlagnahmen, ich soll zu dem Richter gehen und den fragen. Und Elfie sei entweder zum Gesundheitsamt gekommen und danach wieder freigelassen worden, oder sie ist in der Dietlindenstraße, im VD-Krankenhaus, denn die weisen ein, wie es ihnen paßt. Er kennt das, seine Freundin hat auch drei Wochen drin gesessen. Weil sie auf dem Gesundheitsamt protestiert hat. Die machen das, wie sie wollen. Er kennt sich da aus.

Zunächst versuche ich am andern Morgen noch einmal, mein Geld zu kriegen. Will den Ami-Richter sprechen, werde von einer Stelle zur anderen geschickt, komme dabei an einem Zimmer vorbei, in dem laut Hinweistafel die Rückgabe von beschlagnahmtem Eigentum bearbeitet wird. Ich stelle mich an und lasse meine Frage nach meinem Geld bearbeiten. Eine Dame geht ab, sucht in Akten, nimmt Zettel, fragt nach, läßt abzeichnen, holt Formulare, läßt mich ausfüllen, trägt die Formulare im Haus herum, bringt einige wieder, schlägt nach, weist an, nimmt in Empfang, bestätigt, läßt mich unterschreiben, zählt mir tausend Mark hin. Ich frage nach dem anderen. Über das andere kann die Dame keine Auskunft geben, tausend Mark seien freigegeben. Das andere werde womöglich aus strafbaren Handlungen stammen. Die scheinen Hellseher zu beschäftigen hier. Von mir aus: sollen sie sich einen Panzer dafür kaufen, genau wie die Nazis, und damit nichtstrafbare Handlungen veranstalten!

Ich nehme meine tausend Mark und verdufte. Sonst kommt womöglich noch einer auf die naheliegende Idee, daß die tausend Mark gleichfalls aus strafbaren Handlungen stammen.

Fahre in die Dietlindenstraße und suche das VD-Krankenhaus, brauche nicht groß zu suchen: am Tor steht ein Posten, am Zaun stehen Kerle, in den Fenstern hängen Weiber, alles schreit hin und her. Der Posten läßt keinen rein und keinen raus, für Fragen ist er nicht zuständig, und im übrigen seien Besuche sowieso verboten. Ich frage, wer für Fragen zuständig sei, und höre: das Büro. Zum Büro kann ich aber nicht gehen, weil niemand rein darf, wie gesagt. Kenne ich, das System. Ich finde aber ein Telefon und damit ein Sprechloch zum Büro. Eine Dame fragt, was ich wünsche. Ich wünsche Elfie. Die Dame fragt, in welchem Zimmer Elfie liege. Keine Ahnung, sage ich. Bitte, das festzustellen. Die Dame legt den Hörer ab, geht weg, feststellen, kommt zurück, hat festgestellt, daß eine Frau Schmalstich nicht eingeliefert worden sei. Setzt ungefragt hinzu, die werde sich vermutlich woanders herumtreiben. Bevor sie noch weiter ausführen kann, was sie von der Frau Schmalstich hält, hänge ich ein. Bin so klug wie zuvor. Nein, ein bißchen klüger, ich sehe allmählich ein, daß Elfie weg ist. Schade. Hatte mich schon so dran gewöhnt. Hoffentlich haben sie ihr wenigstens den Brillanten gelassen. Damit sie neues Startkapital hat. Aber wahrscheinlich wird sie sich den von einem abnehmen lassen. Sie läßt sich immer alles abnehmen. Von dem einen, mit dem sie gerade zusammen ist. Während sie ihrerseits den anderen alles abnimmt. Für den einen ist das sehr angenehm.

Ich fahre wieder zum Hauptbahnhof. Stelle fest, daß mein Hemd dreckig ist und meine Absätze schiefgelaufen sind. Und der Anzug sieht aus wie nach vier Wochen auf dem Heuboden. Hunger habe ich auch schon wieder. Kaufe mir ein paar Marken und esse im Schnellimbiß Leberkäse mit saurem Kartoffelsalat. Muß fünf Mark Pfand für die Gabel hinterlegen. Jemand flüstert mich an, ob ich Zigaretten brauche. Ein anderer offeriert Schokolade. Ich brauche Handtuch und Seife, aber das bietet niemand an. Wie ich die Gabel zurückgeben will, ist sie weg. Mitsamt der Pfandmarke.

Ich gehe rüber zum Matthäser und besichtige mein neues Tätigkeitsfeld. Was anderes wird mir nicht übrigbleiben. Sitze an einem Tisch, kriege einen Maßkrug hingestellt, höre Blasmusik, sehe kindische Amis, die zu der Musik den Takt auf den Tisch trommeln.

Wie ich mal auf die Toilette gehe, merke ich, daß da die Zentrale ist.

Man kommt kaum an die Pißbecken, so voll ist es. Angebot und Nachfrage werden laut ausgerufen. Gehandelt wird in Kleinstmengen, Zigaretten stückweise, Marken grammweise, größere Objekte fehlen. Die Mittelhändler: Marken in Kilo, Zigaretten im Päckchen, sitzen oben im Bierschuppen an den Tischen. Draußen im Trümmergelände wogt alles durcheinander: Klein- und Kleinsthändler, Gelegenheitsverkäufer, Amateure und Spritzer. Letztere sind eine Art Vulgärquitzows: nehmen Verkäufern Ware ab und zahlen, dummdreist, Friedenspreis. Ich suche Großhändler, merke aber, daß deren Sitz streng geheimgehalten wird, hänge mich einem Mittelhändler an die Fersen und entdecke auf diese Weise das Café Grünwald. Dort, von einigen Juden mißtrauisch gemustert, fällt mir Adam wieder ein. Ich frage herum, erfahre jedoch nichts. Einer der Juden fragt, was ich brauche. Ich brauche so ziemlich alles, weiß aber nicht, wo anfangen. Überdies ist mit ein paar hundert Mark nicht viel anzufangen. Einer namens Robert wittert einen Abnehmer in mir, gewährt mir kostenlos Unternehmensberatung: das Lukrativste sei, von ihm ganze Lebensmittelkarten zu kaufen und die, sozusagen ausgeschlachtet, drüben im Matthäser oder im Café Wien zu verkaufen. Ich nehme drei Stück, zerlege sie kunstgerecht, gehe unter die fliegenden Händler rund um den Matthäser und liefere aus. Zwei Stunden drauf hole ich von Robert fünf neue Karten. Bis abends verdiene ich fast eine Mille. Möchte gern ins Metropol essen gehen, kann aber nicht des zerknitterten Anzugs und des dreckigen Hemdes wegen. Kaufe mir auf dem Bahnhof etwas, was sich Schnitzel nennt, aber zum größten Teil aus Paniermehl besteht, danach noch hundert Gramm Aufschnitt und ein paar Brötchen. Der Morgenthauplan scheint mich am Wickel zu haben. Wenn ich mich nicht losreiße, verdaut er mich. Komme aber nicht weg hier, weil ich in dem Zustand überall auffalle. Weiß aber sowieso nicht, wohin. Wiesenhofen ist nach dem Unternehmen mit Elfie gesperrt. Sonstige Orte dieser Größenordnung scheiden aus, weisen Fremde ab. Noch dazu Fremde mit dreckigen Hemden und zerknitterten Anzügen, ohne Koffer und ohne Papiere, ohne alles praktisch. In dem Zustand kann man sich allenfalls in der Gegend um einen Bahnhof aufhalten. Dort kommt man aber nachher nicht mehr raus. Weiß ich schon.

Um elf Uhr wird der Schnellimbiß geschlossen. Alles wird rausgetrieben, verkrümelt sich auf dem Bahnhof, der Wartesaal ist überfüllt, sie liegen schon auf dem Fußboden, sitzen auf Kisten und Koffern. In einem Durchgang hocken welche in einer ausgebrannten Fensternische. Auf dem Vorplatz verhandeln zwei Neger mit einem Mädchen. Es steigt zu ihnen in den Wagen, und sie fahren davon. Neger müßte man sein. Oder Mädchen. Egal.

Allmählich wird es kalt. Ich gehe durch den Bahnhof, an den Sperren entlang, lese die Fahrpläne. Sagen mir nichts. Kann doch nirgends hinfahren. Bin kein Hunderttausendmarkmann mehr. Habe nicht mal einen Koffer. Nicht mal Handtuch und Seife. Keinen Zuzug, keine Papiere. Bin Preuße obendrein. Also Kriegsschuldträger. Beine tun mir weh. Am Körper klebt alles. Friere. Wieder. Noch. In Stadelheim frieren sie nicht. Liegen zu fünft nebeneinander. Haben aber Kohldampf. Auch nicht schön. Und nichts zu rauchen. Ich kann mir wenigstens eine anstecken. Soviel habe ich verdient. Muß mal überschlagen: habe im ganzen zwölf Karten verkauft, an jeder etwa hundert Mark verdient, an manchen mehr, an manchen weniger. Paar Marken habe ich verfressen, paar habe ich noch einstecken. Könnten für morgen reichen. Und fast zweitausend Mark habe ich schon wieder. Aber sonst nichts, kein sauberes Hemd, keinen sauberen Anzug, keine anständigen Schuhe, keinen Mantel, nicht mal eine Uhr mehr. Hat der Kleinquitzow mir zum Friedenspreis abgenommen. Müßte man auch machen: zum Friedenspreis kaufen. Haha!

Ich gehe mal zum Wartesaal, dränge mich rein in den warmen Mief, um mein Frösteln für eine Weile loszuwerden, sehe mir die Gestalten an. Gemessen an manchen müßte ich fast noch wie ein Hunderttausendmarkmann wirken. Aber wie ein heruntergekommener. Und das ist noch schlimmer. Demgegenüber wirkt eine schwarzgefärbte Ami-Uniform wenigstens noch milieugerecht.

In einer Ecke wird ein Anzug angeboten. Modell: Opas erste Tanzstunde. Jemand hat Amischuhe, kosten fünfhundert, gehen gleich weg. Ein Mädchen jammert: hat einem ein goldenes Armband gegeben, und der ist damit getürmt. Einer sagt: so was darf sie auch nicht machen, hätte es ihm lieber geben sollen! Ein dritter: dann wäre der damit getürmt. Alles lacht, alles sehr lustig.

Zwei Bahnpolizisten gehen durch, suchen ein Opfer, finden mich. Offenbar falle ich auf hier. Ganz klar: Elitejünglinge in der Elsässer Straße fallen immer auf, sind verdächtig. Mit denen stimmt was nicht.

Die Bahnpolizisten fragen nach Ausweis und Fahrkarte. Besitze beides nicht. Muß mitkommen. Auf der Wache halten sie mir einen Vortrag, wie verwerflich das sei: weder Ausweis noch Fahrkarte zu besitzen. Zur Entgegnung zeige ich ihnen meinen Entlassungsschein aus Stadelheim. Denke mir, sie werden sich nun fragen, warum man mir keinen Ausweis gegeben hat. Fragen sie aber nicht. Fragen umgekehrt: ob ich durch die Strafe nicht gebessert worden sei. Verstehe nicht ganz. Ist aber ganz einfach: bin doch bestraft worden, weil ich keine Papiere hatte. Und nun mache ich das trotzdem wieder. Ich: mache gar nichts, bitteschön, habe nur keine Papiere.

Na ja, eben! finden die Polizisten.

Einer soll mich rüberbringen zur Wache der Stadtpolizei. Unterwegs meditiert er: sei auch nicht von hier, bloß in Dachau vom Kommiß entlassen. Guckt sich um, ob uns niemand beobachtet. Sagt, er kenne das. Guckt mich an und bleibt stehen. Ich bleibe auch stehen. Er wartet auf irgendwas. Sagt schließlich: laufenlassen kann er mich nicht. Wenn das rauskommt, ist er dran. Aber wenn ich selber wegliefe, etwa da drüben, wo es dunkel ist, dann könne er mich nicht einholen. Wegen seiner Beinverletzung. Ja. Und dann gehen wir weiter, da drüben lang, wo es dunkel ist.

Ich überlege, ob ich ihm ein paar Zigaretten geben soll. Aber das faßt er womöglich als Bestechung auf. Oder er hält mich für einen Schwarzhändler, der nun doch bestraft werden muß. Ist ja alles sehr kompliziert hier. Dabei möchte ich ihm gern ein paar Zigaretten geben. Aber wenn es nicht geht, geht es eben nicht. Wo die Welt sich selbst ein Brett vor den Kopf genagelt hat, muß sie auch damit herumlaufen.

Im Dunkeln springe ich um eine Mauerecke und renne davon. Es dämmert inzwischen. Ich gehe über einen Platz, der nach ehemaligem Park aussieht, entdecke ein Becken mit Wasser. Das Wasser scheint noch Vorkriegsware zu sein. Sieht jedenfalls so aus, als ob es schon mehrere Jahre in dem Becken steht. Wasche mich trotzdem damit. Sonst klebe ich noch irgendwo fest. Sitze nachher auf einem Rest Bank und rauche und warte, daß es Tag wird. Um sechs Uhr macht der Schnellimbiß wieder auf. Noch fast eine Stunde. Eine ganze Stunde ist es auf der Bank nicht auszuhalten. Ich gehe spazieren. Mir ist zumute wie in Stahnsdorf, wenn wir Nachtmärsche machen mußten, und man nach drei Kilometern anfing zu zweifeln, ob man je an ein Ziel gelangen würde. Am liebsten möchte ich mich irgendwo hinlegen. Weiß bloß nicht, wo.

Im Schnellimbiß nachher fresse ich zwei Stunden lang. Um die Zeit totzuschlagen, oder was anderes. Hunger habe ich keinen. Aber Angst davor. Und die ist schlimmer als der Hunger selbst. Um acht gehe ich rüber ins Grünwald, treffe Robert noch nicht an, dafür einen anderen: Zigmund, hat auch Marken, kann auch bei ihm kaufen. Er bestellt sich ein Frühstück: hundert Gramm Brot, fünfzig Gramm Butter, zweihundert Gramm Wurst. Bietet mir dasselbe an. Essen muß man, erklärt er, sonst geht man vor die Hunde. Ich frühstücke, übernehme einige Karten und gehe rüber in den Mathäser, wo im Moment das Angebot der Nachfrage nicht standhalten kann, was mir sehr gelegen kommt. Ich verkaufe meinen Vorrat innerhalb einer halben Stunde, hole eine neue Sendung, falle einigen Kleinsthändlern auf, die beliefert zu werden wünschen, gebe ihnen die ganze Sendung mit halber Verdienstspanne und wetze wieder ins Grünwald, wo inzwischen Robert eingetroffen ist und sich mit Zigmund um den Kunden streitet. Stört mich aber nicht, kommt mir ganz gelegen, denn nun bietet mir Robert Kredit an. Das hebt meine Lieferkapazität, und ich kann drüben im Matthäser eine eigene Vertriebsorganisation aufbauen. Sitze nun nur noch an einem Tisch in dem Bierschuppen und gebe gebündelte Markenpäckchen an Kleinsthändler weiter.

Nachmittags schleppt einer meiner Wiederverkäufer einen an, der eine Lederjacke, pelzgefüttert, zu verkaufen hat. Kaufe ich. Brauche noch passende Hosen dazu, dann habe ich den richtigen Kampfanzug für das Unternehmen hier. Passend sind schwarzgefärbte Amihosen, die ein Pole anbietet. Einen Schal und ein Paar Handschuhe kriege ich auch noch. Wirke nun ganz echt.

Unruhig werde ich erst abends wieder, da die nächste Nacht ohne Unterkunft naht. Einer erzählt mir was von Bunker, ich habe aber keine Lust. Bin gerade dabei, mich von der Startbahn abzuheben, und möchte nicht wieder runter. Vor dem Zimmernachweis steht eine Schlange. Lauter Leute mit Ausweisen und Koffern und sauberen Hemden.

Um mich halbwegs zu sichern, kaufe ich mir wenigstens eine Fahrkarte. Irgendwohin. Nicht zu teuer, damit ich sie morgen früh wegwerfen kann. Nach Augsburg.

Könnte mit der Karte jetzt durch die Sperre gehen und mich in einen Zug setzen. Und warten bis morgen früh. In dem Zug könnte ich schlafen. Muß ja auch mal sein, habe ich mir sagen lassen. Entdecke einen Zug nach Nürnberg, der noch heute abend fährt. Das ist noch besser: ich fahre nach Nürnberg, schlafe bis Nürnberg, steige aus, fahre zurück und schlafe wieder. Mache ich. Tausche die Fahrkarte um, nehme eine nach Nürnberg, suche mir ein leeres Abteil und hau mich auf die Bank und penne.

Wache auf, wie es hell ist und der Zug auf einem Abstellgleis steht. Irgendwo zwischen Nürnberg und Fürth. Habe anscheinend verschlafen. Stehe auf, springe raus und stakse über Rangiergleise, sehe an einer Uhr, daß es gleich Mittag ist. Schöne Scheiße! Bis ich nach München zurückkomme, ist es Nachmittag, und meine Kunden werden sich inzwischen woanders eingedeckt haben. Herzogenaurach fällt mir ein. Aber da ist der Film inzwischen auch weitergelaufen, und sie werden nicht extra einen Platz für mich freigehalten haben.

Komme an einer Bumskneipe mit Musik und Rabatz vorbei, gehe rein, setze mich hin und bestelle ein Bier. Viel Amis, viel Weiber, Polen, Penner, Schwarzhändler. Der Kellner fragt, ob ich was habe. Habe nichts. Ob ich was suche.

Ja, ich suche was. Hat der aber doch nicht.

Ich stiere in den Betrieb und sehe ihn ganz weit weg, wie Kintopp, stiere hindurch, bis zum Ammersee, drehe da einen kleinen Privatfilm: im herbstlich unbenutzten Blockhaus, den Keller voller Vorräte, ein Mädchen dabei, eine Pistole in der Hand, und wer mir was wegnehmen will, den beiße ich. Komme wieder zurück, gucke ein bißchen rum, finde aber nichts, was nach Elfie aussieht. Alles zu billig.

Bin hier auf dem falschen Planeten.

Gehe zum Bahnhof, erwische einen Zug nach Augsburg, steige ein, fahre nach Augsburg, von Augsburg, da ich einmal in der Richtung bin, zum Ammersee.

Blockhaus, wie erwartet, leer und verlassen. Ich zwänge mich durchs Kellerfenster, klettere die Stiege hinauf, mache Licht. Kann ich ruhig, sämtliche Fensterläden sind fest verrammelt. Setze mich auf die Couch und muß auf einmal lachen, weil ich mir Carola vorstelle, wenn sie jetzt hier auftauchen würde. Möchte wissen, was sie tun würde. Polizei rufen? Oder mit mir schlafen gehen? Drin wäre das ebenso. Die Leute kommen mitunter auf die sonderbarsten Ideen. Gießen sich auch Angostura-Bitter in den Likör, und was sie am Tage als ba-ba fallen lassen, schlecken sie nachts gierig auf. Heiraten Oberinspektoren und träumen von tätowierten Bootsleuten. Womöglich steigert der eine das Vergnügen am andern.

Zu meinem Vergnügen finde ich in der Küche einige Flaschen und einige Büchsen, so daß die Ernährung für ein paar weitere Tage gesichert ist, und im Kleiderschrank hängt eine helle US-Offiziershose, ein weißer Trainingsanzug, ein Trenchcoat, Straßenanzug, Bademantel – Trenchcoat und Hose passen, die Anzüge sind zwei Nummern zu groß, gehören anscheinend Bergholtz selbst –, Tennisschuhe und Sandalen, auch zu groß, ein Paar Halbschuhe und ein Paar Segelschuhe, die passen – Wäsche ebenfalls einmal zu groß, einmal passend. Ein US-Seesack liegt unten neben den Schuhen und eine große amerikanische Reisetasche. Finde ich sehr entgegenkommend. Im Bad finden sich zwei Garnituren Toilettenartikel, gehen beide mit. Nachdem ich mich gewaschen habe, steige ich in einen US-Schlafanzug, stelle das Kofferradio neben die Couch und trinke eine angebrochene Flasche Kirschwasser aus.

Über Nacht kommt mir der Grimm auf Zuhälter Bergholtz abhanden und verwandelt sich in zärtliche Erinnerung an Carola, woran die Aktion beinahe scheitert. Fehlte mir gerade noch, in der Situation: ein schlechtes Gewissen zu kriegen! Das kann man sich erst jenseits der Hunderttausendmarkgrenze erlauben, wo es sich praktisch nicht mehr auswirkt.

Unterwegs im Zug merke ich, wie das schlechte Gewissen ganz von allein wieder verschwindet. Vielleicht fährt der Zug so schnell, und es kommt nicht mit. Jedenfalls ärgere ich mich, daß ich nur den Seesack und die Reisetasche voll mitgenommen habe. Werde eine zweite Tour starten und dabei auch die Nachbarn besuchen müssen. Ungünstig für das Gedeihen eines schlechten Gewissens wirkt sich, merke ich, nämlich auch aus, daß ich rasiert und gewaschen bin und saubere Wäsche und gepflegte Schuhe trage: fühle mich dadurch wieder als zu den anständigen Leuten gehörig, und gegen ein solches Gefühl kommt auch das massivste schlechte Gewissen nur mit großer Mühe auf. Um den Kampf gegen mein schlechtes Gewissen zu gewinnen, bin ich geradezu gezwungen, mir von den anständigen Leuten noch mehr Dekorationsmaterial zu holen. Einmal bei der Gewissenserforschung, stelle ich fest, daß es sich scheut, mir ins Metropol zu folgen, wo ich nun, fein angezogen, essen gehe. Es weiß also genau, daß es dort nichts zu suchen hat. Ich werde mir die Gegenden, in denen es nichts zu suchen hat, sehr gut merken, um in Zukunft so wenig wie möglich von ihm belästigt zu werden.

Im Café Grünwald verkaufe ich das Radio zum Höchstgebot,

ebenso den Tennisanzug und die Schuhe von Bergholtz. Seinen Straßenanzug lasse ich ändern, Zigmund empfiehlt mir einen Schneider, der sich für ein Kilo Fettmarken in einen Expreßschneider verwandelt und den fertigen Anzug für den nächsten Tag verspricht. Bis dahin unternehme ich noch zwei Ausflüge zum Ammersee, finde im Wochenendhaus eines Spinnereibesitzers, mit dem Marianne zeitweilig geschäkert und geschlafen hat, größere Mengen Stoffe und einige Anzüge, die mir nahezu passen, überdies Vorräte an französischem Cognac und einen Karton mit amerikanischen Damenstrümpfen. Durch diese erwerbe ich nicht nur einen größeren Kundenkreis im Café Grünwald, sondern lerne obendrein Otti kennen, Cousine des Piccolo im Metropol, die eine Frau Bogner in der Türkenstraße kennt, welche Zimmer schwarz vermietet. Für ein Päckchen Zigaretten pro Nacht. Das sind zwar hundert Mark, aber andererseits sind eben hundert Mark auch nur ein Päckchen Zigaretten, und die Amis zahlen schließlich auch soviel. Otti weiß das, denn sie hat vornehmlich Amis als Kunden.

Die Frau Bogner mißdeutet die Situation und gibt mir gleich ein Doppelzimmer. Um das zweite Bett auszunutzen, lade ich Otti ein. Sie überlegt einen Moment, meldet dann Vorbehalte an: es darf nur für eine Nacht sein. Immer für nichts mit einem schlafen, kann sie sich nämlich nicht leisten. Leben ist teuer, und sie muß ihre Mutti mit durchschleppen.

Erst akzeptiere ich die Bedingung, nachher finde ich sie ausgesprochen störend und versuche, sie umzustoßen. Otti merkt es und sagt, ich brauche mir keine Mühe zu geben, es ginge halt nicht.

Morgens probiere ich es noch einmal, Otti bleibt aber hart, zieht sich an, gibt mir noch einen Kuß und geht. Mit der vagen Zusage, vielleicht träfen wir uns wieder mal.

Bin sauer. Obwohl sie mir gar nicht so besonders gefällt. Und obwohl mich nach drei Tagen die Mutti stören würde, die sie mit durchschleppen muß. Sauer bin ich trotzdem.

Bändele daher mit der Frau Bogner an, als die klopft und fragt, ob ich hier frühstücken möchte. Ich höre heraus, daß ich hier frühstükken soll, und gebe ihr reichlich Marken. Sie rennt los, Butter und Wurst kaufen, und freut sich nachher, daß ich bei ihr in der Küche frühstücke und sie die Hälfte mitkriegt. Wenn ich weiter so mache, klettert der Zimmerpreis auf das Doppelte, andererseits miete ich damit nicht nur das Zimmer, sondern auch gleich eine Mutti. So was brauche ich mal. Die drei Wochen zwischen Wartesaal und Knast haben mich ziemlich zermürbt.

Mutti Bogner begreift auch gleich ihre neue Funktion, die ihr aber gar nicht so neu, sondern vom Umgang mit Amimädchen her geläufig ist, und fragt mich nach meinem Schicksal aus, hört teilnahmsvoll zu und gestaltet es durch entsprechende Einwürfe sogar zu einem sehr schweren Schicksal, an dem sie gehörig anteilnehmen kann. Zugleich bin ich aber auch sehr tüchtig, schließt sie aus meinen geschäftlichen Erfolgen. Womit sie mich zu weiteren anstachelt. Hat Managertalent, die Mutti Bogner.

Draußen klappt die Flurtür, und dann kommt Käti in die Küche. Sie hat gerade ihren Ami verabschiedet und möchte nun am Frühstück teilnehmen. Käti hat das Zimmer neben meinem, erfahre ich, und sie erklärt, weshalb es so laut zugegangen sei heute nacht: sie hat erst noch eine Kollegin und deren Ami mitgenommen, und die konnten sich nicht einig werden. Sie beginnt mit der Mutti zu fachsimpeln, und um nicht ausgeschlossen zu werden, steuere ich auch einige kluge Bemerkungen bei, die mich als Fachmann ausweisen.

Nachher hole ich den Seesack, der noch in der Gepäckaufbewahrung am Bahnhof liegt, packe aus und sortiere und gewinne Käti, meine Sachen in Ordnung zu bringen. Weitere Absichten versage ich mir, um das Verhältnis nicht zu komplizieren. Habe von Zigmund gelernt, Handelsschaft sei keine Brüderschaft, und wende diese Weisheit entsprechend an: Kumpelschaft ist keine Liebschaft. Widerstehe daher Kätis Reizen, obwohl das schwerfällt. Sie imitiert Rita Hayworth: hat langes, rötliches Haar, steile Brust und lange Beine und rennt in Shorts durch die Wohnung. Und hat einen Jargon an sich wie ein Gardeleutnant beim Reeperbahnbummel. Stinkordinär.

Ich lasse mir dringende Geschäfte einfallen, fahre in die Stadt, gehe ins Café Grünwald, mache noch ein paar Geschäfte, esse im Metropol zu Abend und schlendere dann zum Bahnhof hinüber und mustere das Angebot der Damen. Habe lange genug dort herumgesessen, um mitzukriegen, wie das hier läuft. Die beste Auswahl unter einer Menge obdachloser Sklavinnen hat man zwischen neun und elf. Muß ich wahrnehmen. Schon um Kätis Verlockungen möglichst Gleichwertiges entgegensetzen zu können. Sonst verliere ich das Gleichgewicht und kippe um. In Heinz Vorpahls Terminologie: bin gehirngeil. Suche nämlich nicht nur ein Gegengewicht gegen Käti, sondern möchte mich auch als Zimmerbesitzer anerkannt sehen.

Eine, die fünf Dollars zu verkaufen, von Preisen keine Ahnung, große Kulleraugen und ein hilfloses Lächeln hat, erkennt mich an. Im Taxi, für das ich mir einen Berechtigungsschein besorgt habe, schmilzt sie hin vor Anerkennung und hält mich für einen, der zu allem berechtigt ist. Eine Weile macht das Spaß, doch nachts auf einmal falle ich aus der Rolle, aus meiner in ihre, und kriege die Wut, kriege noch mehr Wut, da ich sehe, daß sie nicht übertragbar ist: das Herzchen kapiert nicht mal, sondern fragt schüchtern, ob ich nicht zufrieden gewesen sei. Ich werde glatt verrückt: die hat ein schlechtes Gewissen! Fühlt sich überbezahlt anscheinend und fürchtet, für den empfangenen Lohn nicht genügend geleistet zu haben.

Ein schlichtes Kind aus dem Volke, stelle ich fest, und ein Gemüt so recht nach dem Geschmack von Will Damm und Konsorten, die in den Schullesebüchern jenen Typ Knecht propagieren, der seiner Herrschaft nur scheu-verlegen die Mütze drehend gegenübertritt und stets überzeugt ist, seinen Aufgaben nicht gewachsen und ein Versager zu sein. Reeducation ist hier vergeblich und schlägt ins Gegenteil dessen um, was sie beabsichtigt: den demütigen Diener, der die Quitzowschen Schuhsohlen küßt, quält nur die eine unbehagliche Frage, ob er sich auch tief genug gebeugt habe, und wenn man ihn anschreit, um ihn aufzurichten, kriecht er noch tiefer.

Sie fragt, was ich habe, und bietet mir mit ihrem Blick an, auch an meiner schlechten Laune noch schuld zu sein, falls ich dies wünsche. Sie begreift zwar nicht, wieso, ist aber darauf dressiert, Schuld grundsätzlich anzuerkennen. Auch ohne sie zu begreifen. Produkt von Tante Grete. Mit einem Blick wie der Leutnant Schönmüller, dem man die Rangordnung und das Verhaltensschema entzogen hat: restlos verstört.

Am nächsten Morgen interviewt mich Käti: was es gegeben habe?

Weiß nicht, wie ich es erklären soll.

«Ihr habt euch doch in den Haaren gehabt.»

«Nein, eben nicht.»

«Ach so!» Sie schaut mich verwundert an. Möchte wissen, ob ich pervers bin.

Mir kommen die anderen pervers vor.

Hat sie auch manchmal ganz gern.

Ja, sicher. Kann sein. Alles möglich. Was interessiert mich das? Habe immer noch schlechte Laune. Die schlechte Laune wird wieder darauf zurückgeführt, daß ich nicht zufrieden gewesen sei. Komme mir vor wie auf einem Karussell, bin schon ganz schwindlig davon.

Dagegen verschreibe ich mir Beschäftigung: rase los, zum Grünwald und dann in den Matthäser, um meine zerfallene Vertriebsorganisation neu aufzubauen. Es läßt sich gut an: ich unterbiete rücksichtslos und schubse ein halbes Dutzend anderer Lieferanten damit aus ihren Verträgen, was die selbst aber nicht nur niederträchtig, sondern auch tüchtig finden. Halten mich für einen verkappten Oberquitzow und bieten nunmehr ihre Dienste an. Sonderbar.

Einer allerdings ist nicht sonderbar, sondern schickt mir Richard, den pfiffigen Polizisten, auf den Hals. Richard kontrolliert mich. Ich erkenne ihn wieder und frage, ob er wieder was zum Friedenspreis kaufen möchte. Die Frage scheint ihm unangenehm zu sein. Er weiß auch nicht recht, woher sie kommt. Ich erinnere ihn an die Uhr, die er von mir so preiswert gekauft hat.

Aber nein, versichert er, das sei ganz anders gewesen! Ganz, ganz anders! Er kann mir das erklären, aber nicht hier! Gehen wir ein Stück zur Seite! Wir gehen ein Stück zur Seite, ein ziemliches Stück, bis zum Metropol, und da lade ich ihn zum Essen ein.

Er blickt umher, ob er darf, dann erklärt er sich für außer Dienst und darf.

Ich lasse ihn bestellen und erkläre ihm dann, daß er mich außer Dienst nicht zu kontrollieren hat. Das leuchtet ihm ohne weiteres ein. Ich kann mich also als unkontrolliert betrachten. Allerdings würde er mir einen guten Rat geben: «Besorg dir wenigstens Fleppen, Mann! Wenn einer Fleppen hat, läßt sich immer was machen. Aber so ...!»

«Kannst du mir nun auch noch sagen, woher ich die kriege?»

«Ist natürlich schwer», räumt er ein. Er hat auch nur Zuzug gekriegt, weil er hier zur Polizei gegangen ist. Er stammt nämlich aus der Kölner Gegend, und da oben ist es momentan schlecht. Aber da oben bekäme ich Papiere. Nein, nicht reell, Zuzug gibt's da so wenig wie hier – aber kaufen kann man Papiere da oben. Oder welche von da oben. Bei den Papieren aus der britischen Zone steht nämlich nur der Name drin, und sonst nichts, kein Fingerabdruck, kein Foto.

Da er sich so reinschafft in sein Angebot, frage ich gleich, was sie kosten.

Er lacht, blickt umher, schiebt mir was unterm Tisch durch. Kennkarte und Arbeitspapiere: Manfred Baum aus Köln, Bauschlosser, 24 Jahre.

«Preis?»

«Karton Zigaretten.»

«Okay.» Ich zahle ihm achthundert Mark aus. «Kauf dir einen!»

Anscheinend spricht es sich herum, daß mit mir Geschäfte zu machen sind, denn ein paar Tage später tippt mir einer auf die Schulter, stellt sich als Kripo vor und möchte gern wissen, ob ich hier Schwarzhandel treibe.

Aber nein, bitteschön, sage ich, während wir ein Stück zur Seite gehen, ich treibe natürlich keinen Schwarzhandel, aber damit Sie sehen, wie ehrlich ich bin, zeige ich Ihnen was: hier die Marken hat mir gerade einer verkaufen wollen, jetzt ist er getürmt, wie Sie kamen. Schauen Sie sich die Marken mal an und beschlagnahmen Sie die, bitteschön, denn mit denen ist sicher was faul.

Der Kripo betrachtet die Marken eingehend und findet auch, daß was faul ist. Steckt sie ein und beschlagnahmt sie. Danach weiß er nicht, wie es weitergeht. Scheint ein Anfänger zu sein. Ich muß ihm helfen: falls er den haben möchte, der mir die verkauft hat, bringe ich ihm den. Der sitzt hier in einer Kneipe.

Der Kripo ist einverstanden, läßt mich in die Kneipe gehen, bleibt draußen und wartet, bis ich weg bin, dann geht er auch.

Ich schließe den Laden für heute. Die Kriminalsteuer wurmt mich. Genaugenommen wurmt mich nur die Aufregung. Man weiß ja nie genau, wie so was ausgeht. Wenn die Kripo ein seriöses Geschäftsunternehmen wäre und sich vertraglich ihre zehn Prozent Beteiligung sichern würde, hätte ich gar nichts dagegen. Nur gegen diese völlig überflüssigen und geschäftsschädigenden Aufregungen habe ich einiges. Kann danach immer nicht einschlafen. Muß dann jedesmal zum Bahnhof gehen und mir ein Schlafmittel holen. Ein zweibeiniges, langhaariges. Allmählich gewöhne ich mich dran und kann ohne überhaupt nicht mehr schlafen. Bin süchtig, scheint es.

Käti vermutet das auch und wird neugierig: «Wo sitzt das bei dir eigentlich – oben oder unten?»

Weiß ich selbst nicht genau. Vielleicht juckt es mich in den Beinen, daß ich immerzu auf die Uhr schaue und immerzu irgendwohin rennen muß.

Merkt sie auch und fragt, ob ich nicht stillsitzen kann.

Nein, kann ich nicht. Muß was zu tun haben. Kleinen Selbstmord veranstalten. Um nicht mehr da zu sein.

Kennt sie. Hat sie auch manchmal.

Oh, freut mich! Wollen wir mal zusammen –?

Wir trommeln Mutti Bogner aus dem Bett und lassen sie zwei Flaschen Schnaps bei dem Schwarzhändler im dritten Stock holen, nachher panschen wir alles mögliche und spielen Selbstmord bis drei Uhr nachts, und morgens, als wir aufwachen, fangen wir gleich wieder an. Dadurch brauche ich nicht aufzustehen und nicht rumzurennen. Bleibe den ganzen Tag im Bett, stehe nur mittags ein Stündchen auf, esse was, dann legen wir uns wieder hin. Reden Blödsinn.

Nachher weiß sie was Besseres. Ringkämpfe. Gehen wir hin. Zwei Johnnys, Typ Mollenfriedhof, geben sich die Hand. Gehen aufeinander los, renken sich die Gelenke aus, Käti renkt mit. Alles renkt mit und stöhnt mit und jubelt mit, lauter Pimperles, schon wieder mal.

Möchte wissen, um was es geht.

Weiß kein Mensch. Um nichts. Machen die nur so – um die Zeit totzuschlagen. Und sich selber. Heißt Sport. Möchte auch mal Sportler sein. Möcht ich?

Wir ziehen nun um, Käti und ich, in eine Villa am Starnberger See, die der Freifrau von Schnakenberg gehört. Wir tun so, als gehörten wir dahin, als seien wir Freiherr und Freifrau von Quitzow, und tun auch sonst sehr frei, was besonders Käti prächtig gelingt. Offenbar ist sie eine Schülerin des bekannten Doktor Loebenstein, welcher entdeckt hat, daß Proletarisches und Feudales sich mitunter berühren, wenn nicht identisch sind: jedenfalls empfindet die von Schnakenburg Kätis Nuttenjargon als junkerhaft burschikos und erkennt uns daran als entfernte Verwandte. Sie berichtet, man habe ihr übel mitgespielt. Einer aus Wolfratshausen hat ihr Gold abgekauft und viel zu wenig gezahlt, wie sie später erfahren mußte.

Da müssen wir auch gleich übel mitspielen. Wir fahren nach Wolfratshausen und beschlagnahmen das unter Kurs gekaufte Gold, und noch ein bißchen mehr, auch einige Teppiche und Kunstgegenstände, die so tun, als seien sie unrechtmäßiger Herkunft, oder die nicht glaubhaft so zu tun vermögen, als seien sie rechtmäßiger Herkunft. So geht es, wenn wer oder was dieses Spiel nicht richtig beherrscht. Ich hingegen entdecke in mir eine ausgesprochene Begabung dafür und überlege, ob ich nicht der geborene Polizist sei. Natürlich könnte ich auch Theaterkritiker werden oder so was, aber so weit denke ich noch nicht. Polizist liegt mir im Augenblick näher. Ich könnte so tun, als sei ich einer. Schon immer gewesen. Könnte meinen Namen wechseln, was auch wegen des Vorstrafenregisters recht vorteilhaft wäre, und könnte so tun, als sei mein richtiger Name gar nicht mein richtiger, sondern nur Tarnung gewesen, und um das zu motivieren und mich zugleich der Staatsgewalt gegenüber als qualifiziert auszuweisen, könnte ich obendrein so tun, als sei ich bei der Gestapo gewesen, müßte dann allerdings so tun, als hätte ich da auch nur so getan, während ich in Wirklichkeit dagegen gewesen sei, zumindest innerlich, und dann könnte ich so tun, als hätte ich dadurch das Schlimmste verhindert, und auf Grund dessen könnte ich dann so tun, als sei ich zum Staatsquitzow geeignet. Aber das ist im Geist vorausgespielt, Weiß zieht und setzt in siebenundzwanzig Zügen matt, und so weit kann man natürlich nicht vorausspielen, weil man nie weiß, wie Schwarz zieht.

Schwarz zieht unfair: veranstaltet eine Razzia im Café Rheinland, wo ich gerade so tue, als wollte ich hundert Kilo gefälschte Fettmarken kaufen. Die Polizisten tun so, als wüßten sie nicht, daß ich nur so tue, und nehmen mich samt zwei Dutzend anderen mit.

Im Polizeipräsidium sehe ich Richard von weitem, aber der tut so, als ob er mich nicht sieht. Offenbar bin ich Falschspielern in die Hände gefallen.

Das finden die anderen, mit denen ich in einen Saal geschoben werde, auch. Die wissen, daß heutzutage alle schieben, auch die Richter, und die tun nur so, als ob nicht.

Der Schnellrichter, zu dem ich am nächsten Morgen komme, spricht mich frei und ordnet Haftentlassung an. Aber die Polizei meint, der habe auch nur so getan und meine in Wahrheit das Gegenteil. Jedenfalls komme ich nicht raus. Ich bummere an die Tür, und da ein Polizist kommt, erkläre ich dem, daß ich hier irrtümlich drin sei. Er tut so, als wolle er das regeln, kommt aber nicht wieder. Ich stecke mir eine Zigarette an und warte. Zwei andere tun so, als seien sie meine Freunde und nehmen großen Anteil an meinem Schicksal, möchten aber nur Anteil an meiner Zigarette nehmen.

Ich gebe sie ihnen und bummere wieder. Diesmal kommt ein anderer Polizist und tut so, als sei ich ein ganz renitenter Bursche, fängt an zu schreien, hier gäbe es keine Irrtümer. Tut so, als hätten sie einen Apparat, der Irrtümer aussortiert. Das Spiel fängt an, blödsinnig zu werden.

Am nächsten Tag haben sie gemerkt, daß ich nur so getan habe, als ob ich der bin, zu dem die Ausweise gehören. Jetzt wird es spannend. Ich komme in Untersuchungshaft und scheide von weiteren Spielen mit Käti vorerst aus. Dabei hatten wir gerade für Weihnachten und Silvester Zimmer in Reit im Winkl besorgt, um dort das neue Jahr

1947

herzlich willkommen zu heißen.
Möchte nun wenigstens meine Koffer aus dem Hotel haben, geht auch nicht. Die Justizbehörde tut so, als existierten für sie keine Hotels. Sie tut sogar so, als existierte außer ihr überhaupt nichts auf der Welt. Einer, der mit mir auf eine Zelle kommt, jammert, er hat einen Hund zu Hause und der braucht was zu fressen und es kommt sonst niemand in die Wohnung, und in der Wohnung hat eine Bekannte, die zu Besuch ist, ihre Sachen. Das interessiert die Justizbehörden nicht.

Die Justizbehörden haben nämlich die Zeitung gelesen, und in der Zeitung stand neulich eine schöne Rede abgedruckt: daß wir jetzt eine Demokratie haben, und in der Demokratie gilt nur der Mensch. Nicht sein Hund, nicht seine Wohnung, nicht seine Koffer, nicht seine Freundin, sondern nur der Mensch, ganz allein.

Zu Weihnachten werden wir alle in die Kirche getrieben, und da erzählt es der Pfarrer auch noch mal: wie wichtig der Mensch sei. Er erzählt von dem kleinen Christuskind in seiner Wiege in einem Stall, aber ein großer Glanz von innen sei um dieses Kindlein gewesen. In dem Stall. Deswegen sperren sie uns auch in Ställe. Wollen großen Glanz von innen in uns erzeugen. Und dann erzählt der

Herr Pfarrer, wie nichtig alles irdische Gut sei. Ich schäme mich fast, immer an meine nichtigen Koffer im Hotel zu denken. Und dann erzählt der Pfarrer, daß es schlimm sei, der Hunger und das alles, aber dadurch werde uns endlich ein richtiges Weihnachten geschenkt, frei von allem Tand und frei von Völlerei. Denn das Wichtigste sei der Mensch und das Heil seiner Seele.

Der mit dem Hund stiert trübsinnig vor sich hin. Wegen dem Hund. Und wegen seiner Bekannten. Die kann jetzt nicht an ihre Sachen. Und kann nirgends übernachten.

«Die findet schon einen», tröstet Kalewsky.

Für den Hundbesitzer ist das kein Trost, sondern eine Gemeinheit.

Kalewsky kann aber nichts dafür.

Räumt der Hundbesitzer widerwillig ein. Sucht den, der dafür kann. Der ist nicht zu finden. Auch der Herr Beamte, dem mit Achtung und Ehrerbietung zu begegnen ist, kann nichts dafür. Er tut nur seine Pflicht. Es wäre unvernünftig, auf ihn zu schimpfen und ihn verantwortlich zu machen. Das stimmt. Auch die Kriminalbeamten tun nur ihre Pflicht, und es wäre unvernünftig, sie verantwortlich zu machen. Es ist überhaupt unvernünftig, überhaupt irgend jemanden verantwortlich zu machen, denn sie tun alle nur ihre Pflicht. Genaugenommen ist überhaupt keiner verantwortlich. Das haben sie in Nürnberg auch schon gesagt: verantwortlich war Hitler, und der ist tot.

«Den haben sie als Sitzredakteur engagiert», erklärt der Hundebesitzer Carlo. Carlo kennt sich da aus, war früher bei einem Witzblatt als Zeichner, jetzt hat er Bilder für Amis gemalt. Seine Freundin hat die Kunden angeschleppt. Lief bestens, berichtet er, und ausgerechnet, wie er ein paar läppische Fleischmarken auf dem Schwarzen Markt kaufen wollte, haben sie ihn geschnappt. Wird er nicht mehr tun: auf den Schwarzen Markt gehen. Er kann sich die Marken schließlich auch selber drucken. Dazu ist er bisher nur zu anständig gewesen, hat sie lieber ehrlich gekauft, aber das zahlt sich, wie man sieht, nicht aus.

Findet Kalewsky auch. Der hat Schweine gekauft und schwarzgeschlachtet, kriegt zwei Jahre dafür. Und einer, der nachts Kälber von der Weide geklaut hat, ist mit einem Jahr davongekommen. Schlußfolgerung: Ehrlichkeit wird bestraft. Wird Kalewsky sich merken.

Was ich ausgefressen habe, weiß ich noch nicht genau, erfahre es erst beim Gericht: der Richter findet es höchst verwerflich, daß ich mich hier in Bayern herumtreibe, wo ich doch nach Berlin gehöre. Er blättert im Gesetzbuch, unter welchen Paragraphen das fällt, findet keinen entsprechenden und bestraft mich wegen Ausweismißbrauchs. Vorher tuschelt er mit dem Staatsanwalt, der meint, da sie mir nun die mißbrauchten Ausweise abgenommen haben, könne ich ja auch noch wegen Ausweislosigkeit bestraft werden. Das leuchtet dem Richter ein oder auch nicht, jedenfalls verdonnert er mich zu drei Monaten Gefängnis. Im Namen des Volkes verdonnert er mich, und ich muß lachen, weil mir der gleichnamige Nazifilm dabei einfällt.

Der Richter fragt, ob ich die Sache etwa lächerlich fände.

Die Frage ist mir zu dumm, um drauf zu antworten.

Auch das Tütenkleben ist mir zu dumm. Ich gebe die Tüten dem Herrn Wachtmeister und sage ihm, er solle sie selber kleben. Der Wachtmeister findet das unvernünftig. Arbeit sei doch eine Vergünstigung. Ja, ja, kenne ich schon: früher war Arbeit gesund. Es hat sich nicht viel geändert.

Es hat sich noch weniger geändert, als ich mir träumen lasse. Nachdem meine drei Monate herum sind, entlassen sie mich nämlich nicht, sondern bringen mich in ein Lager. Weil ich keine Ausweispapiere habe. Eine Erfindung des Herrn Polizeipräsidenten: wer keine Papiere oder keine Wohnung hat, kommt in ein Lager. Natürlich nicht in ein KZ, das gibt's ja nicht mehr, sondern in ein Arbeitserziehungslager. Weshalb, wer keine Papiere hat, zur Arbeit erzogen werden muß, weiß der Herr Polizeipräsident allein. Dafür weiß er nicht, daß er gar kein Lager einrichten und niemanden ohne richterliches Urteil festhalten darf.

Das Lager ist in Pasing, zwei Dutzend Baracken, früher waren russische Gefangene drin, jetzt werden dort Arbeitsscheue erzogen. Zum Arbeitsscheuen wird, wer keinen Ausweis hat und deshalb ins Arbeitserziehungslager kommt. Das ist nun einmal so. Die Arbeitsscheuen werden an Bau- und Abbruchfirmen vermietet. Die reißen sich drum, weil sie an Arbeitsscheuen am besten verdienen. Herr Oehlberger ist Erzieher im Lager und als solcher zum Beispielgeben verpflichtet. Er gibt ein Beispiel dafür, wie man gut leben kann: wer ihm Zigaretten oder Lebensmittelmarken bringt, bekommt Urlaubsscheine nach Wunsch. Sonst gibt es nur am Wochenende welche und die nur bei guter Führung. Gute Führung ist für Herrn Oehlberger, wenn man ihm was bringt. Besonders gute Führung ist, wenn man ihm Schnaps bringt. Er hat nämlich noch andere Aufgaben zu erfüllen: oft geht er aus eigener Initiative und aus echtem Verantwortungsbewußtsein selbst auf die Pirsch und stellt arbeitsscheue, lasterhafte Mädchen und blufft sie mit seinem Fürsorgeausweis und schleppt sie in sein Zimmer, und dort muß er die verschreckten Dinger mit ein bißchen Schnaps wieder ein bißchen aufheitern, damit sie sehen, er ist auch nur ein Mensch, und damit sie das auch richtig sehen, zeigt er es ihnen gleich, zieht sie und sich aus und behält sie bis Mittag im Bett, und wer dann an die Tür klopft und Herrn Oehlberger bei seiner erzieherischen Tätigkeit stört, der bereut es spätestens bei der nächsten Urlaubsscheinausgabe.

Den erzieherischen Bemühungen des Herrn Oehlberger bleibt unter diesen Umständen der Erfolg nicht versagt. Drei von meiner Bude ziehen sich eines Abends um elf warm an, ziehen eine Mütze tief ins Gesicht und kriechen hinten durch den Zaun. Zwei Stunden später kehren sie mit Kisten und Säcken zurück, werfen alles auf den Boden, spielen eine halbe Stunde Weihnachtsmann und bescheren uns anderen, die nicht mitgegangen sind, Zigaretten und Käse, Eier, Wurst und Schokolade, danach spielen sie Aschenputtel: sortieren die guten für Herrn Oehlbergers Töpfchen, die schlechten fürs Kröpfchen. Die guten sind Schnaps und Zigaretten, die schlechten sind trivialere Artikel.

Am nächsten Abend ziehen zwei andere los. Und von den anderen Buden sind auch immer welche unterwegs. Hinten in den Zaun haben sie ein regelrechtes Tor hineingeschnitten. Die Wachmänner wissen es, sagen aber nichts. Sie haben nur aufzupassen, daß niemand ohne Urlaubsschein durchs Tor geht. Und außerdem brauchen sie auch allerlei.

Einer braucht Ziegelsteine. Die sollen wir ihm besorgen. Ich muß nämlich mit fünf anderen zusammen Steine aus einem Trümmerhaufen buddeln und dann auf einem eisernen Rost von Mörtel säubern. Nachher werden sie schön aufgeschichtet und von irgendeinem Schlaumeier, der sich das Monopolrecht dafür besorgt hat, abtransportiert. Der Wachmann, der die Ziegelsteine braucht, meint, die könne er auch abtransportieren. Sein Schwager besorgt einen Wagen, eine halbe Stunde nach Feierabend kommen sie. Wir sollen aufladen.

Ich habe keine Lust. Ich finde, wenn einer klauen will, dann soll er es selber machen. Der Wachmann hat aber in der Lagerordnung gelesen, daß die Insassen ihm mit Achtung und Ehrerbietung zu begegnen und seinen Anordnungen Folge zu leisten haben. Es entsteht ein Streit über die Auslegung dieser Vorschrift, bei dem ich theoretisch zwar siege, praktisch aber unterliege. Jedenfalls gibt man mir am nächsten Wochenende keinen Urlaub.

Was man mir nicht gibt, das muß ich mir nehmen.

Ich ahne, irgendwas stimmt nicht an der ganzen Gleichung. Aber ich habe keine Zeit, sie jetzt noch einmal von vorn durchzugehen, deshalb belasse ich es bei dem Ergebnis, das, wie ich andererseits auch wieder ahne, doch irgendwie stimmt, nehme mir den Urlaub, den man mir nicht gibt, indem ich das Lager hinten durch das Loch im Zaun verlasse, setze mich in die Trambahn und fahre zum Schwarzen Markt. Suche Bekannte. Finde keine. Müssen irgendwo von der Weltkante heruntergerutscht sein. Kenne ich schon. Oder die Welt hat sich, während ich saß, ein Stückchen weitergedreht, und die Stelle, auf der ich zuletzt war, ist jetzt ganz woanders.

Überlege, ob ich nach Starnberg fahren soll, zur Freifrau von

Schnakenberg. Aber die wird mich nicht wiedererkennen in den schwarzgefärbten Amiklamotten, die sie mir in Pasing verpaßt haben. Bei der Freifrau liegen zwar noch einige Sachen von mir, aber wenn ich gar nicht mehr ich bin, dann gehören die Sachen auch nicht mehr mir. Und Käti wohnt bestimmt nicht mehr da. Sie gehört nicht zu der Sorte, die irgendwo lange wohnt. Und wer weiß, unter welchen Umständen sie bei der Freifrau ausgezogen ist. Nachher bin ich für die noch irgendwie bei irgendwas Komplize, und dann sitze ich wieder. Kenne das allmählich.

Während ich so über die Niedertracht meditiere, welcher ich die Freifrau für fähig halte, packt mich der gerechte Zorn auf sie. Ich gehe auf den Bahnhof, löse eine Karte nach Starnberg und zurück, setze mich in den Zug und benutze die Zeit bis zur Abfahrt dazu, die Anklage gegen die Freifrau von Schnakenberg weiter auszubauen. Zum Beispiel wäre sie mir, dem Freiherrn von Quitzow, zur Hilfe verpflichtet. Da sie ihre Solidaritätspflicht verletzt, fühle ich mich auch zu nichts verpflichtet, steige durch ein Kellerfenster, das, wie ich weiß, ein bißchen klemmt und sich nicht verschließen läßt, schleiche vorsichtig die Treppe nach oben, auf Zehenspitzen am Schlafzimmer der Freifrau vorbei, erinnere mich dabei der Geschichte eines Fassadenkletterers, den viele Damen, wenn er schwarzmaskiert vor ihrem Bette auftauchte, als langersehnten Traumhelden empfingen, überlege, ob der Freifrau ähnliches zuzutrauen ist, weiß aber doch nicht so ganz und schleiche lieber weiter, zu meinem früheren Zimmer im zweiten Stock, finde es aber verschlossen, was mich aufs neue wurmt, da ich mein Eigentum auf diese Weise meiner Verfügungsgewalt entzogen sehe, was laut Strafgesetzbuch nicht sein darf, stehe fünf Minuten oder auch eine Viertelstunde auf dem dunklen Flur herum, auf dunklen Fluren lassen Minuten und Stunden sich nicht mehr unterscheiden, besonders dann nicht, wenn man das eigene Herz als Höllenmaschinenuhrwerk ticken hört, und erst recht nicht, wenn man daneben noch mit anderem beschäftigt ist, zum Beispiel jemanden zu verknacken hat, weil der Eigentum der Verfügungsgewalt entzogen hat.

Ich verurteile die Freifrau im Schnellverfahren zu Ersatzleistung und empfindlicher Buße, weiß nur noch nicht so recht, wie ich beides eintreiben soll, schleiche mich wieder in den ersten Stock und dort in das Zimmer des Freiherrn von Schnakenberg, welcher zur Zeit Lagerältester eines englischen Gefangenenlagers in Ägypten ist, wo er vermutlich Krapfen backen und auch sonst ganz gut leben wird. Während ich seinen Schrank ausräume, dämmert mir der Verdacht, daß ich doch ein ganz guter Deutscher bin – oder jedenfalls sein könnte, wenn meine Lage es zuließe: ich finde für alles, was ich tue, in Blitzesschnelle eine moralische Rechtfertigung. Wäre ich in der Lage, mich auf andere denn auf selbstversorgerische Weise zu betätigen, dann gäbe ich einen tüchtigen Verwaltungsbeamten ab: keine meiner Maßnahmen sähe nach Willkür aus, jede wäre überzeugend und unangreifbar gerechtfertigt. Schade, daß mir diese Laufbahn, für die ich so viel Talent besitze, verbaut ist.

Im Keller stoße ich mir den Kopf an einem Schinken, der da von der Decke baumelt. Zur Strafe muß er auch mitgehen. Begründung werde ich schon noch finden. Tätlicher Angriff oder so was.

Da mich der Schinken zwingt, für ihn ein Behältnis zu suchen, muß ich Licht anknipsen und mich im Keller umsehen. Dabei fallen mir außer einem weiteren Koffer, der wollene Wintersachen und einen Skianzug enthält, einige Flaschen Schnaps in die Hände, die, leichtsinnig oder prahlerisch, auf jeden Fall haben sie einen Denkzettel verdient, in einem Regal stehen.

Im Garten stellt sich neuer Ärger ein, der ebenfalls geahndet werden muß: ich kann das Zeug unmöglich schleppen. Die Freifrau ist selber dran schuld, daß ich den Schuppen aufzubrechen und das Fahrrad wegzunehmen gezwungen bin.

Der Schneider, der schon Bergholtzens Anzüge für mich geändert hat, bekommt am nächsten Tage neue Arbeit und einen großen Teil des Schinkens, außerdem darf er mir für die Nacht Quartier geben. Macht er gern, denn er hat die Schnapsflaschen gesehen und ist magenleidend. Magenleidende brauchen Schnaps, erklärt er mir. Als Medizin sozusagen. Wer ihm den Schnaps entzieht, ist ein potentieller Mörder. Finden wir nach einer halben Flasche heraus. Ich hingegen bin sein Lebensretter. Seine Frau sieht die Sache anders und meint, er werde sich noch mal ins Grab saufen. So verschieden sind die Ansichten. Allerdings bin ich für seine Frau gleichzeitig auch wieder Lebensretter. Wegen des Schinkens. So verschieden kann sogar ein und dieselbe Ansicht sein.

Am nächsten Tage bin ich die Lagerklamotten los und wieder ein halbwegs normaler Mensch. Um nicht wieder den Arbeitserziehern in die Fänge zu geraten, packe ich meine Koffer, verkaufe, was ich nicht brauche, noch schnell auf dem Schwarzen Markt, setze mich in den Zug und fahre los. Weiß allerdings nicht, wohin. Steige in Augsburg wieder aus, denke wehmütig an Wiesenhofen zurück, tausche meine Fahrkarte um und fahre in Richtung Wiesenhofen weiter. Kurz davor wird mir mulmig, ich fahre lieber nach Mindelheim. Kenne da eine Kellnerin, die mir zuerst ein Zimmer besorgt und mich dann fragt, warum ich im Hotel schlafe statt bei ihr. Ich muß mich mit ihr zusammensetzen und das erörtern, und da wir keinen vernünftigen Grund für oder wider finden können, hole ich meine Koffer wieder aus dem Hotel und ziehe um.

Ich entdecke, daß sie ein Bad hat, und möchte baden. Das Lager abwaschen. Und sonst noch einiges. Darf aber nicht baden. Ein Mann muß auch nach Mann riechen, findet sie. Auch recht. Brauche dann nichts zu verleugnen. Auch sonst nicht.

Sie macht das Bett und zieht sich aus, ich ziehe mich auch aus, und dann bemühen wir uns beide, nichts zu verleugnen.

Dabei berichtet sie von einigen Verleugnern, die sie nicht leiden kann. Zum Beispiel von dem Fleischfabrikanten Scheffler, der immer die tollsten Sachen anstellen möchte, nachher nicht richtig kann, und wenn er sie am nächsten Tage auf der Straße trifft, grüßt er sie nicht. Aber abends im ‹Lamm›, wenn er im Nebenzimmer sitzt, durch die Tür in die Gaststube schielt und durch irgendwelche Bubis, die er freihält, Mädchen nach hinten holen läßt, dann gibt er wieder groß an, was er für einer ist. Und was er kann und was er hat. Und wenn dann eine drauf reinfällt und sich wunder was verspricht, kann sie froh sein, wenn sie am anderen Tag ein paar Fleischmarken von ihm kriegt.

Der Herr, merke ich schon, muß zur Schadenersatzleistung herangezogen werden.

Das Serviermädchen, das Geni heißt, setzt mich abends im Lamm an seinen Tisch, ich spendiere, um mich auszuweisen, die letzte Flasche Schnakenbergschen Schnaps, komme von daher auf die von Schnakenberg und ihre Kreise und höre vom Maximilian Scheffler, daß er sich da auch auskennt. Der Hambacher in Wiesenhofen ist sein Freund, Bergholtz auch, versteht sich, kennt er gut, den Meurer ebenfalls, kommt jede Woche mal rüber und mit denen zusammen, das muß auch bestraft werden, ich komme nicht mehr mit ihnen zusammen, das wird er mir büßen, der Scheffler Maximilian, der sich unverfroren auf meinen Platz gesetzt hat. Immer setzt sich einer auf meinen Platz, wenn ich weg bin. Gemeinheit so was. Überlege nur noch, wie sich's ahnden läßt.

Er bringt mich selber drauf. Stößt mich an, als Geni gerade am Tisch war und wieder abgeht, zwinkert und grinst über alle Backen, lacht und bufft mir in die Rippen und flüstert mir vertraulich zu, daß seine Gattin nicht zu Hause sei. Er möchte mich, nachdem er mir schon meinen Platz in Wiesenhofen weggenommen hat, am liebsten auch noch von dem bei Geni verdrängen. Daß er es im Ernstfall doch nicht schafft, ist schließlich nicht sein Verdienst. Wenn er könnte, würde er sämtliche Plätze in der Umgebung belegen. Wie manche im Zug, die auf alle Plätze des Abteils ein Gepäckstück legen, damit kein anderer ins Abteil kommt. Die Leute kenne ich. Wegen denen gibt es nirgends Zuzug und nirgends Wohnung, wegen denen sind die Polen ausgesiedelt und die Juden vergast worden. Wie die Flasche Schnaps leer ist, steht der Scheffler Maximilian als ein kleiner Himmler vor mir. Dem spielen wir ein Stück, so recht nach Himmlers Herzen: ziehen mit ihm nach Hause und führen ihm die Laster vor, die er sich mühsam zusammengeträumt hat, um sie im STÜRMER zornig zu besingen, und man weiß nicht:

kommt das Nasse daher, daß er Schaum vorm Maul hat, oder läuft ihm das Wasser im Munde zusammen.

Scheffler jedenfalls, darin hat er gar nicht übertrieben, ist eine tolle Nummer. Er flezt sich breit ins Biedermeiersofa, klatscht in die Fleischerhändchen und läßt die Puppen tanzen. Unser nächster Führer, vermute ich, wird Maximilian heißen. Damit er über die nötige Erfahrung und über den nötigen Zorn auf die nächsten Asozialen vom Dienst verfügt, was bei uns, will einer Führer werden, sehr wichtig ist, spielen wir das Stück, das er sich wünscht, auch konsequent zu Ende: holen ihm, als er ausgezogen ist und sich ebenfalls in Laster versucht, den Büroschlüssel aus der Tasche und schütten den Inhalt seiner Kassette in eine große Tüte. Die Tüte lassen wir nah am Zaun im Garten liegen, um sie auf dem Heimweg bequem an uns nehmen zu können.

Am nächsten Tag erleben wir eine Überraschung. Der größte Teil der Fleischmarken ist in Streifen, aufgerollt wie Klebeband.

Geni wundert sich. «Was ist denn das? Die sind doch immer bloß vier Stück nebeneinander auf der Karte? Die hier sind ja meterweise.»

«Ist Eigenbau.»

«Wie?»

«Hat er selber gedruckt.»

«Der? Na, so ein Gauner!»

«Oder er hat sie von einem, der sie selber gedruckt hat.»

«Und was will er damit? Kauft der vielleicht bei sich selber dafür ein?»

«Nee – die rechnet er bei der Kartenstelle ab. Wenn sie aufgeklebt sind, merkt nämlich keiner mehr, daß sie falsch sind. Die Tour kenne ich. In München kam immer ein Molkereibesitzer zu mir, der hat es genauso gemacht, hat für hundert Kilo falsche Marken immer siebzig Kilo echte Butter gegeben.»

«Und dreißig Kilo dabei gutgemacht? Na, solche Schweine!»

Genis gesundes Volksempfinden kann sich kaum fassen vor Entrüstung. «Was machen wir nun mit dem Zeug?»

«Ganz einfach. Wozu bist du Kellnerin?»

«Ach so!» Sie strahlt. Ich habe sie drauf gebracht, daß sie vermöge ihrer Stellung auch zu den Privilegierten gehört. Ein bißchen wenigstens. «Bist doch ein schlauer Bub», findet sie.

Finde ich auch. Bloß, manchmal nutzt mir das nicht viel. Zum Beispiel, wenn ins Lamm Polente kommt und kontrolliert Papiere. Eigentlich kommen sie bloß der Amimädchen wegen, aber wenn sie mal drin sind im Kontrollieren, dann macht ihnen das solchen Spaß, daß sie nicht mehr aufhören können, und dann müssen sie natürlich alles kontrollieren. Bei mir können sie nicht kontrollieren, denn ich habe keine Papiere, und das ärgert sie. Ich muß mitkommen. Geni droht den Polizisten an, sie werde ihnen böse sein, die sagen sich aber sehr richtig, daß ihnen Genis Gutsein auch nichts nützt, solange ich bei ihr wohne, und nehmen mich daher gleich noch mal so gerne mit.

Geni behauptet, ich hätte doch gar nichts verbrochen, aber die Polizei weiß das natürlich besser und verspricht, das werde sich schon noch herausstellen.

Es stellt sich heraus, daß ich allerlei verbrochen habe. Erstens bin ich aus dem Arbeitserziehungslager Pasing entwichen, zweitens habe ich dort die Klamotten mitgenommen, drittens habe ich immer noch keine Papiere, mich viertens daher auch nicht angemeldet, woraus fünftens wiederum hervorgeht, daß ich keine Lebensmittelkarten bezogen habe, also mich nur durch Schwarzhandel ernährt haben kann. So geht hier immer eines aus dem anderen hervor. Ich werde Zeit haben, darüber ausführlich nachzudenken, versprechen mir die Polizisten, und dann bringen sie mich nach Memmingen ins Landgerichtsgefängnis.

Ich habe gar nicht gewußt, daß es in Memmingen früher einen Zoo gegeben hat. Es muß aber einen gegeben haben, zumindest muß einer geplant gewesen sein, denn das Gefängnis ist ursprünglich als Affenkäfig errichtet worden. Die Türen gehen einem normalen Menschen etwa bis zum Bauchnabel, im oberen Drittel befindet sich eine Klappe, durch welche die Futternäpfe hereingeschoben werden können, die Fenster sind winzige Löcher ganz oben an der Decke, und in das Freigehege, in dem wir jeden Tag eine halbe Stunde herumgeführt werden, können die Bewohner der umliegenden Häuser herunterschauen und sich an unserer Dressur erfreuen.

Zur Dressur gehört auch, daß tagsüber in den Zellen die Betten, die mittels Scharnier an der Wand verankert sind, hochgeklappt und mit Ketten angeschlossen werden, damit der Gefangene nicht auf die Idee kommt, seinen Knast zu verschlafen. Er hat vielmehr tagsüber auf der ebenfalls mittels Schrauben verankerten Bank an dem ebenso verankerten Tisch zu sitzen. Als Grund für diese Verankerungen kann angenommen werden, daß die hier einsitzenden Diebe bei einer etwaigen Flucht auch nicht davor zurückscheuen würden, Tische und Bänke mitzunehmen, um sie auf dem nächsten Leihhaus zu versetzen. Überhaupt dürfen die Justizbehörden zur Begründung für Schikanen auch das schlechtweg Unmöglichste für möglich halten.

Daß der Gefangene gezwungen wird, den ganzen Tag auf einer verankerten Bank zu sitzen, hat überdies den praktischen Vorteil, daß er sich, der als Untersuchungsgefangener nicht zur Arbeit verpflichtet ist, gern freiwillig zur Arbeit meldet, wenn er das nicht gar, wie die Justizverwaltung ihm nahelegt, als Vergünstigung empfindet. Die mit mir in einer Zelle sitzenden Gefangenen, neun Mann insgesamt, rücken denn auch gern morgens aus, um für die guten und dem Gefängnisverwalter gut bekannten Bürger Memmingens Holz zu sägen, zu hacken und auf einem mit billiger Menschenkraft betriebenen Wagen auf den jeweiligen Hof zu fahren und dort zu stapeln. Sie erhalten dafür, so die Bürger und der Herr Verwalter wollen, am Wochenende eine Handvoll Tabak, natürlich Eigenbau. Sie kommen nicht auf die Idee, daß sie ausgebeutet werden, und der einzige Kommunist im Memminger Gefängnis ist, ohne es zu wissen, ein Zigeuner, der sich beharrlich weigert zu arbeiten, statt dessen fingerfertig den Verschluß des Bettes löst, es herunterklappt und sich drauflegt, um dickbelegte Brote zu essen, die er dem Freßpaket des Bäuerchens von der Pritsche nebenan entnimmt. Der Bauer merkt's und tanzt vor Wut wie ein Rumpelstilzchen. Die anderen stehen ihm bei, um ihre grundsätzliche Übereinstimmung mit den Eigentumsverhältnissen zu bekunden, in der Hoffnung, dann am nächsten Freßpaket beteiligt zu werden. Daß sie in dieser Hoffnung immer wieder enttäuscht werden, kann sie nicht wankend machen, sie haben in der Schulfibel von jenem armen, aber braven Mann gelesen, der eine prall gefüllte Börse gefunden und sie allen Versuchungen und dem knurrenden Magen zum Trotz dem Eigentümer, einem reichen, aber nichtsdestowenigertrotz auch braven Manne, abgeliefert hat, wofür ihm, wenn nicht auf Erden, so doch im Himmel reicher Lohn zuteil werden wird. Konkret drückt sich das so aus, daß alle über den Zigeuner herfallen und ihn fürchterlich verprügeln. Der versteht nicht, weshalb ihm solches geschieht, er führt zu seiner Verteidigung an, der Bauer hat sowieso genug und läßt von jedem Freßpaket die Hälfte verderben, es ist also vernünftiger, das zu verhindern, und nichts anderes hat er getan.

Soviel Vernunft jedoch kommt den anderen unheimlich vor, sie halten den Zigeuner nun für den Leibhaftigen und verprügeln ihn nur um so mehr. Vielleicht auch, um sich selbst vor derartigen Eskapaden der eigenen Vernunft zu schützen. Der Vernunft geht es, scheint mir, in dieser Beziehung wie manchen Ansichten: Sie widersprechen, und oft am heftigsten, sich selbst.

Auch die Anklageschrift, die mir ein paar Tage später zugestellt wird, widerspricht am heftigsten sich selbst: sie wirft mir einerseits vor, aus dem Arbeitserziehungslager ausgerückt, und andererseits, überhaupt in solchem Lager gewesen zu sein, sie wirft mir neben Landstreicherei auch vor, unangemeldet gewohnt zu haben, und neben Arbeitsscheu fleißige Tätigkeit auf dem Schwarzen Markt. Und das Schlimmste: ich habe die Amiklamotten, die dem Arbeitserziehungslager gehören, bei meiner Flucht mitgenommen. Ich frage den Herrn Staatsanwalt, ob man mich nicht, wenn ich nackt aus dem Lager gelaufen wäre, als Sittenstrolch auf dem Marktplatz ausgestellt hätte, worauf mir eine Ordnungsstrafe angedroht wird.

Trotz meines unbotmäßigen Verhaltens vor Gericht werde ich nicht zum Tode verurteilt.

Die anderen auf meiner Zelle finden, ich hätte großes Schwein gehabt, mit meinen drei Monaten, in Memmingen gäbe es sonst viel mehr. Zumal wenn einer frech ist. Zum Beweis erfinden sie Geschichten, wie übel es Leuten ergangen sei, die sich in Frechheit versucht hätten.

Diese Geschichten, merke ich, beruhigen sie sehr, rücken ihr Weltbild wieder gerade, das ich fast durcheinandergebracht habe. Wer sich gegen die göttliche Ordnung vergeht oder gar gegen deren Statthalter auf Erden, gegen deutsche Landgerichtsdirektoren, muß des Todes sein. Da ich jedoch noch lebe, folgern sie, kann ich gar nicht so frech gewesen sein, wie ich vorgebe. Oder, andere Möglichkeit, ich bin selbst Privilegierter und nur durch ein Versehen hier hereingeraten.

Zur Verbüßung meiner Strafe werde ich in das Amtsgerichtsgefängnis Illertissen, dreißig Kilometer entfernt, überführt. Das Haus heißt im Volksmund Illertissens auch «Hotel Wagner». Den Namen Wagner hat der zur Zeit amtierende Verwalter beigesteuert, die Bezeichnung Hotel trägt dem Umstand Rechnung, daß es ziemlich lustig zugeht. Wagner hat einen Sohn und eine Tochter und eine dicke Frau. Die Frau kocht recht gut, der Sohn schiebt, vor allem mit Schnaps und schwarzen Zigaretten, die er aus der französischen Zone holt, welche gleich jenseits der Iller beginnt, und die Tochter geht mit Amis, verfügt daher ebenfalls über Zigaretten und wirft jeden Morgen ein Päckchen auf den Hof, wo die Gefangenen Holz hacken.

Ich stehe eines Morgens wieder auf der Straße, bin frei und merke, daß frei so schön, wie man sich's vorgestellt hat, gar nicht ist, sondern manchmal gefährlich nah bei vogelfrei liegt. Ich habe drei Mark und fünfzig, einen total verdreckten und zerknitterten Anzug und den guten Rat mitbekommen, nunmehr ein ordentlicher Mensch zu werden. Womit Herr Wagner meint: ich soll mich nicht mehr erwischen lassen.

Ich verspreche ihm das und tue es auch gleich: tue gar nichts, dann kann man mich auch nicht bei etwas erwischen. Ich wandere erst zum Bahnhof, merke aber, daß ich mit drei Mark fünfzig nirgends hinkomme, und da Illertissen genau so gut ist wie nirgends, eher noch besser, bleibe ich hier, lege mich auf eine Wiese und meditiere über die Frage, was denn nun wohl kommen mag. Da ich absolut nichts kommen sehe, beschließe ich, mich zu erkundigen. Gehe zum Amtsgericht und trage meine Frage vor. Das Amtsgericht weiß eine Antwort: ich muß eben arbeiten, mir eine Wohnung nehmen, später eine Frau, dann heiraten und Kinder kriegen und immer Treu und Redlichkeit üben.

Merke aber: das geht nicht. Mir fehlt der Übungsplatz zum Üben. Den besorgt das Arbeitsamt, höre ich. Marschiere zum Arbeitsamt, und das hat zu. Fein. Ich kann aber morgen früh wiederkommen, höre ich. Auch fein. Natürlich bleibt die Frage, ob ich morgen früh noch wiederkommen kann. An die hat wieder keiner gedacht. Man rät mir, mich mal an den Herrn Pfarrer zu wenden.

Der Herr Pfarrer vernimmt, was ich zu sagen habe, und begehrt zu wissen, ob mir denn niemand helfen könne. Ich habe gedacht, er könne mir helfen. Nein, das, erkennt er, das kann er nicht. Er kann mir höchstens fünf Mark geben, damit ich nach Memmingen fahren kann. Was soll ich in Memmingen? Nun, in Memmingen soll ich zu dem Gericht gehen, das mich verurteilt hat, das muß mir dann auch sagen, was ich machen soll. Die sind dafür zuständig, findet der Herr Pfarrer.

Das Gericht weiß es besser. Zuerst einmal schaut das Gericht mich sehr mißtrauisch an, wie ich da unrasiert und ungewaschen auftrete, dann werde ich nach den Papieren gefragt. Ich erzähle die Papierstory: habe keine, kriege nur welche, wenn ich Arbeit und Wohnung habe, bekomme Arbeit und Wohnung nur, wenn ich Papiere habe. Ja, und Zuzug, ergänzt das Gericht pedantisch, muß ich natürlich auch haben.

Sehen Sie! sage ich.

Das Gericht sieht gar nichts. Es befindet, ich sei laut Paragraph sowieso verpflichtet, Arbeit, Wohnung, Papiere und Zuzug zu haben. Mehr kann es mir auch nicht sagen. Ich frage nach dem nächsten Irrenhaus – vielleicht kann das mir mehr sagen. Leider gibt es in Memmingen kein Irrenhaus, und um das nächste zu erreichen, brauche ich wiederum Fahrgeld. Ich gehe wieder zum Pfarrer. Dieser hat ein Foto von sich selbst in schmucker Uniform über dem Schreibtisch hängen. Ich passe mich an und bin entlassener Landser aus Rußland, der seine Heimat und sein liebes Mütterlein verloren hat. Der Pfarrer ergänzt: und den Glauben zu Gott auch, nicht wahr? Ich sage: ja, fast, damit er Grund hat, aktiv zu werden. Er betet mit mir. Er betet laut, daß der Herr mir Gnade erweisen und mich wieder auf den rechten Weg führen möge, ich bete leise, daß der Herr seinen Pfarrer erleuchtet und ihm eingibt, fünf Mark und ein Mittagessen herauszurücken. Offenbar jedoch hat der Herr mit diesem Pfarrer Kontakt- oder Verständigungsschwierigkeiten: der Kerl gibt mir nur einen guten Rat. Ich soll zur Inneren Mission gehen, und etwas zu essen bekäme ich bestimmt in einem Krankenhaus.

Mit dem Krankenhaus hat der Pfarrer recht: ich bekomme einen Teller aufgewärmte Suppe von Mittag, die Innere Mission jedoch ist wieder nicht zuständig, da ich weniger innerlich missioniert als vielmehr äußerlich unterstützt werden muß. Ich soll mal zum Arbeitsamt gehen. Das hat gerade noch auf, aber keine Zeit mehr. Der Herr Hauptsekretär hat schon seine Bleistifte für den nächsten Tag gespitzt und ordentlich in die dafür vorgesehene Pappmachéschale sortiert. Immerhin verrät er mir, wo ich die Nacht verbringen kann, auf der Polizei nämlich. Die Polizei begehrt wiederum die Papierstory zu hören. Offenbar bin ich schon als fahrender Sänger bekannt. Nachdem sie die Story gehört haben, werden die Polizisten besinnlich und meditieren über den Lauf der Welt und selbstverschuldete Not, welche denjenigen trifft, der verabsäumt hat, sich rechtzeitig dagegen zu sichern. Es klingt alles sehr überzeugend, und ich lasse es mir im Laufe der Nacht auf einer Pritsche mit Strohsack mal alles schön durch den Kopf gehen.

Auf dem Arbeitsamt hat sich am nächsten Morgen der Herr Hauptsekretär auf ein größeres Match vorbereitet. Er diskutiert mit mir Möglichkeiten, aus mir wieder einen Menschen zu machen, verfolgt alle sich bietenden mit großer Gewissenhaftigkeit und legt jede nicht realisierbare als erledigt zu den Akten. Zum Schluß hat er das Gefühl, ganze Arbeit geleistet zu haben, was ihn sehr befriedigt. Ich bin auch befriedigt, weil endlich jemand eingesehen hat, daß es nicht geht, und über dieser gemeinsamen Befriedigung werden wir beinahe zu Freunden. Er gibt mir von seinem Frühstücksbrot ab, und ich darf mir eine Zigarette von seinem Eigenbau drehen. Dann schreibt er einen Brief. Den Brief klebt er zu, gibt ihn mir und sagt, ich solle damit nach Augsburg fahren, zum Gebietsflüchtlingskommissar, die müssen das regeln. Wie ich nach Augsburg komme, sagt er mir nicht, ich finde aber einen Lastwagen, der mich mitnimmt. Wenn ein Weg sich lohnt, findet sich auch ein Vehikel. Und im Moment glaube ich, daß er sich lohnt. Der Hauptsekretär hat alles so bestimmt gesagt und getan, also muß auch was dran sein an der Sache. Erst in Augsburg kommen mir Zweifel. Weil er so bestimmt getan hat. Ich sehe mir lieber an, was der Kommissar regeln soll. Mache den Brief auf und erfahre, ich sei ein Streuner, der in die russische Zone gehöre, wohin man mich gefälligst abschieben solle. Auch das ist alles so bestimmt vorgetragen, daß dem Herrn Kommissar gewiß keine Zweifel kommen werden.

Mir kommen aber Zweifel. Ob ich hier vielleicht auf dem falschen Dampfer bin. Mir kommen auch Zweifel, wie ich an einer Schaufensterscheibe vorbeigehe und mich so sehe, ob ich überhaupt ein Mensch bin. Ein Mensch nämlich, soviel weiß ich immerhin, hat nicht nur Arbeit, Papiere, Wohnung und Zuzug zu haben, er hat auch rasiert, gewaschen und angezogen zu sein. Und mir fehlen im Moment alle Attribute, die das Menschsein ausmachen. Ich kann mich nirgends sehen lassen. Hier in der Stadt, unter lauter Menschen, schon gar nicht.

Ich wandere langsam hinaus. Hätte nie gedacht, wie groß so eine kleine Stadt wie Augsburg sein kann. Man kommt gar nicht mehr raus. Erst spätabends bin ich im Freien. Wenn es warm ist, und es ist sehr warm, kann man sich im Freien sehr geborgen fühlen, merke ich.

Der Mensch braucht auch was zu essen. Daran merke ich am nächsten Morgen wieder, daß ich doch ein Mensch bin. Ein halber zumindest. Aber das ist noch schlimmer als gar keiner. Nachdem ich mir was zu essen gebettelt habe, merke ich, daß der Mensch noch mehr braucht als Essen. Er braucht Menschen. Die Nacht allein im Wald zu verbringen, ist höchstens einmal schön.

Beim zweitenmal kriege ich Angst, die Fläche, auf der ich liege, könnte sich plötzlich nach einer Seite neigen und mich hinuntergleiten lassen. Eine Weile behelfe ich mich damit, daß ich die Augen schließe und mir ein Mädchen ausdenke, bei dem ich liege. Aber das geht immer nur ein paar Sekunden. Scheißspiel! Ich muß mich wieder zum Menschen machen. Bloß wissen, wie. Sagt mir keiner. Weil die, die es mir sagen könnten, es mir nicht sagen können, weil sie es selbst nie ausprobiert haben. Wer schon immer Mensch war, weiß auch nicht, wie man sich, wenn man keiner mehr ist, wieder zu einem macht. Wirklich ein Scheißspiel!

Und inzwischen bin ich aufs Land geraten, aufs allerflachste Land, wo es noch viel schwerer ist. Gibt nicht mal eine Reinigung, in die man einbrechen könnte, um ein paar Klamotten zu klauen. Bloß Räucherkammern gibt's überall. Die nutzen mir nichts. Vom Schinken allein wird man noch kein Mensch. In Verbindung mit einem Fahrrad allerdings, darauf komme ich eines Nachts, kann mir Schinken einiges nutzen. Ich packe mir den Gepäckständer voll und radele los, immer gen Augsburg. Komme am nächsten Mittag an, verkaufe Schinken auf dem Schwarzen Markt und versuche, Klamotten zu ergattern. Sind aber gerade keine da. Was soll das nun wieder? Ein Schwarzer Markt, und wenn man was braucht, ist es gerade nicht da. Auch ein Scheißspiel.

Aber ein Stück Seife kriege ich und von einem Kumpel, dem ich ein paar Zigaretten gebe, einen Rasierapparat. Außerdem nimmt der Kumpel mich mit. In eine Penne, wo dreißig oder vierzig Typen nebeneinander auf Strohsäcken liegen. Manche schnarchen, manche quietschen oder kichern. Muß ein ganz schöner Betrieb sein um mich herum. Bloß ich bin nicht in Betrieb. Scheißspiel.

Mal sehen, ob man das nicht umdrehen kann: Stehe wieder auf, gehe nach unten, wo in einem tristen Stall, der als Empfangsraum dient, noch einige Kumpels saufen, rauchen und schachern.

Ich kaufe von einem eine Flasche Schnaps, kann das Zeug nicht runterkriegen, gehe in den Waschraum, nehme immer einen Schluck und spüle dann mit Wasser nach. Saufe, bis mir davon ganz elend ist – aber anders elend als vorher. So treibt man ein Elend mit dem anderen aus.

Am anderen Morgen ist das verdrängte Elend wieder da. Ich möchte ein Messer haben und der Umwelt den Bauch aufschlitzen. Wäre auch eine Art Geschlechtsverkehr. Am nächsten Abend ergreife ich die Flucht. Lieber allein in einer Scheune als zwischen diesem Menschengulasch, das sich da zusammenkocht.

Natürlich ist die Scheune auch nicht besser. Im Gegenteil: nach einiger Zeit merke ich, daß ich lieber in dem Gulasch mitgeschwommen wäre, als hier im Grab zu liegen. Irgendwann werde ich überschnappen. Oder ich gehe zum nächsten Pfarrer, sage ihm, mir sei die Jungfrau Maria erschienen und habe mich zur Umkehr bewogen. Der wird sich dann hinsetzen und ein bißchen mit mir quasseln. Meinetwegen auch beten. Mir ist schon alles egal. Gleich bin ich soweit, daß ich irgend jemanden umhaue, um dann verhaftet zu werden und mit den Polizisten sprechen zu können. Die Polizisten sind die einzigen, von denen ich weiß, sie kommen mir nicht aus. Wenn sie mich verhaftet haben, müssen sie mit mir sprechen. Sonst können sie kein Protokoll aufnehmen.

Dieser Ausweg eröffnet sich viel schneller, als ich gedacht habe. Will gerade bei einem Metzger in die Wurstküche einsteigen, da haben sie mich auch schon. Feine Sache! Jetzt kann ich nach Herzenslust reden – vor allem über das, über das ich reden will. Sie nehmen auf, woher ich komme, was ich mache, vielmehr nicht mache, und warum ich mache, was ich nicht mache, und warum überhaupt alles so ist, wie es ist. Darüber habe ich schon lange sprechen wollen, die ganze Zeit habe ich einen gesucht, mit dem ich darüber sprechen kann, aber es war keiner da, höchstens ein Pfarrer zum Beten, aber das Beten erklärt nichts, während der Polizist, nachdem er die Personalien aufgenommen hat, doch immerhin sagt: «Zur Sache!» Das tippt er hin und unterstreicht es, und dann reden wir endlich zur Sache und von der Sache und über die Sache.

Nachts in der Zelle freilich, da er nicht mehr mit mir redet und ich wieder allein bin, da fühle ich mich arglistig getäuscht. Ich habe sämtliche Räucherkammereinbrüche, die in der Gegend seit hundert Jahren registriert worden sind, auf mich genommen, nur um immer noch ein bißchen mehr mit ihm sprechen zu können, aber einmal ging der Vorrat dann doch aus, und der Polizist sah keinen Grund, weiter mit mir zu sprechen. Er läßt mich am nächsten Tag sogar von der Landpolizei abholen und ins Gerichtsgefängnis Neu-Ulm bringen, verabschiedet sich nicht einmal, verspricht nicht einmal, mir Briefe zu schreiben, nichts.

In Neu-Ulm sitzt einer, der ein Sohn des Generalfeldmarschalls Keitel zu sein vorgibt, und der sagt: «Ja, ja, wie das Leben so spielt!» Er hat auch gespielt, den Sohn Keitels eben, und dafür haben ihm die Leute immer viel Geld gegeben. Wirklich komisch, wie das Leben so spielt. Dem Polen in der Nebenzelle, der im KZ gesessen hat, haben sie kein Geld gegeben.

Mit mir spielen sie auch wieder mal. Erst spielen sie Amnestie, bis zu sechs Monaten, und ich denke schon, ich falle drunter, aber da der Amtsrichter auch denkt, gibt er mir sechs Monate und eine Woche, damit ich nicht um meinen wohlverdienten Aufenthalt in Bernau am Chiemsee komme, mit Fernblick von der Zelle auf die Berge.

Im übrigen ist es Winter inzwischen, und ich werde in die Gärtnerei eingeteilt. Rosenkohl ernten, Grünkohl ernten. Dafür nichts zu fressen. Sauerkrautsuppe dreimal die Woche, sonst Maisgrießbrei. Wer von dem geernteten Kohl aus dem Garten mitnimmt und will ihn im Werkzeugschuppen heimlich kochen, kriegt Arrest.

Und dann nur noch trocken Brot. Einmal bekommt der im Bett neben mir ein Paket, teilt mit mir und noch einem anderen, mir wird schlecht davon, ich kriege einen ganz heißen Kopf, Schweiß auf der Stirn, kippe um. Liege nachher im Revier und höre vom Sanitäter einen langen Vortrag über die Gefahren plötzlichen reichlichen Eiweißgenusses durch Unterernährte. Interessant daran ist, daß mir der Arzt ein paar Tage vorher, als ich um Kostzulage bat, versichert hat, ich sei in keiner Weise unterernährt. So wandelt sich das.

Neben mir im Bett liegt einer, dem haben sie einen Finger amputiert. Sie sind furchtbar besorgt um ihn. Jeden Tag kommt dreimal der Arzt, und dann kommt sogar der Direktor und erkundigt sich, wie es dem Kranken und seinem Finger gehe. Da so viel Fürsorge nicht normal ist, muß etwas dahinterstecken. Es steckt: zuerst, als er sich mit der eiternden Wunde krank melden wollte, haben sie ihm gesagt, er solle nicht so zimperlich sein, und er drücke sich nur vor der Arbeit. Nachdem eine Blutvergiftung draus geworden ist, tut es allen sehr leid.

Mein Bettnachbar will mir einen Gefallen tun. Er fragt mich, ob ich gern in die Schneiderei will, wenn ich wieder gesund bin. Schneiderei ist hier das Beste, was man erwischen kann. Da sind die Prominenten versammelt. Natürlich will ich in die Schneiderei. Aber wie hinkommen? Erklärt der mir: ein Bekannter hat ihn gefragt, ob ich will.

Ja, und?

Nichts: ja und! Bist du doof, Mann?

Nee – hoffe jedenfalls nicht.

Doch! Der macht das schon. Hat Beziehungen, der Mann.

Aber wieso kommt er dazu?

Bist doch doof! Der steht eben auf dich. Kapiert?

Ja – ich weiß nicht.

Also nicht. Na, dann geh man hin! Der erklärt dir das schon.

Ich lasse mich in die Schneiderei verkaufen, komme in den Schlafsaal der Schneider und erlebe eigentümliche Dinge. Einer, von dem mir die anderen verraten, daß er mein Freier sei, macht für mich das

Bett neben seinem frei und lädt mich zum Abendbrot ein. Mir fällt vor Schreck die Kinnlade runter: der hat einen ganzen Leberkäse in seinem Nachttisch! Davon schneidet er die Hälfte in kleine Würfel, holt Zwiebeln und Öl hervor, Essig und Pfeffer, und richtet einen Fleischsalat an. Bei der Portion, die er mir vorsetzt, kriege ich Angst vor dem nächsten Eiweißschock. Der andere meint, da brauche man nur einen Schnaps zu trinken, und gibt mir einen. Nebenbei verrät er, daß er Hans-Egon heißt.

Angenehm, sage ich.

Er grinst sirupsüß.

Ich versuche, mich dumm zu stellen und mir nichts zu denken, gehe an den Tisch, wo zwei andere Schach spielen, und sehe interessiert zu. Hans-Egon läßt mich. Noch schlimmer. Auf diese Weise vergesse ich ihn beinahe. Oder ich vergesse, was er will. Dadurch verliert sich der Schrecken, und wie ich nachher ins Bett gehe, und er lächelt wieder so süß, kommt es mir längst nicht mehr so unheimlich vor. Ein bißchen unangenehm zwar immer noch, aber nicht mehr geradezu unheimlich. Ich ziehe mir die Decke über den Kopf und tue so, als sei ich sehr müde und wolle gleich schlafen. Ich überlege, was ich tue, falls er zu mir ins Bett kommt. Sämtliche Oberlehrer haben mich darin belehrt, daß man auch Unangenehmes in Kauf zu nehmen habe. Besonders von seiten Höhergestellter. Hans-Egon ist ganz offensichtlich ein Höhergestellter, sonst könnte er nicht bestimmen, wer in die Schneiderei kommt, sonst hätte er kein halbes Lebensmittelgeschäft im Nachttisch und erst recht keinen Schnaps.

Er fängt an, von sich zu erzählen. Er hat ein Haus, ganz für sich alleine, ganz alleine, alleine – das kenne ich, alleine ist schlimm, schon bin ich wieder drin, jetzt fängt der Idiot auch noch an, mir leid zu tun! Und am Ende auch ich mir selber. Mit seinem Alleine bringt er es auch noch dahin, daß ich mich ihm verwandt fühle, dieser Idiot!

Ich sage: «Du bist ein Idiot!»

Was wird er machen? Nicken wird er, einsichtig und betrübt, und schon ist er wieder neben mir, statt mir gegenüberzustehen, so daß ich meine Wut gegen ihn abschießen könnte. So geht der Schuß nach hinten los.

Er fängt von Sokrates an und von den ollen Griechen. Bei denen ist das auch so gewesen. Ich weiß nicht, was, und die ollen Griechen beunruhigen mich ohnehin. Das führt geradenwegs nach Sparta. Es führt auch bei Hans-Egon nach Sparta: er ist im Kriege Fliegerhauptmann gewesen. Das glaube ich ihm. Genauso habe ich mir Helden immer vorgestellt, und das ohne Flachs. Nur ein Hans-Egon kann überhaupt das Bedürfnis verspüren, ein Held zu sein. Er erzählt, daß er's auch weiterhin ist und zu bleiben gedenkt: größter Schwarzhändler am Platze, selbst im Bernauer Knast König – wer will da noch bezweifeln, daß Hans-Egon ein toller Mann ist?

Ich bezweifle es, und daraufhin sucht er es mir noch mehr zu beweisen. Womit er allerdings nur das Gegenteil beweist. Allmählich verliert die Sache das Peinliche für mich und wird ausgesprochen lächerlich.

Je lächerlicher ich es finde, desto krampfhafter bemüht er sich, ernst genommen zu werden. Er bietet mir einen Posten in seiner Firma an – Geschäftsführer, wenn ich will.

Ich sage: «Du hast doch gar keine Firma, du Clown!»

Das kränkt ihn tief. Er wird sofort seinen Anwalt und Notar herbestellen, um die Sache perfekt zu machen.

So perfekt möchte ich sie aber gar nicht haben. Womöglich besitzt er wirklich eine Firma, und dann kauft er mich als Nuttchen ein. Ist unklug, das nicht zu mögen, verrät mir ein verkommener Doktor med., der wegen Abtreibung in Verbindung mit Unzucht sitzt. Es ist seit jeher so und wird immer so bleiben: der Weg in die große Welt führt durch die Betten derer, die sie beherrschen. Das habe ich schon mal irgendwo gehört. Von dem Strichbubi in der Jugendarrestanstalt damals. Und in ein wenig anderer Form auch von unseren Oberlehrern. Die nennen die Betten nur nicht geradezu beim Namen.

Aber die große Welt kann mich mal gern haben. Im Moment genügen mir Hans-Egons Fleischtöpfe, und an die darf ich jetzt sogar ohne Gegenleistung heran. Hans-Egon lebt von der Hoffnung. Die macht ihn zwar ein bißchen nervös, aber die Nervosität hat für mich wieder das Gute, daß er sich noch mehr bemüht.

Nachdem es mit dem Geschäftsführerposten nicht so recht hingehauen hat, versucht er es andersrum. Erklärt mir seine Geschäfte. Also: er ist der Allergrößte, er hat das Prinzip des Handels erfaßt und in Reinkultur verwirklicht. Er handelt mit nichts. Guckt mich an, ob ich das originell genug finde. Ich möchte mehr wissen. Na, ganz einfach: er kauft irgendwelche Produkte, die es noch nicht gibt, verkauft die ins Ausland, bekommt dafür irgendwelche Bürgschaften und irgendwelche Devisenanteile, und die setzt er wieder in Realien um. Ob ich ungefähr verstehe?

Nein. Verstehe nichts. Nicht mal ungefähr.

Er strahlt und meint, ich müsse noch viel lernen. So wie die Knaben bei Sokrates. Deswegen sei das eine sehr gute Regelung gewesen damals.

Ich frage, ob Sokrates auch Luftgeschäfte gemacht habe.

Das natürlich nicht. So weit war Sokrates noch nicht, und so weit war die Welt damals noch nicht. Jetzt

1948

ist sie soweit. Scheint mir auch so.

Ich soll nach der Entlassung ruhig mal zu ihm kommen, rät mir Hans-Egon. Dann werde ich es mal weit bringen. Da Weitbringen eine Pflichtübung ist hierzulande, lasse ich mir die Sache ernstlich durch den Kopf gehen. Mein Papa hat auch immer gesagt, man müsse es weit bringen. Das ist die Hauptsache. Dafür muß man auch mal was in Kauf nehmen.

Ich überlege, was der Papa sagen würde, wenn ich eines Tages nach Hause käme und hätte es weit gebracht. Freuen würde er sich, loben würde er mich. Auf welche Weise ich es weit gebracht habe, würde er nicht fragen. Oder was würde er sagen, wenn ich als Penner käme? Würde er mich dann dafür loben, daß ich nicht mit Hans-Egon ins Bett gegangen bin? Mitnichten würde er mich loben. Er wäre schockiert, wenn ich davon nur sprechen würde. Hier wird nämlich immer nur vorn auf der Bühne gesprochen, wo man was darstellt – was hinter den Kulissen geschieht, behält man gefälligst für sich. Sonst bringt man die anderen in Verlegenheit, und das ist sehr unfein.

Nach der Entlassung melde ich mich bei Hans-Egon. Er freut sich sehr und läßt mich sofort einkleiden. Ich kann alles haben, was ich will. Nur keine eigene Wohnung und kein Geld, jedenfalls nicht allzuviel. Sonst komme ich auf dumme Gedanken. Dadurch bringt er mich natürlich auf dumme Gedanken. Ich imitiere ihn jetzt: hänge mich ans Telefon, rufe Geschäftspartner an, schließe mit ihnen tolle Dinger ab. Manchmal klappt es nicht, dann beschimpfe ich den Partner unflätig, damit er für weitere Geschäfte mit Hans-Egon ausfällt. Nachts, wenn ich im Bett liege, mein Zimmer immer schön abgeschlossen, ziehe ich Bilanz: ob Hans-Egons oder meine Gemeinheit nun die größere ist. Über jedes Plus auf meiner Seite freue ich mich sehr. Nur schade, daß ich das Spiel nicht lange fortsetzen kann, denn nach ein paar Tagen beginnen die ersten Kunden zu monieren. Ich muß also Hans-Egons Anzüge zusammenpacken, zwei Kameras und einige Uhren in den Koffer werfen und schleunigst verduften.

Auf dem Bahnhof fällt mir zuerst kein Ziel ein, dann plötzlich Düsseldorf, weiß nicht, wie ich auf Düsseldorf komme, vielleicht hat der Name einen Geruch, und ich rieche Hans-Egon, will den aber gar nicht mehr riechen, habe ihn noch nie riechen können – nicht, weil er schwul ist, sondern weil er überhaupt ein Schwein ist, einer von diesen Dicken, die kleine Kinder zum Frühstück fressen, haben keinen Hunger und gar keinen Appetit auf kleine Kinder, fressen sie nur, weil es schick ist und weil sie sich zeigen möchten, daß sie sich kleine Kinder zum Frühstück leisten können, diese Allergrößten. So sehe ich den Hans-Egon, die ganze Fahrt sehe ich Hans-Egon, diesen Vater aller Dinge, bis Frankfurt sehe ich ihn, dauernd Hans-Egon, und erst als ich in Frankfurt die Schilder auf dem Bahnhof lese, sehe ich was anderes wieder, steige aus, gebe meine Koffer auf, suche mir ein Hotel, finde auch eines. Wenn man so nach Mensch aussieht wie ich im Augenblick, findet man auch in der Wüste Sahara ein Hotel, da laufen einem die Hotels nach, phantastisch! Wenn das die Pastoren wüßten: daß man Hotelportiers nichts vorbeten, sondern ihnen Kohlen und Zigaretten hinlegen muß, um ins Himmelreich einzugehen, ob sie dann nicht an ihrer Weisheit irre würden?

Am nächsten Morgen werde doch wieder ich irre. Mein ganzes schönes Geld, das ich mir zusammengekratzt habe, ist nichts mehr wert. Zuerst verstehe ich durchaus nicht, was der Portier meint, als er sagt, heute ist Währungsreform. Denke noch: na, von mir aus reformiert man, ich für meine Person habe schon, aber dann höre ich, die Rechnung muß jetzt in Demark beglichen werden, frage mich, was ist Demark, verdammt, erinnere mich an vage Andeutungen im Knast, und bei Egon, komme so ganz allmählich dahinter und stehe ohne Koffer auf der Straße. Die Koffer habe ich Idiot gestern noch ins Hotel gebracht, in ein Hotel, das ich plötzlich nicht mehr bezahlen kann, weil die Banknoten, die ich in der Tasche habe, Schwindel sind, purer Schwindel, keine Zahlungsmittel, wie versichert, und da geht mir auf: es gibt noch größere Gauner als mich. Deprimierende Erkenntnis, wo ich mich gerade mal wieder in die Gruppe der Hunderttausendmarkmänner hatte aufschwingen wollen.

Ich wandere durch die Stadt, komme zum Schwarzen Markt und treffe Leidensgenossen: einer verkauft einen Ledermantel, der gestern noch einige Mille gekostet hat, für dreißig Mark, um nach Hause fahren zu können, Uhren werden verschleudert, Amizigaretten gehen für zehn, manchmal für fünf Mark pro Karton weg, der Schwarze Markt ist ins Gegenteil umgekippt: keine Überpreise mehr, Unterpreise gibt es jetzt.

Allerdings müßte sich da auch was draus machen lassen. Bis ich auf den Dreh komme, was sich draus machen läßt, ist der Spuk schon fast wieder vorbei. Außerdem sitze ich immer noch auf der Straße. Wer auf der Straße sitzt, kann keine Geschäfte mehr machen.

Dafür kann man auf der Straße die Heilsarmee singen hören. Sie singen, daß wir alle ins Himmelreich eingehen, und nachher sammeln sie. Ein Herzchen neben mir kichert, quatscht mich an und verspricht mir auch das Himmelreich. Für zehn Mark. Ist teurer als bei der Heilsarmee, dieses Himmelreich, liegt aber auch nicht so weit entfernt. Nur um die Ecke. Und zehn Mark ist Sonderpreis, Preissturz nach der Währungsreform.

Ich habe die zehn Mark nicht. Guck sie mir an, heißt Karin, süßes Poussiergesicht mit langen blonden Haaren, wirkt nur ein bißchen verhetzt, sie braucht tatsächlich die zehn Mark, um der Wirtin die Miete zu zahlen.

Ich quatsche ein bißchen mit Karin und komme auf eine Idee: sie kriegt ihre zehn Mark, nein, nicht zehn, das ist zu billig, wenig werbewirksam, man muß Leute suchen, die gewohnt sind, groß zu verdienen, ich muß ihr gleich zeigen, daß sie zu weit unten lebt. Andererseits darf ich nicht nach dem Himmelreich schielen, sonst denkt sie, ich hätte es nötig. Und dann wird es teuer. Vor allem bekomme ich es dann nicht. Muß sie engagieren, für mich tätig zu sein, und ihr dafür hohen Lohn in Aussicht stellen. Um was sich's konkret handeln könnte, weiß ich noch nicht. Um was könnte es gehen? Finde nichts. Scheint doch gar nicht so einfach zu sein, mit nichts zu handeln, obwohl es so einfach aussieht. Lerne ich sicherlich nie. Obwohl ich das Schema ganz genau kenne. Kenne es besser als die Nichtshändler selbst. Vielleicht liegt es gerade daran.

Immerhin belebt mich die Aussicht aufs Himmelreich so, daß ich frech ins Hotel gehe, in dem ich zwei Tage nicht gewesen bin – vor lauter Schreck, daß mein Geld kein Geld mehr sein soll –, lasse Karin vor der Tür warten, damit sie dort erkennt, daß sie es mit einem tüchtigen Nichtshändler zu tun hat, gehe zum Portier und verlange mit leutseligem Kopfnicken meinen Zimmerschlüssel, bekomme ihn auch, ohne jede Frage, gehe nach oben, wasche mich und ziehe mich um, lege mir inzwischen eine Ausrede für den Portier zurecht, falls der doch noch nach Geld fragen sollte: ich erwarte stündlich die Überweisung, bin ja zur Zeit des Umtausches hier und nicht zu Hause gewesen, muß es mir also erst schicken lassen. Der Portier braucht die Ausrede nicht, fragt nicht nach Geld, die Ausrede bleibt mir übrig und wartet auf andere Verwendung. Ich schimpfe bei Karin ganz furchtbar auf das Kuddelmuddel mit diesem plötzlichen Geldumtausch. Der hat mir beinahe ein Geschäft versaut. Jetzt steigt es erst abends. Die Freier müssen erst die Kohlen zusammenkratzen. Sie glaubt es zwar, aber gewonnen ist damit auch nicht viel. Und da wir in keine Kneipe gehen können, sondern immer nur durch die Straßen wandern, wird sie allmählich sauer. Ich auch.

Sie sagt, wenn ich nicht weiter weiß, soll ich es gleich sagen. Ich sage, wenn man nicht warten kann, kann man keine Geschäfte machen.

Sie kann nicht warten, weil ihre Wirtin nicht warten will.

Na, gut.

Schade. Wie wir da beide ohne Kohlen durch die Straßen gewandert sind, haben wir uns beinahe angefreundet. Zwei Nachbarn, die sich unverhofft im Ausland treffen.

Jetzt geht sie.

Ich gehe auch.

Sie ist enttäuscht.

Ich bin auch enttäuscht.

Scheißspiel.

Ich müßte mir irgendwie meine Koffer herausholen, dann kann ich die Klamotten verkaufen und habe wenigstens ein bißchen Geld. Man braucht immer wenigstens ein bißchen. Und wenn es nur zum Zeigen ist.

Im Zimmer oben sehe ich mir den Weg über den Balkon an. Müßte gehen. Ich brauche bloß um eine dünne Trennwand auf den nächsten und von da aus auf den übernächsten Balkon zu klettern, dann bin ich an der Feuerleiter. Ich hebe meinen Koffer um die

Trennwand, klettere nach, gucke ins Zimmer, niemand drin. Aber Sachen liegen herum. Ein Kofferradio auf dem Nachttisch. Die Balkontür ist zu. Aber durch das halboffene Klappfenster kann man den Türgriff erreichen.

Außer dem Kofferradio wartet noch ein Fotoapparat auf Verwendung. Zwei Päckchen Zigaretten liegen herum, Damenwäsche in Zellophanbeuteln, amerikanische, und Nylonstrümpfe auch. Geht alles mit.

Der Weg über die Feuerleiter ist einigermaßen schwierig. Unten bin ich ganz außer Puste, der Anzug ist staubig. Ich klopfe ihn schnell ein bißchen ab und verschwinde. Ein eiliger Gast, der seinen Zug noch erreichen muß.

In der Taunusstraße werden Fotoapparat und Radio verscheuert, nachher gehe ich in eine Bar, die mir Karin genannt hat. Falls ich sie doch noch treffen wolle.

Natürlich ist sie nicht in der Bar. Ich sitze an einem Tisch mit zwei neuen Helden. Die gab es vor ein paar Tagen noch nicht. Oder sie sind mir bisher noch nicht aufgefallen. Der eine will eine Bar aufmachen, mit Striptease und allem. Der andere will Wohnungen vermitteln, Häuser bauen. Der Barmann fragt, wieviel Geld er hat. Der Baumeister lacht: braucht kein Geld. Das zahlen alles die anderen. Die müssen vorher eine Summe hinlegen, damit er anfangen kann zu bauen, nachher müssen die Banken einspringen und die Stadt muß eine Bürgschaft leisten. Er hat schon mit dem zuständigen Referenten gesprochen. Das geht klar. Die Stadt will, daß jetzt Häuser gebaut werden. Und die Leute wollen es auch. Dann müssen sie auch was dafür zahlen. Ganz klar.

Für den Barmann ist auch alles ganz klar. Die Bar finanziert ihm seine Alte. Die ist bis jetzt auf den Strich gegangen. Aber er hat erkannt, daß das unrationell ist. Erstens muß sie dafür arbeiten, zweitens auch noch selber, und drittens, das ist das wichtigste, verliert man die Kunden, indem man sie befriedigt. Sie zahlen, erledigen ihr Geschäft und gehen nach Hause. Das bringt nichts ein. Zumindest werden die Kunden nicht optimal genutzt. Er macht das jetzt anders: zeigt ihnen die Weiber bloß, die ziehen sich zwar aus und lassen sich anfassen, aber der Kunde bekommt dann nicht das Weib, sondern einen Cocktail oder eine Flasche Sekt. Auf die Weise bleibt ihm der Appetit auf das Weib erhalten, und das Geschäft läuft viel länger und mit viel größerem Nutzeffekt.

Ich sitze daneben und merke: hier sitze ich mit den kommenden Männern zusammen. Wiesenhofens Bergholtz fällt mir ein. Der ist noch cleverer: hat sich über Nichte Carola inzwischen von der Militärregierung die Lizenz für eine Zeitung ergattert und das Blatt mit wertloser Reichsmark auf die Beine gestellt. Das wird sich jetzt in Demark prächtig auszahlen, und in zehn Jahren ist er ein Hundert-Millionen-Mann. Schade. Hätte ich den Bergholtz nicht einen Zuhälter genannt, hätte ich auf dem Dampfer mitfahren können.

Irgend so was müßte ich auch anfangen.

Aber ich weiß schon: es wird schiefgehen. Ich kapiere dieses dämliche Spiel einfach nicht.

1976

weiß ich, daß es sich genau umgekehrt verhält: ich habe es zu gut kapiert! Ich bin der Tausendfüßler, der herausgefunden hat, wie das mit seinen tausend Füßchen funktioniert – und dadurch funktioniert's nicht mehr. Ich bin der Jumbo-Kapitän, der genau weiß, wie sein Autopilot arbeitet, und ihn daher abschaltet und selber fliegen will. Und auch ein gutes Dutzend Abstürze haben mich zwar klüger, doch nicht schlauer gemacht.

Immerhin: das große Staunen ist mir geblieben, wird mir bleiben, wird sogar noch größer werden mit jedem Mal, wenn ich wieder was kapiert habe.

Da geht's mir wie den Astrophysikern: jeder neue Durchblick vergrößert ihre Verwirrung nur.

Und nun sitze ich hier, im Sonnenschein an einem Junimorgen auf einer Bank, und schaue auf die Reliefs von Karl und Rosa. Daran merkt man, wo es ist: Heldenfriedhof Friedrichsfelde,

DDR. Zwar: die Rosa könnte man auch im Westen, weil sich ein paar von ihr ungenau hingenuschelte Sprüche auch ins Sonntagvormittagprogramm der FDP übernehmen ließen, doch den Karl auf keinen Fall. Der ist nicht mal als toter Kommunist ein guter.

Das unterscheidet ihn von meiner Mutter. Die ist ihnen nämlich eine unbequeme Genossin gewesen, schwärmt der Parteiredner in der Kapelle nachher, und gerade das schätzen sie eben so an ihr – nach ihrem Tod vor einer Woche.

Der Herr Oberlehrer redet und redet und redet – ich weiß nicht, wovon und worüber, und dann kommt er zu mir, mit feierlicher Würde, und fragt: «Sie sind der Sohn der Verstorbenen?» Und ich nicke. Und er ringt sich einen ab: «Sie werden verstehen, daß Ihre Mutter Ihnen keine gute Mutter sein konnte ...!»

Wie bitte?

Ich bin wohl hier falsch?

Was meint der damit, daß meine Mutter mir keine gute Mutter ...? Demnach muß wohl mein Vater mir ein guter Vater gewesen sein? Oder wie oder was?

Da habe ich aber was zu grübeln, wie wir dann rausgehen, einer mit der Urne vorneweg, bis zu einer schlichten proletarischen Grabstelle, und da werde ich auch noch so hinpostiert, daß sie alle an mir vorbeigehen und mir herzliches Beileid wünschen müssen –

Wieso mir eigentlich? Ich denke: sie haben eine verdiente Genossin verloren?

Nachher macht sich ein älterer Herr mit mir bekannt: «Eiseler. Ich war ein guter Freund Ihrer Mutter. Wir waren schon zusammen in der Resistance, in Frankreich.»

Ach ja –? Hoffentlich hat sie da nicht auch immer die Milch anbrennen lassen!

Der Herr Eiseler bittet mich in den Johannes-R.-Becher-Club, der Kulturbund veranstaltet dort eine Feier.

Kulturbund hört sich ja gut an. Demnach hatte sie mit Kultur zu tun?

Nein, nicht direkt, obwohl doch, in weitestem Sinne. Ja, ja, freilich: in weitestem Sinne haben alle mit Kultur zu tun, auch ein Theaterkantinenpächter.

Der Herr Eiseler findet es schade, daß ich so wenig über meine Mutter weiß.

Ja, ich auch. Obwohl: die Schote, daß sie nach Rußland ausgebüchst ist, wegen der angebrannten Milch und so, habe ich schon eine ganze Weile nicht mehr geglaubt.

Nein, nein, erzählt Herr Eiseler unterwegs in der S-Bahn, sie ist 1936, als sie aus dem Zuchthaus kam, nach Prag, zu Freunden, und mit denen später nach Frankreich ...

Im Zuchthaus war sie also! Na, so was! Vielleicht meinte das der Herr Redner vorhin? Als er sagte, sie sei mir keine gute Mutter gewesen? Inzwischen hat man's ja auch hier herrlich weit gebracht, zu Krawattenzwang und so, da ist Zuchthaus ja auch schon wieder baba. Es sei denn, es wird ausdrücklich als ein faschistisches apostrophiert.

Nun möchte ich schon ein bißchen mehr wissen – vorher allerdings muß ich noch in ihre Wohnung, zu einem Termin mit dem staatlichen Notariat. Denn ich bin der Erbe. Wie macht man das? Ich kenne mich da nicht aus, das kommt alles ein bißchen holterdipolter, ich bringe den Rollenwechsel auch nicht so schnell: mittags noch trauernder Sohn, zwei Stunden später schon gieriger Erbe – den meisten Leuten gelingt das ja, sogar mit stufenloser Schaltung ...

Die Wohnung befindet sich in einem alten schmalbrüstigen Haus in der Rigaer Straße, Proletenviertel. Daß mir das auffällt, fällt mir erst hinterher auf. Als ich bei einer Frau Pietkowsky in der Stube beim Kaffee sitze.

Die Frau Pietkowsky hat mich vor der Wohnungstür stehen und klingeln sehen. Und nun fließt sie über. Und erzählt mir eine Geschichte aus der Komsomolzenfibel: von einer kommunistischen Heldin, die es irgendwann einmal, zu Lenins Zeiten, gegeben haben soll, die wahre Kommunistin, die alles immer nur für die anderen getan, die sich nie nach Ämtern und Privilegien gedrängt hat, ja die sogar, als sie ‹ganz oben› war, und sie sei mehrmals ganz oben gewesen, immer hier im Hause wohnen geblieben und nie nach Pankow oder Hohenschönhausen in eine Villa gezogen ist – und die Frau Pietkowsky hat nur Glück, daß ich kein junger Pionier bin, der sofort wüßte: jetzt erzählt mir die Oma da so 'n Märchen aus der Komsomolzenfibel! Und da wäre ich, als junger Pionier, natürlich verstimmt. Weil ich als junger Pionier ja wüßte: so was gibt's ja gar nicht!

Womöglich ist meine Mutter mir deswegen keine gute Mutter gewesen: weil sie es nie zu einer Villa gebracht hat? So gesehen ist mein Vater mir ja ein überaus guter Vater gewesen: der hat's nicht nur zu einer Villa, der hat's sogar zu einem großen Kaufhaus gebracht, zu einem vormals jüdischen zwar, aber immerhin!

Nachher versucht die Tante vom staatlichen Notariat zu retten, was zu retten ist. Von meiner Mutter – beziehungsweise deren Ruf. Sie gibt mir Tips, wie ich die paar Antiquitäten, die immerhin auch meine Mutter zusammengetragen hat, trotz Ausfuhrverbot in den Westen kriegen könnte. Sie hat schon alles aufgebaut, was von einigem Wert sein könnte, führt es mir vor, schaut mich an, erwartet mein fachmännisches Urteil.

Also, ich weiß nicht: ich werde hier dauernd verwechselt! Erst bin ich einer, den man um Verständnis, geradezu um Nachsicht dafür bitten muß, daß seine Mutter keine jüdischen Warenhäuser arisiert hat, dann wünscht man mir herzliches Beileid dafür, daß das Arbeiter- und Bauernparadies eine unbequeme Genossin verloren hat, und nun bin ich ein kapitalistischer Antiquitätenhai, dem diese Notariatstante mit silbernen Leuchtern und ein paar Biedermeierstühlchen zu imponieren sucht.

Dabei schiele ich die ganze Zeit nach einem unauffällig wirkenden Herrn, der mit der Tante gekommen ist und die ganze Zeit Papiere sortiert und studiert. Die Tante bemerkt meinen Blick und erklärt gleich: ich müsse bitte Verständnis dafür haben, daß man mir die nachgelassenen Papiere und Schriften meiner Mutter leider nicht überlassen könne.

Aber ja, Verständnis habe ich dafür schon! Könnten doch diese Papierchen am Ende offenbaren, eine wie unbequeme Genossin sie gewesen ist. Und damit dann, nur andersrum, als der Parteiredner meint, auch, daß sie sehr wohl eine gute Mutter gewesen ist?

Und dann vergreift die Tante sich an der Schatulle! Eine Holzschatulle mit Intarsien. Vielleicht hält sie die für eine sozialistische Errungenschaft, welche geeignet ist, Pluspunkte für meine Mutter rauszuschinden. Aber da ist der Unauffällige zur Stelle, mit blitzschnellem Sprung, schlägt den Deckel wieder zu. Und erklärt den Inhalt für beschlagnahmt.

Ich komme wieder mal überhaupt nicht mit. Sind da etwa Pornos drin? Walter Ulbricht mit Rita Hayworth und Gestapo-Müller? Oder sonst irgendwelche flotten Dreier?

Nein, schlimmer! Zeigt er mir sogar: meine Mutter mit Ben Bella, in Algerien, Ende der Fünfziger. Oder im Kongo, mit irgendwelchen Schwarzen. Und noch so einiges. Wenn das westlichen Geheimdiensten in die Hände fällt –!

Wieso? Was ist dann? frage ich.

Doch wer so fragt, hat damit schon jegliches Recht auf eine Antwort verwirkt. Der Unauffällige und die Tante schauen sich an, sprachlos. Ich bin ihnen ein Naseweis, der das Inzesttabu in Frage stellt. Oder das erste Gebot aller Staatsreligionen, das da lautet: Du sollst geheimhalten!

Und dann fische ich ein vergilbtes Postkartenporträt hervor – von Teddy, Ernst Thälmann. Drehe es um, lese auf der Rückseite eine Widmung – von Thälmanns Frau an meine Mutter.

Darauf mache ich der wabbeligen Notariatstante einen Vorschlag: sie kann sich die ganzen Antiquitten an ihren bourgoisen Strohhut stecken – und ich nehme nur das Foto von Teddy mit der Widmung!

Jetzt kommen die beiden ins Schleudern: entweder hab ich nicht alle Tassen im Schrank – oder bin ich ein ganz ausgebuffter Agent vom General Gehlen?! Denn wenn ich so scharf auf dieses Teddy-Foto bin, muß das ja von irgendeinem Wert sein, eine geheimnisvolle Bedeutung haben, welche bisher selbst dem Stasi entgangen ist!

Schließlich lassen sie mich ziehen, mit dem Foto.

Doch ich werde das irre Gefühl nicht los: sie werden mir welche hinterherschicken, mich beschatten lassen, um rauszukriegen, was ich mit diesem Foto anfange.

Ich fange gar nichts mit an. Ich stecke es in die Brusttasche und denk an Rosa Luxemburg, wie ich in der S-Bahn sitze und wieder gen Westen fahre. Und denk an Teddy, der sicher nicht auf die Idee gekommen wäre, daß meine Mutter mir keine gute Mutter sein konnte ...